BARBARA, LA VRAIE VIE

DU MÊME AUTEUR

Chez Robert Laffont

La Naissance du sentiment, 2017
Animarex, 2015
Dix mille et une nuits, avec Hubert Boukobza, 2014

Chez d'autres éditeurs

Une saison chez Mickey, Fayard, 2008
Vingt fois toi et moi, Pauvert, 1999
L'Ode à la reine, Calmann-Lévy, 1996, prix Renaudot des lycéens
La Folie du moment, Calmann-Lévy, 1994, prix du Premier Roman

JEAN-FRANÇOIS KERVÉAN

BARBARA, LA VRAIE VIE

1930-1997-2017

Robert Laffont

ISBN 978-2-221-20091-9
Dépôt légal : septembre 2017

« On ne dormira jamais. »

André Breton

À Caroline Babert, qui savait bien.

— Ça va ?
— Non, ça ne va pas… Quoi d'autre ?
Interview sur Europe 1

Pourquoi sommes-nous si liés ? Sans doute ses chansons m'ont-elles entraîné vers un inconscient où je me suis trouvé avant de me connaître, un point difficile à partager. Barbara a aussi à voir avec mes larmes même si je ne crois pas éprouver avec elle du chagrin. Si je songe à ce que nous nous sommes donné, sans le savoir et le sachant, j'y vois une somme d'encouragements au départ. J'ai commencé à me sentir exister avec Barbara. Sans indiquer de direction, elle a ouvert l'espace. Trente-cinq ans après, à travers son œuvre, ses « zinzins », je retrouve désormais mes propres souvenirs : des lieux, des êtres avec lesquels je l'ai évoquée au point de savoir de tête ou par cœur presque toutes ses chansons sans les avoir apprises.

Je n'écoute plus souvent ses disques parce que le temps n'y est pas passé et ça me trouble. Dès que je l'entends, je nous retrouve telle qu'elle est et comme je suis – inchangés. Pas de poussière ni de sépia, un bloc comparable à la mer. Les rides n'y sont que des vagues. Qu'elle me tombe dessus en voiture, dans une boutique ou un soir sur mon Mac, la mélodie, les mots, son timbre et son souffle demeurent intacts, exacts comme l'heure mais inverses au chaos du temps. Sa compagnie ressemble à une inusable paire d'espadrilles. Pour bousiller des espadrilles, faut vraiment aller faire le tour de la Terre avec.

Je l'ai connue vers quatorze, quinze ans, âge d'éblouissements. Barbara me donnait raison en tout. Je l'ai toujours associée à la transition, dernier refuge avant l'expérience. L'instant de répit que l'on s'offre à soi-même en fermant les paupières avant de se jeter. La femme qui chante se tient là où, de n'avoir jamais bougé, elle offre perpétuellement ce moment précédant l'épreuve du réel sans laquelle vivre n'aurait pas lieu. Elle m'a moins consolé que prémuni. J'ai toujours pris Barbara pour un dernier jour de vacances. Mon soleil, ma lampe.

À Pantin en 1981, je n'avais pas vingt ans et j'ignorais la nostalgie. J'y suis allé cinq, six fois. À la première, à la dernière… Je crois bien y être encore. L'écrire m'émeut, ce tour de chant m'a laissé un souvenir plus fort qu'à des mariages, des enterrements. J'y ai découvert l'humanité qui me convient. C'était en novembre 1981, à 20 h 30. Il faisait noir. Un vent nouveau soufflait depuis le printemps. Devant le chapiteau, au bout du bout de Paris, je revois l'air même, l'air argentique de ce soir automnal, froid mais non pluvieux. Des centaines de silhouettes convergeaient du métro, des parkings, vers le rendez-vous avec une joie recueillie. J'étais loin d'être seul là où je m'imaginais si singulier. Nous étions plus de deux mille. Barbara n'avait pas chanté à Paris depuis plusieurs années, accordé peu d'interviews, pourtant son cirque jaune et rouge serait comble chaque soir.

J'y étais.
Nous y étions.

Je suis là.
Nous y sommes.

I

J'entre et sors.
Et qui pourrait me contenir ?

Max Jacob,
Actualités éternelles (posthume)

Monique Andrée Serf naît le 9 juin 1930, un lundi, à Paris XVIIe, dans le quartier des Batignolles. Signe Gémeaux : « Les Gémeaux vivent leur vie ou jouent leur jeu[1]. » 1930 : l'aube d'un effroi mondial. Huit mois plus tôt, les bourses de Londres et New York se sont effondrées sous le krach d'un Jeudi noir sonnant le glas des Années folles. La France n'est plus en majorité paysanne : 51 % des Français vivent en ville. Luis Buñuel tourne *L'Âge d'or*. Colette publie *Sido*. Les frères Lafuma inventent le sac à dos. Marlene envoûte L'Ange Bleu. Jean-Luc Godard vient au monde et Sir Arthur Conan Doyle le quitte, mais Sherlock Holmes demeure – évidemment, mon cher Watson.

La rue Brochant est calme, tracée pour l'être d'une main de pierre par le baron Haussmann. Ses Batignolles

1. Selon André Barbault, doyen de l'astrologie.

n'empêchent pas les troupeaux de chèvres de remonter le boulevard vers la butte Montmartre – 2 centimes le godet de lait frais. Des avant-guerres subsiste un goût qui n'a plus jamais été pareil. Les Parisiens boulangent, vendangent des picrates de faubourg. Personne ne songerait à sortir sans chapeau. Le plastique est en plein boom, la Bakélite voit arriver le PVC, d'ici quelques années, le Plexiglas remplacera le verre – c'est fou.

Sans doute faut-il être né à Paname pour trouver du terroir à ses odeurs métropolitaines, tilleuls, goudron chaud, aimer lever le nez pour attraper un coin de ciel entre les gouttières. La rue Brochant n'a pas bougé, bornée par la tache verte du square des Batignolles. Le numéro 6 ressemble à mille autres immeubles de rapport : « Eau et électricité à tous les étages. » Au carrefour des rues Truffaut et Lemercier, aujourd'hui encore les troquets servent à discutailler, acheter son tabac, tenter la chance, se jeter un canon ou un 421. Les chiens lèvent la patte contre les platanes. Sur la façade du 6, une plaque de marbre posée en 2001 par l'association des Amis commémore une locataire du siècle dernier :

ICI EST NÉE
BARBARA
1930-1997
MA PLUS BELLE HISTOIRE D'AMOUR
C'EST VOUS

Les Serf forment une bande de quatre digne des manuels de lecture d'antan. Papa pique et maman coud. Le père, Jacques, a fière allure et grand caractère ; la mère, Esther, est menue, d'une élégance discrète. Jean, le fils ; Monique, la cadette. Au début, ta famille est ton nid où s'ancrent les névroses. « Aucun souvenir d'enfance », elle dit. Rien sinon quelques odeurs… Comme dans quelle jungle ? Des lieux, des impressions où les autres ne sont pas, un territoire forclos déjà bien à elle.

De la rue Brochant, quelques mois après sa naissance, les Serf déménagent à deux pas. Parce que plus grand ou moins cher ? En pente vers La Fourche, la rue Nollet tombe dans une friche de la gare Pont-Cardinet. Paul Verlaine y a passé ses jeunes années et au numéro 9 Monique croise forcément un monsieur vêtu en prince, loin de passer inaperçu. Max Jacob, grand poète à monocle, croira longtemps que l'insigne de la Légion d'honneur à son col le dispensera d'y épingler l'étoile jaune.

Avec son bonnet de tricot enfoncé sur les oreilles, ses moufles surpiquées – à force de s'y moucher, les fils ont lâché –, Monique galope sur les trottoirs du XVIIe vers la petite communale de la rue Jouffroy. Les familles heureuses font le bruit des habitudes. L'enfance s'avance, étanche aux actualités. Mussolini en Italie, Hitler à Berlin, Joséphine Baker au Casino de Paris avec Chiquita, son guépard. Si les enfants perçoivent tout ce que les adultes ne leur disent pas, Monique a dû saisir chez ses parents un apeurement, l'écho des émeutes de 34, les insultes haineuses de l'Histoire tragique. L'hydre brune-noire va dévaster l'Europe et vouloir la tuer. Monique Serf est juive comme Max Jacob et près de trois cent trente mille Français, bien intégrés. « Israélite » de père et mère. Jacques Serf, d'origine alsacienne ; Esther, née Brodsky, d'une famille ashkénaze moldave d'Ukraine qui a fui la misère et les pogroms – les aïeux vivaient dans la région d'Odessa. Être juif ne regarde personne, la famille se sent franco-russe. Sa judaïté semble n'avoir jamais concerné Barbara, qui se fie davantage à son instinct qu'à ses origines. Elle sera sans appartenance, à la fois libérée et exclue de toute communauté.

Les Serf sont des gens ordinaires. À y regarder de plus près, l'ordinaire n'existe pas. Le père est représentant de commerce en fourrure ; l'hiver venu, madame Serf sort sa belle pelisse pour aller gagner un petit salaire à la Préfecture – qu'une femme travaille n'est pas si courant. Une passion sourde mine ce ménage : Papa joue. La figure maudite du joueur s'insinue dans le cadre. On ne continue pas sa vie, on la recommence, elle dit. C'est ce que pense un joueur chaque fois qu'il rebat les cartes. Le poker a ses grands soirs dont Jacques Serf revient les bras chargés de luxes fabuleux. Monique l'adore sans voir les yeux maternels se figer d'angoisse.

Un jeune couple affairé a besoin d'une aïeule, la meilleure nounou, la *nania* de Tchekhov. Si Monique fatigue sa mère, Granny ne lui reproche jamais rien. Grand-mère Brodsky glisse sous ses petits pieds le socle narcissique sans lequel un enfant se sent chanceler à vie. L'amour absolu a le parfum de la poudre de riz, du miel, du cuir de Russie. Harvana Brodsky va régner durant ces premières années capitales, empreintes d'évasion, sur le cœur battant de sa petite-fille. La patrie perdue résonne de chants tziganes, cosaques. Là-bas règne Staline – encore un ogre. Si l'art, la politique ou la religion sont absents de la maison, on y parle de la Grande Russie blanche et rouge. La révolution bolchevique a déjeté à Paris toute une immigration ; des princes conduisent des taxis, la grande duchesse Maria Pavlovna brode pour Coco Chanel quand des milliers d'autres triment aux usines Renault de « Billankoursk ». Chez Harvana, rue Marcadet, la langue slave roule autour du samovar, entre souvenirs et cancans d'une communauté qui ne se laisse pas abattre par l'exil. Si les Géorgiens sont les meilleurs danseurs, les Moldaves boivent la musique au berceau, tous les Slaves sont en vogue. Chez eux, la nostalgie est fertile et la gaieté, sacrée. Ils vivent au-dessus de leur mélancolie. Le cousin Dimitri Piroutsky mène une troupe de balalaïkas en Belgique. La rue Nollet n'est pas loin de la cathédrale Alexandre-Nevsky, rue Daru, où se donnent des concerts gratis pour la diaspora. Granny promène autant Monique et Jean dans les squares que dans les ballades tziganes, les chœurs orthodoxes. Et puis Chopin, Monique chérie, est slave comme nous… Et Monsieur Sacha Guitry aussi.

Une Granny en or incite à l'imaginaire. Qui vous aime vous plante deux ailes dans le dos. Tout de suite, Monique rêve de piano, de souffler des notes comme d'autres gosses des bulles de savon, sans un brin de solfège. Car elle apprend mal, son cahier est plein de taches, ses 3 × 4 font 13. Par quelle fenêtre est entrée la musique ? Barbara ne saura jamais le dire. Le *piano noir* a toujours été là.

Partout, le piano s'impose sur le violon, dévot à l'église, populaire dans les écoles de Jules Ferry, académique au Conservatoire, aristocratique chez les bourgeois, débauché dans les caf' conc'. Maurice Ravel vient d'orchestrer *La Grande Porte de Kiev* de Modeste Moussorgski, hymne de la musique nouvelle. Aux dernières mesures de cette symphonie ravageuse, les Russes tombent comme des mouches autour des kiosques à musique. Cloches et cuivres orthodoxes font pleurer les papas, les babas, Monique a dû en rester sidérée, sa sucette Pierrot Gourmand en l'air. Des fables noir et or envahissent sa tête, ses mains, ses lèvres, l'air qu'elle respire transporte les spores d'un piano. Son choix est fait, exprimé en tapant de la sandalette. Dès six, sept ans, haute comme trois pommes et demie, mademoiselle Serf pianote un clavier dont on se demande où elle est allée le chercher. Faire courir ses doigts sur la table n'est pas la bonne façon d'avaler sa soupe.

— Mange… Sinon tu seras clocharde !

Effectivement, elle le sera.

Au fil des années 30, journaux et magazines débordent de portraits d'artistes féminines, muses maîtresses. Les immigrés russes évoquent avec fascination Maria Youdina, la pianiste préférée de Joseph Staline, qui apprécie la belle musique, surtout Mozart – comme quoi. Un soir, après avoir écouté le concerto 23 à la radio, Staline en a réclamé l'enregistrement. Catastrophe : le récital a été retransmis en direct. Affolés, les sbires du Kremlin sont allés sortir Maria Youdina de son lit pour la conduire dans un studio. Au matin, l'enregistrement du concerto 23 fut remis à Staline qui versa des larmes en l'écoutant avant d'envoyer 200 000 roubles à l'interprète. Maria Youdina répondit qu'elle verserait ce pactole à son église afin de prier pour lui, coupable de tant de crimes envers le peuple russe. Le plus inouï est que Staline n'a pas levé la main contre la musicienne. Pour le moment. À la basilique de la rue Daru, on brûle des cierges pour Maria Youdina. La radio diffuse les airs romantiques pour clavier de Cécile Chaminade. Dans les pages de *Femina* ou *Votre Beauté*, pour les fêtes, des clichés *House-of-Windsor* présentent les deux princesses d'Angleterre, Elizabeth et Margaret, assises de dos à leur piano, si mignonnes et si sages. Enfin, une petite dame plaque ses mains sèches comme deux ceps de vigne sur des accords qui entraînent les foules dans un petit chemin qui sent la noisette, avec un jardinier qui boite et qui boit… Que Mireille soit juive ne gêne personne. Barbara l'admirera jusqu'à la fin de ses jours.

Vite, elle aime et n'aime pas sa famille. Un ressentiment précoce assez rare. On peut quand même douter que Barbara n'ait gardé qu'un seul souvenir de Noël, illuminé d'une orange et d'une tablette de chocolat. L'amour filial, bestial, l'attache à Papa-Maman-Jean mais leur foyer n'est pas sa maison, elle est déjà ailleurs, séparée, mais où ?

Le père accumule les dettes. Les Serf seraient à la rue sans Tante Jeanne, ex-mannequin de Jean Poiret, veuve d'un médecin colonial qui lui a laissé des rentes. Quand la soupe est trop maigre, le père aux abonnés absents, Jeanne Spire déboule en manteau couture, pose son sac de croco gold sur la table en soupirant : « Ah, mes pauvres enfants !… » Dans l'esprit de Barbara, cette femme incarnera toujours l'arrogance péremptoire de l'argent. La rombière. Tante Jeanne les aidera toujours, les sauvera souvent mais en privilégiant l'aîné, le garçon, sa promesse. La bourgeoisie, petite ou grande, exige de se perpétuer selon ses codes, Jean deviendra en effet médecin comme feu son oncle, pas Monique en bonnet d'âne. La généreuse veuve distribue ses faveurs sans tendresse envers sa nièce, l'empotée, l'effrontée. Dans certaines fratries comme chez les fauves, le plus à part est tout de suite moins choyé. La mère prend également ses distances avec la cancre en adorant Jean. Sur l'enfance de Monique tombe une poudre de conte dont elle serait Peau d'Âne, accrochée à sa vieille fée Granny. L'ensemble tient sur une base suffisante d'amour : doudous, roudoudous, morve et câlins. Au fond du trois-pièces, elle s'évade en pianiste-Yvonne Printemps. Tous les gosses miment leurs idoles, Monique y met d'autant plus d'obstination qu'elle n'est requise nulle part, à peu près mauvaise en tout sinon à jouer la mariole. La musique l'attire vers un cercle de lumière sans équivalent réel. Elle a peu de cartes en main, hormis sa chimère. Se fixer très tôt un cap favoriserait le Destin – et les coups durs. En vérité, elle enrage déjà.

Non loin de la rue Marcadet, vers Montmartre, une figure qui comptera pour elle chante avec une copine dans les rues, les bars à putes, devant les casernes. Jeune mariée au gars qu'elle aime, cette Parigote tente de se ranger par un boulot stable, d'élever vaille que vaille leur petite fille Marcelle mais la beuglante la possède. En 1935, cette ombre infréquentable qui un soir se prostitue pour payer l'enterrement de son enfant foudroyée par la méningite ne s'appelle pas encore Édith Piaf.

II

— Regardez, il essaye de se mettre sur ses pattes !
Bambi, film de Walt Disney, 1942

Interview au micro de Jacques Chancel à « Radioscopie », dans les années 70.

« Mais on ne sait pas d'où vient Barbara, si ? Qui est Barbara ?

— Une femme qui chante…

— Née où ?

— Ah, née où… Née à Paris…

— Ayant vécu à Paris ?

— Oui.

— Ayant des parents qui faisaient quoi ?… »

Barbara hésite, soupire, pas emballée à l'idée d'évoquer son état civil.

« … Vous préférez qu'on n'en parle pas ?

— Non.

— Donc, c'est quand même le mystère Barbara, Barbara qui vient de nulle part.

— C'est pas un mystère… Quand on a une famille… C'est que, c'est pas… Je ne sais pas. Faut peut-être préserver aussi. Est-ce qu'il est vraiment nécessaire de mettre en cause des gens ? C'est pas parce qu'on a choisi ce métier, qu'on est fou de ce métier, que c'est toute notre vie, qu'il faut bouleverser la vie de ceux qui sont les nôtres.

— Ils sont vivants ?

— Non. Mais ça ne fait rien, justement, ce serait trop facile. »

Cet échange – « Née où ? » – sent le commissariat. Barbara pourrait satisfaire un peu à la curiosité en évoquant les belles fourrures de son père, plaisanter sur son goût du poker, s'affranchir en trois mots. Mais rien. Jacques Chancel ne perce pas son mur de verre. La formule « mettre en cause des gens » frise le lapsus, semblant induire qu'une faute traîne dans un placard. Son refus est trop explicite pour être tabou. Sans avouer, l'invitée ne dissimule pas. « Je ne mens jamais, je ne peux pas », elle dit… Face au roi de l'introspection radiophonique, l'essentiel est réitéré avec ferveur : « Mon métier est toute ma vie. » Le plus troublant reste la chute ; chez Barbara, mourir ne rompt pas les liens : « Ce serait top facile. »

Les Brodsky, les Serf avaient du nez : les premiers d'avoir fui les pogroms d'Ukraine. Les seconds de quitter Paname dès 1937. S'échapper est le réflexe vital d'un insolvable. Jacques préfère entraîner les siens vers la province. Si dettes et huissiers n'y sont pas pour rien, Paris l'inquiète. En février 34, extrémistes et Camelots du roi ont failli prendre d'assaut la Chambre des députés – *la maison sans fenêtre* – et flanquer par terre la République. L'Europe n'est pas mieux ; aux Congrès du Reich à Nuremberg, aux fêtes romaines, chemises noires et brunes se galvanisent. Jacques, Esther, Jean et Monique filent au vert, au sud, laissant le grand poète Max Jacob rue Nollet, protégé de Coco Chanel qui fait la pluie et le beau temps. Max Jacob quittera Paris trop tard, comme tant d'autres qui se sentaient couverts par leur francité. De lui aussi, l'étoile jaune fera un traqué, mort au seuil des wagons plombés de Drancy. Monique Serf ne la portera jamais.

Pour les enfants, voyager équivaut à une aire de jeux, le pompiste qui louche ou l'affiche Banania les font rigoler. Mini-musicienne fait courir ses doigts sur la banquette de l'auto en regardant filer l'horizon. En 37, ils s'installent à Marseille. Nouvelle scolarité pour Jean et Monique. L'hiver en mistral sur le boulevard Gaston-Crémieux mord plus fort que le cagnard de la Saint-Jean. Premier amour, premier larcin, seuls souvenirs sûrs de cette jeunesse floutée. « J'ai sept ans, lui treize », elle dit. Une pointe de snobisme pour trancher définitivement le cordon ombilical : « Un garçon, ma foi, très beau, de famille noble. » Pour son prince, Monique chipe les trente-deux figues d'un compotier où son père les a comptées. Le fiancé semble faire moins cas de cette offrande que le père de leur disparition. Colère, accusation ; la menace d'envoyer cette voleuse en pension ne la pousse pas aux aveux. Celle des gendarmes, un ton au-dessus, non plus. Tête folle – tête de pioche. Barbara se souviendra de « châtiments humiliants ».

Leur villégiature marseillaise s'effondre en moins d'une année, le père joue mal ou de déveine. Au poker, boire ne pardonne pas. Les ardoises s'allongent, tristes comme un jour sans pain. D'autant qu'Esther est enceinte. En 38, la famille s'échappe encore, à la cloche de bois, jusqu'à Roanne, assez loin pour semer les huissiers. À Roanne, c'est pire. Jean et Monique voient la maison se vider de ses meubles, sauf la table et la literie. Cette fois, les créanciers ont devancé leur fuite. Maman accouche d'une petite sœur, Régine, naissance qui vu la situation n'égaie pas le foyer. Les parents envoient les deux grands apitoyer les commerçants. Jean et Monique endurent leurs remontrances devant les notes impayées. La honte d'être sans le sou, en manque de tout, l'angoisse de partir à la dérive absorbent le quotidien. Par miracle reste l'automobile verte pour filer où on fera crédit. À la fois excitée et paniquée, Monique regarde par la vitre arrière si la fourgonnette du boucher les pourchasse.

— Où va-t-on, maintenant, dis, Papa ?

À l'été 39, la famille remonte vers Paris pour s'installer au Vésinet, le temps de se refaire. La sœur de Jacques Serf, Jeanne, y réside et veille au grain. Retrouvailles avec Granny, la Butte, les Russes, les squares à coups de sifflet. Malheureusement, la voix d'Édouard Daladier résonne sur les ondes de ce dernier été. En mars, les troupes allemandes sont entrées en Tchécoslovaquie, les accords de Munich ne valaient pas plus qu'un chiffon de papier. En avril, les Italiens ont envahi l'Albanie. En mai, ni les Français ni les Anglais ne se sentaient prêts à « mourir pour Dantzig ». Maintenant, la gentille Pologne alliée se mobilise face au péril nazi… Le 1er septembre 1939, à 4 h 45, les troupes allemandes envahissent la Pologne sans préavis. Sépulcral, Daladier revient à la TSF. Comme il hésite à prendre la parole, un technicien lui souffle « Allez-y ! » Mauvais augure.

Adolf et Benito, eux, n'ont pas besoin d'être poussés au micro. Trop tard. Le 3 septembre, Daladier demande au président de la République Albert Lebrun de déclarer la guerre à l'Allemagne, conjointement avec l'Angleterre. Jacques est mobilisé, Esther effarée, la France en armes. Tata Jeanne déboule avec son sac en croco, ses longues mains déformées d'arthrite écrasent cigarillo sur cigarillo.

— Ah, mes pauvres enfants !

Jacques part avec sa feuille de route, il n'y a plus d'hommes nulle part. Le mieux serait de s'en aller aussi, au sud. Seule la grand-mère restera à Paris, trop à bout de souffle. Monique chérie quitte à nouveau sa fée Granny. Esther trouve un emploi à la préfecture de Blois où la rejoignent bientôt Tante Jeanne et les enfants… La drôle de guerre s'éternise, neuf mois avant la foudre. Le 10 mai 1940, d'un coup, les Boches se ruent à travers le Luxembourg, la Belgique, les Pays-Bas avant de submerger les Ardennes et la ligne Maginot. En quelques semaines, tout fout le camp. À Blois, la rumeur court que les ponts vont être dynamités afin de stopper l'armée allemande, les civils seront pris comme des rats. Mai, juin 40… L'inimaginable débâcle. Tante Jeanne n'a pas que des défauts, grâce à ses ressources, ses relations, elle sait toujours quoi faire. Comment Esther pourrait-elle s'en sortir avec trois enfants à charge ? Elle demeure à Blois avec la petite Régine tandis que sa belle-sœur emmène Jean et Monique en Charente chez un ami médecin accueillant. Les deux femmes se séparent à la gare, au pied du dernier train pour Poitiers lorsque les ponts commencent à sauter sur la Loire. Barbara voit s'agiter le gant de sa mère qui s'éloigne sur le quai.

Ce train n'arrivera jamais nulle part.

Dans un formidable documentaire de 1973, sans voix off ni commentaires, *Barbara ou Ma plus belle histoire d'amour* de Gérard Vergez, se trouve un moment, un seul, où Barbara, d'elle-même, l'air de rien, évoque une fillette prise dans le drame de la guerre de 40. La caméra de Gérard Vergez la suit en tournée avec « ses hommes », rieuse, foutraque, jetant sa prunelle de biche sur des loges improbables. Ce jour-là, dans le Berry, au théâtre de Châteauroux, elle est assise au premier rang, ses grosses lunettes noires lui donnent l'air d'une mouche posée sur un des fauteuils rabattables, à surveiller l'équipe qui prépare le récital du soir en s'engueulant avec le gardien. Barbara se lève, joueuse.

— Les kikis, ce soir, c'est music-hall, va falloir bouger un peu, là ! Je suis chanteuse de miousic-hall, ce soir c'est variété !

Dire « miousic-hall » la faisait rire. Sur scène, Barbara arrête un jeune chevelu en blouson cuir, son ingé'son, sexy.

— Dites donc, ce matin, j'ai pensé à vous, oui, oui… (Sa main se pose sur le bras du gars, négligemment, elle le drague.) Vous comprenez… Alors, bon, non, non, finalement je ne l'ai pas acheté…

Leur dialogue devient inaudible dans le remue-ménage. On l'appelle. « Oui ? » Elle détourne la tête, lâche le beau brun pour rejoindre devant le piano un Berrichon, le teint rouge brique, tige de tabac brun au bec.

— Pardon, oui ?… Mais monsieur va l'accorder.

— Bah, j'viens de l'accorder ce matin, si l'a t'y pas bougé.

— Ah ben, ben… 442, c'est toujours très compliqué, hein, pour vous ?

— Ça fait un peu haut ma foi, m'enfin… Le changement de température tire les cordes. S'il était toujours ici, ça irait, mais des fois l'est dans l'coulisses, des fois l'est chez moi.

— Ah, ce piano est à vous… Il est bien d'ailleurs.

— Il en voit des dures. C'est pas un piano de concert.

— Gardez-le, un Gaveau, c'est très rare.

— Oui, surtout qu'il a une bonne table d'harmonie.

— Je ne veux pas vous empêcher de travailler, on ne vous dérange pas à faire du bruit comme ça ?

— Non. R'gardez dont voir les aigus, si c'est…

Elle pianote sa « Petite Cantate » : *si mi la ré si mi la ré si sol do fa…* « Il est très bien… » On hurle dans un coin de la scène. Un objet lourd tombe. L'équipe verrait mieux le piano au centre. Ils se mettent à plusieurs pour pousser ce foutu Gaveau. La « patronne » renâcle.

— Ah bon ? Je n'aime pas ! Je vais encore avoir l'air d'une secrétaire derrière son bureau. C'est bizarre, cette situation. Poussez-moi la queue, comme ça…

Barbara parle de plus en plus vite, teste les touches, chantonne « Les Amis de Monsieur ». Le Berrichon sourit. Roland Romanelli, l'accordéoniste compagnon, s'est accoudé au piano, amusé par leur tandem. La Castafiore et le paysan : lui en double chandail, plus futé qu'il n'y paraît, elle en chemisier à manches gigot, moins snob qu'elle n'en a l'air. Deux France nez-à-nez.

Paraît que j'possède un bon lit
Tous les amis d'Monsieur m'l'ont déjà dit !

— Vous connaissez, c'est de votre époque, ça, vous connaissez, Mayol ? Ça ne plaisante pas, hein, attention, j'ai un numéro très sérieux, moi...

En fait, Barbara, la tête ailleurs, se rappelle à haute voix.

— ... Et Préaux, c'est loin d'ici, Préaux ?

— Bah non. Pas trop.

— Parce que, pendant la guerre, j'étais cachée à Préaux, voyez-vous... Je connais Buzançais aussi, c'est loin Buzançais ?

— Buzançais, 25 d'ici...

— Oui, le château du Boisrenault, des amis à moi.

— Ben dame ! Madame du Boisrenault. Justement, j'dois y monter le piano.

— Vous leur direz bien des choses de ma part... Sylvie et Yves du Boisrenault.

— Vi, d'accord.

— Ah vraiment, vous connaissez la famille du Boisrenault... Dites donc, vous avez un tas de relations, vous... Vous ne vous souvenez pas d'un train qui a été attaqué dans la plaine de Châtillon... Est-ce que vous vous souvenez de ça, vous n'étiez pas né ? (Elle plaisante, manifestement plus jeune que l'accordeur, qui, sans date ni repère, ne voit pas du tout.) Moi j'étais dans ce train, moi ! Non mais c'est vrai ce que je vous dis, monsieur, je ne plaisante pas ! Je connais très bien votre région. La petite fille qui était dans le wagon et qui n'a pas été tuée, c'était moi... Je ne suis presque jamais revenue ici... Et puis ce soir, je suis là. Qui aurait dit que quarante ans plus tard... Enfin, pas tout à fait quarante...

Au plan suivant, seule, debout sur une mezzanine, Barbara ondule au-dessus d'une table en se maquillant la paupière dans un miroir à main.

— C'est la campagne à Châteauroux, la la, la la…

Visiblement aux anges, elle fredonne « L'Avventura » de Stone et Charden. Le documentaire de Gérard Vergez se poursuit dans les coulisses de sa tournée 1973. Rideau. Sur 39-45, Barbara n'en dira jamais davantage devant une caméra et reprendra cette scène de guerre sur la plaine de Châtillon à la page 17 de ses Mémoires interrompus[1].

En juin 40, le dernier train pour Poitiers s'est arrêté en rase campagne, une centaine de kilomètres après Blois. Faute de locomotive, réquisitionnée, les passagers attendent son remplacement, absurdité qui trahit bien le chaos général. Quatre soldats mitrailleurs sont venus surveiller le convoi. Un jour, une nuit passent. Toujours pas de loco, rien à manger. Tante Jeanne et ses neveux campent dans leur compartiment avec un groupe de scouts. Intenables, les gosses galopent à travers le couloir, autant les envoyer en ravitaillement dans les fermes, chercher des fruits, des œufs, un jambon peut-être – Tata a des sous.

Au cinquième jour, soudain, trois points apparaissent au fond du bleu du ciel. Personne n'identifie encore dans ce ronron des Stukas allemands un prélude à l'enfer. Les zincs à croix noire survolent le convoi. La DCA voisine abat un engin, les deux autres reviennent en

1. *Il était un piano noir… : mémoires interrompus*, Fayard, 1998, et Le Livre de Poche, 1999.

rase-motte… Fin du quadrige aérien, baptême du feu, tirs, panique, hurlements : les Stukas mitraillent le train. Sous un raid surgit la mort imminente qui suspend ta vie au fil d'une bombe ou d'une balle invisibles. Ça tombe, sans laisser le temps d'y penser, la tête entre les genoux. Tu te relèves, d'autres non. La faucheuse laisse quelques cadavres dont on éloigne les enfants. C'est fini et tout continue, pareil : le soleil, la trace de deux doigts sur la vitre, la trille d'une grive, les pissenlits étoilant le pré. « La petite fille qui n'a pas été tuée, c'était moi. » Les ambulances mettront vingt-quatre heures à secourir les blessés qui râlent toute la nuit. Au matin, les naufragés redoutent le retour des avions de chasse. Une petite communauté de Français largués comprend que viennent de commencer *le sang, la sueur et les larmes* dont Churchill a parlé aux Anglais. Les gosses ne s'en inquiètent pas outre mesure, le train tourne à la colo verte en Indre-et-Loire. Ils vont rester là dix-sept jours avant de s'éparpiller dans la débâcle. Deux semaines d'abandon, d'immense liberté. Les gosses de la guerre ne ressemblent pas à ceux de la paix.

Préaux est le bourg le plus proche. Tata Jeanne en a sa claque des banquettes SNCF, le camping n'est ni de son âge ni de sa classe, l'ex-mannequin a besoin du confort. À quoi bon pousser plus loin ? Les femmes ne savent plus où sont leurs bonshommes, ni la nation ses députés. Huit, dix millions de personnes se jettent à travers les routes, du nord au sud. Paris se vide des deux tiers de ses habitants. Passé la Loire, granges, écoles, gymnases deviennent lieux d'asile. Le moindre grenier trouve des locataires. À Préaux, Jeanne Spire loue deux chambres au-dessus du café-épicerie. Les autochtones se doutent que ces trois-là ne sont pas très catholiques mais l'antisémitisme ne préoccupe guère les foules de l'été 40, Spire et Serf sonnent bien français. Le trio s'installe, ravi de s'abriter. Avec Tante Jeanne, les choses ne tournent jamais aussi mal qu'avec Papa. Dans ce bourg de six cents âmes – trois commerces, un monument aux morts, un clocher – où ne passait pas un quidam, la grand-rue charrie un flot ininterrompu de véhicules à moteur, à chevaux, à bras, au beau milieu du Val de Loire où les rois bâtirent leurs palais. Les bonnes manières de madame Spire impressionnent le village qui la surnomme la Colonelle. Toute cette aventure rappellerait une opérette si les Stukas n'avaient pas laissé des morts dans la plaine, si on ne se demandait pas jusqu'à quand va durer cette panade.

La guerre est déjà perdue. Pendant que la Colonelle, ses neveux et les scouts espéraient une loco, l'armistice s'est signé le 22 juin dans un autre train, à Compiègne. Les Allemands ont abattu un mur du musée pour sortir le wagon où fut négociée leur humiliante défaite de 1918. Tant de souffrances pour une revanche. Mille murmures résonnent du nom de Philippe Pétain, vieux maréchal aimé qui parle à la radio : « Je fais à la France le don de ma personne pour atténuer son malheur… » Quelques-uns croient en une tactique avant la riposte, d'autres colportent des rumeurs de fin du monde. Les Schleus entrés dans Paris ville ouverte sans tirer un coup de feu remplacent le drapeau bleu-blanc-rouge de honte par la croix gammée. Après, les nazis égorgeront les bébés pour boire leur sang. K.-O. Chaos. Trois semaines de « Blitzkrieg » et le fort bouffe le faible. Les Gaulois qui s'estimaient le plus vaillant peuple d'Europe se réveillent écrasés, groggy, occupés. Et l'été embaume, bel indifférent. Jean et Monique mangent des fraises en observant par leur fenêtre défiler dans la grand-rue une nation en vrac.

— Où sont Maman-Papa ?

Tu dois t'habituer à ne rien savoir de qui t'est cher. La fin d'après-midi chasse l'anxiété par une baignade. Le pis des vaches donne une mousse tiède qui dégoûte un peu tout en faisant envie. L'orage macule de boue les escarpins de Jeanne mais il fait vite assez chaud pour retourner nager dans l'Indrois.

Dans sa biographie[1], Valérie Lehoux est partie à la rencontre des derniers témoins de l'exode dans cette campagne, réunir les souvenirs laissés par une petite fille devenue célèbre. À dix ans, Monique était vêtue de clair, vive, jolie, pas timide et toujours bien chantante. Presque une calamité selon certaines vieilles provinciales qui se rappellent comment la petite patronnesse de spectacles improvisés les houspillait en les plaçant du bout de ses doigts-baguettes. « Mets-toi là, Minouche, et chante. » La Colonelle traitait sa nièce de « saltimbanque », le frère était plus posé… Et la Monique n'avait pas froid aux yeux quant aux garçons. Parmi les filles, elle avait fait circuler une liste pour noter leurs charmes. Ces jeunes messieurs n'avaient pas apprécié, leurs parents non plus…

Déjà un vent d'automne arrache les premières feuilles aux coteaux. Combien en fera-t-elle de chansons, l'arrogante saltimbanque aux yeux dévorants ?

Démobilisation progressive. Les hommes reviennent, moins les morts – quatre-vingt-douze mille en trois

1. *Barbara, Portrait en clair-obscur*, Fayard/Chorus, 2007.

semaines – et les prisonniers – un million cinq cent mille. Les Français se cherchent. Jacques Serf se trouve à Tarbes où il se démène pour rameuter les siens. Comment savoir si le courrier passe ? Les lignes téléphoniques sont rares, le tam-tam s'avère plus efficace. Granny, qui n'a pas quitté sa rue Marcadet, finit par coordonner les nouvelles : Jacques veut réunir sa famille en zone libre, le joueur de poker devine que le pire de cette donne n'a pas encore eu lieu. Durant toute l'Occupation, Jacques saura déjouer les embusques, se lier aux gens du cru pour échapper aux coups de filet. Tarbes, belle endormie, est un bon choix qui leur assurera presque deux ans de répit. Le clan au complet, sauf Harvana Brodsky, se loge dans une grande maison, rue des Carmes, plus avenante que ses adresses précédentes. Monique dispose même d'une chambre à soi pour devenir jeune fille. Les deux aînés chaperonnent Régine, âgée d'un an. Maman est de nouveau tombée enceinte, Papa reprend ses parties de cartes sous les platanes sans risquer la ruine, les Méridionaux préfèrent miser des fayots que flamber leur magot. Pour un peu, on serait bien. Mais, dans cette France peu touchée par les combats, les décombres sont dans les têtes, la défaite pourrit bien des consciences. Imbibé de pastagua, Jacques Serf s'ennuie, de petits boulots, notamment chez un imprimeur, en parties mornes. Les hommes ont perdu l'honneur, les femmes, déjà libérées par la Grande Guerre, poursuivent leur émancipation – sauf Esther qu'on n'entend jamais. Un modèle archaïque s'est effondré avec l'armée française. Changés par les épreuves, des couples se retrouvent sans se reconnaître. Les Serf ne se réuniront jamais. La première à percevoir la dérive de son père est Monique.

Après avoir touché le fond à Roanne, ses enfants ne jettent plus sur lui des yeux éblouis. Morose, ombrageux, sans défouloir, il rentre aviné. Monique le trouve méchant quand il murmure à son oreille qu'Esther préfère Jean, fils aîné chéri. Elle le sait, pourquoi le lui répéter ? En public, son père la rabroue comme s'il prenait plaisir à la voir rougir. En tête à tête, il la cajole bizarrement. Pourquoi ? Le soir, son pas, le bruit de sa clef dans la serrure effraient Monique. Cet homme qu'elle adorait l'effraie. Bientôt, elle le haïra.

Sa scolarité se poursuit en même temps que sa tyrannie fantasque à l'égard de ses camarades, les unes ravies, les autres gavées de devoir s'engager dans les kermesses théâtrales de Monique-Musique. Si les instituteurs et ses parents la rabaissent, ligués contre sa singularité, dans la cour de récré, les cours arborées de Tarbes, elle reprend du poil de la bête. La cancre se venge en boute-en-train. Monique & compagnie ouvrent les malles pleines de frusques des greniers, se déguisent, se produisent en spectacles de kermesse. Elle y dépense sa frénésie de jeune théâtreuse – le chant, la scène, les dentelles, mauvaises graines. En quête de son objet fétiche, elle se faufile chez qui possède un piano, Dieu sait comment. Certains lui trouvent un beau brin de charme, du talent peut-être. Son père et sa mère n'y voient qu'une idée fixe que reflète d'ailleurs la médiocrité de ses carnets scolaires. En classe, sa tête reste dehors.

Au même moment, à Paris, Jacques Prévert réunit ses poèmes en vue d'une publication[1]. Vladimir Kosma, qui

---

1. Son recueil *Paroles* connaîtra un grand succès dès sa parution en 1946 aux éditions du Point du jour.

a fui l'Allemagne hitlérienne dès 1933, les mettait déjà en musique avant-guerre. Le poète cache désormais le musicien – Barbara croisera bientôt leur route. Prévert écrit *Le Cancre*, dix-sept vers d'une désarmante simplicité : celui qui *dit non avec la tête mais* qui *dit oui avec le cœur*.

Jacques Serf ne s'est pas trompé. Les « Justes » sont plus nombreux à Tarbes qu'ailleurs. Après la Libération, la ville recevra la croix de guerre mais son maire, Maurice Trélut, déporté pour avoir aidé les Israélites avec la complicité des religieuses hospitalières ne rentrera pas des camps. Sous ses airs endormis, Tarbes est un havre pour les juifs, presque tranquilles en communauté d'habitudes. Au restaurant, chacun prend son rond de serviette avant d'occuper sa table. De temps en temps, la petite Serf y pousse la chansonnette. Un instant, dans l'intense regard qu'il lui jette, son père paraît fier d'elle. Son corps pousse aussi, comme mauvaise herbe. « J'ai dix ans et demi », elle dit. Monique en paraît douze ou treize, l'âge nubile d'une presque jeune fille. Ce soir-là à Tarbes, où sont Jean, Jeanne, Esther ? À la maternité, en ville, chez les voisins ? Où ?

Ne demande pas pour qui sonne le glas, il sonne pour toi.

Il fait noir. La porte de la chambre grince. Papa s'approche, sentant le pastagua. Papa s'assoit au bord du lit, caresse sa joue, son cou.

Monique n'ira jamais plus loin que ce soir-là.

III

Nous sommes maîtres des mots que nous n'avons pas prononcés.

Winston Churchill

J'ai le souvenir d'une nuit, une nuit de mon enfance, toute pareille à celle-ci, une longue nuit de silence. Moi qui ne me souviens jamais du passé qui m'importune, c'est drôle, j'ai gardé le secret de cette longue nuit sans lune. [...] Soudain, je me suis réveillée, il y avait une présence [...] C'était au-dehors, on parlait à voix basse comme un murmure, comme un sanglot étouffé, au-dehors, j'en étais sûre [...] J'allais à demi éveillée, guidée par l'étrange murmure, j'allais à demi éveillée, suivant une allée obscure. Il y eut, je me le rappelle, surgissant de l'allée obscure, il y eut un bruissement d'ailes, là, tout contre ma figure. C'était au cœur de la nuit, c'était une forêt profonde, c'était là comme cette nuit, un bruit sourd venant d'outre-tombe. Qui es-tu pour me revenir, quel est donc le mal qui t'enchaîne ? Et veux-tu que vers toi je vienne ? S'il le faut, j'irais encore, tant et tant de nuits profondes, sans jamais revoir l'aurore, sans jamais revoir le monde pour qu'enfin tu puisses dormir, pour qu'enfin ton cœur se repose, que tu finisses de mourir sous tes paupières déjà closes...

Ce sont ses mots dans « Au cœur de la nuit », belle marche lente de 1967, qu'éclipsera « L'Aigle noir » trois ans plus tard. D'une rémanence d'inceste, d'une fille violée par son père, sa chanson impressionne. Pour Gérard Depardieu, qui n'hésite jamais à mettre les pieds dans le plat, ce *bruissement d'ailes, là, tout contre ma figure*, qui reviendra dans « L'Aigle Noir », *de son bec, il a touché ma joue, dans ma main il a glissé son cou*, le font penser à « une bite »[1].

1941. Le sexe est sur elle et il vient par son père. L'existence de Jacques Serf aussi sombre à Tarbes, longtemps avant sa fin. Tout est détruit et tout continue, aucun crime n'empêche le jour de se lever. Sur le point de commencer, la féminité de Barbara se clôt, verrouillée d'avoir été forcée, prise dans la sidération, le dégoût. Il n'y aura plus d'après. Sans bruit, tout se casse. Cette monstruosité engendre une cristallisation. L'enfant va continuer de grandir, sans corps, sans interlocuteur, captive. D'avant cette nuit-là restera une pureté d'Eden. Le rapport à la réalité, aux autres, à l'être se fausse chez un enfant manipulé en objet sexuel. Elle devient la proie du père – Monique le pressentait. De bon ne reste que Perlimpinpin, grand bonhomme imaginaire. Son for intérieur s'emmure. L'attentat sur l'enfance se commet à perpétuité, brûlant tout autour de l'acte. Dans ce trou noir, le temps ne joue plus aucun

1. *Télérama*, interview avec Valérie Lehoux, décembre 2016.

rôle. Un sentiment d'éternité damnée entre avec la souillure. D'un coup, Monique vieillit sans âge. Elle laisse faire, lucide, froide, partie, terrée. L'inceste s'abat entre elle et le monde, entre elle et elle, petite fille détruite avant d'aimer. Au bord de la voir s'évader, l'agresseur arrache ses ailes, la blesse au creux des reins – douleur qui reviendra, elle dit, chaque fois qu'elle aura à prendre une décision dans son futur. Malgré la guerre, l'hécatombe qui se déroule dans l'ombre, elle cavalait au bord des étangs, envisageait déjà les garçons en princes désirables… Elle ne voit plus rien, ruinée, fautive, muette. Le miroir lui renvoie une image qu'elle déteste de toute sa peau. Mais cette beauté qu'elle a perçue, musicale, forestière, toutes ces grâces dont elle s'est déjà enivrée se rétractent au fond de sa conscience, hors d'atteinte. Elle sera fidèle à l'enfance épargnée, d'Avant. À part ça, Monique devient son fantôme. « J'ai disparu », elle dit, « quelque chose m'a tuée ».

Le petit dernier, le quatrième, Claude, est venu au monde à Tarbes. Monique pousse un landau bleu, rue des Carmes. Mourir n'empêche pas de rester vivant. La guerre passe en campement, valises pas ouvertes, matelas au sol en guise de lit sur un perpétuel qui-vive. Les Serf s'en sortent grâce à une fraternité de Français écœurés par la chasse à l'homme. Cette main qui cogne à leur porte, ce voisin qui accourt les prévenir d'une rafle. Depuis les préfectures, des fonctionnaires informent de bonnes âmes qui alertent les Juifs. Les Justes de Tarbes annoncent une descente imminente, les Serf doivent se séparer, vaille que vaille. Ils se réfugient vers Angoulême. Nouvelle alerte. Le filet se resserre dans les haies. Le nouveau-né Claude est placé chez une parente dans l'attente d'un abri sûr. Régine et Barbara sont placées dans une ferme à Chasseneuil-sur-Bonnieure sans leurs parents. « Coûteuse cache », elle dit. Comme tout migrant traqué, les Juifs sont pour certains une source de revenus. Le prix de pension n'empêche pas ces Ténardier de réveiller la fillette à l'aube pour aider à la traite. Elle découvre le froid, la faim, la peur. À minuit, elle se relève d'un lit glacé partagé avec Régine pour se faufiler jusqu'à la cuisine où reste du lapin aux pruneaux dans un fond de marmite – ça, elle n'a pas oublié. Effrayée à l'idée d'être surprise, à tâtons, elle rapporte son larcin à sa sœur. Une fois par semaine, Monique file à vélo visiter Papa-Maman dans un village voisin, laissant Régine épouvantée à l'idée de ne plus revoir personne. Un matin de périple sur la route d'Angoulême, elle s'arrête devant un phénomène terrifique : un arc-en-ciel lui barre le chemin. Ses jambes se dérobent. Longtemps, elle s'endormira en revoyant ce spectre de couleurs – « une maison qui tient toute seule dans le ciel », elle dit. Nouvelle rafle, nouvelle alerte… La famille s'enfuit ailleurs, s'habituant au déracinement, à tout moment peut retentir le pire : « Y a la Gestapo. » Les 15 chevaux des « policiers » ont des roues à rayons jaunes. Des années plus tard, quand l'improviste frappera à la porte de Barbara, Monique reprendra quelquefois le dessus en courant se planquer dans la campagne à l'heure allemande.

La nature console de vivre en animal, au creux d'un orme, sous les branches d'un saule. À l'été 43, la famille atteint Saint-Marcellin, au pied du plateau du Vercors, tenu par la Résistance. Mais Barbara sait que son corps, ses cheveux, son nez, ses yeux, tout est coupable, elle est la juiverie, la youpine, contre lesquelles se déchaînent l'occupant et Vichy, une vilaine fille qui fait des choses sales avec son père. Une corneille et un corbeau dans les ronces. Elle ne le dénonce pas. Entre elle et sa mère s'érige un mur qui ne disparaîtra jamais. D'école en école, chaque fois, elle redoute l'interrogatoire de la maîtresse.

— Que fait ton père ?

Alors, elle invente.

En gens comme il faut, les Serf se montrent à l'église avant de passer acheter des gâteaux à la pâtisserie Rivol. La villa louée est coquette, sur jardin – celui des dahlias fauves dans l'allée. De l'autre côté du chemin, un beau noyer surplombe les vignobles. Dans leur cavale, les lois se sont disloquées, son père ne la gronde plus. Profitant des récréations, Monique-Musique fugue. De grosses mûres s'entassent dans son pot à lait en fer-blanc. Fille de personne, elle devient fille des bois. L'inceste se poursuit. Il faut penser à autre chose, violemment, de toutes ses forces. À quoi bon en parler, à qui ? Aucune allusion n'a de prise sur sa mère qui ne la voit pas, ne l'entend pas. Son corps est seul parmi les bêtes, les arbres.

Un durillon apparaît au creux de sa paume, accompagné d'une perte de sensibilité. Première opération en urgence. L'engourdissement inquiétant atteint l'auriculaire. Six opérations suivront, ce mal ne disparaîtra tout à fait que longtemps après la guerre, en Belgique, lorsqu'un ami chirurgien l'opérera gracieusement. « Pendant les hospitalisations, les grands murs blancs balancent », elle dit. À son chevet, sa mère la prévient.

— Si le docteur Roussel a sauvé ta main, pour ce qui est du piano, c'est cuit.

Monique encaisse cette perte sans broncher ni renoncer.

— Je serai seulement chanteuse alors.

— Si tu veux… Dès que tu auras l'âge, nous te ferons prendre des cours de chant.

Une mère aveugle n'est pas ton amie, pas ton ennemie non plus. Monique se rééduquera seule, jouera longtemps à quatre doigts main gauche, et Barbara gardera en scène la coquetterie, contraire à l'usage, de placer le piano côté graves vers le public afin qu'on ne remarque pas son petit doigt crochu.

À vivre caché, les pensées deviennent sauvages. Quand on se déteste, le plaisir est solitaire. Peut-être goûte-t-on plus violemment les nuages, les souffles, les fleurs. L'invisible est plus attirant que le genre humain.

Un dimanche, la guerre la frappe au détour d'un chemin de terre. Les méchants contre un gentil. Le parachutiste anglais accroché au clocher de Normandie qui hanta Marguerite Duras, le premier corps d'un mort sous les yeux de l'enfance. Ce dimanche de novembre – déjà novembre, son mois fétiche –, près d'une usine, les miliciens arrêtent un maquisard descendu du Vercors. Le gars est roué de coups, emporté pour être fusillé. Barbara fera un jour de cette scène son chant du partisan[1].

Les vertes années s'achèvent ici. Ballottée, sommée de défaire, refaire son existence au gré des chutes, à moitié sans parents, pire qu'orpheline, Monique est de ces « enfants-papillons » catégorisés par la psychanalyse. À force de rompre, très tôt, de rompre encore, fuir

1. « Il me revient », en 1970, plus de vingt-cinq ans plus tard, musique de Frédéric Botton.

sans repères, une fois adultes, les enfants-papillons ne peuvent plus fixer ce lien affectif dont ils rêveront toujours, idéalistes impuissants. D'engouement en renoncement, en rupture, ils iront, solitaires ataviques. La guerre continue sans drame apparent pour les Serf qui n'entendent plus tambouriner à leur porte. Les aigles nazis s'estompent, pas son père dont elle ne parle plus dans son autobiographie. Le crime d'un soir semble se poursuivre en liaison incestueuse. Dans la maison ou ailleurs, profitant d'une absence de la mère… On ne sait pas. À Saint-Marcellin du Vercors, elle trimbale son pot à lait dans les ronces, suit l'école buissonnière et regarde passer à bicyclette une voisine inconnue de cinq ans plus âgée, demoiselle privilégiée, vêtue de jolies robes et de chaussures à brides qui la font mourir d'envie. Cette Gradiva s'appelle Françoise Quoirez, un jour, elle aussi prendra un nom d'artiste.

*

C'est Françoise Sagan qui m'a le mieux parlé de Barbara. J'ai compris la chanteuse en voyant vivre la romancière. J'ai connu Sagan au milieu des années 80, un soir de rencontre littéraire en Sorbonne organisée par le Cercle Marco Polo, des jeunes gens de bonne famille qui portaient les vestes tweed de leurs papas. Pour Sagan, le grand amphi était bondé. Sans l'admirer autant que Marguerite Duras ou Yourcenar, nous la trouvions sympathique, curieuse, insoumise, mitterrandienne forcenée dans son petit manteau camel. Après des questions sans grand intérêt devant un auditoire absorbé à la comprendre, le micro est passé dans la salle.

Nous étions au balcon avec l'envie de faire les intéressants.

— Bonsoir, vous avez dédié votre premier roman à Paul Éluard. Vous dédiez le dernier à Jacques Chazot, vous n'avez pas l'impression d'avoir perdu quelque chose en cours de route ?

Françoise Sagan a toussé, bronché.

— Oooh mais… J'aime beaucoup… Chazot, il est, rrrchneuneu… très charmant, vous savez.

Elle a ajouté une phrase modeste et triste : son œuvre n'était pas considérée « très importante » par son entourage, Bernard Frank, par exemple. Les amis de Sagan ne lui passaient rien, en tout cas littérairement. L'idée se répandait déjà qu'elle était un auteur surestimé.

À la sortie, dans le hall, Sagan nous a aperçus, descendus du balcon des contestataires. Nous sommes allés la saluer. Elle nous a proposé d'aller boire un verre, tous ensemble. Les boubourges l'ennuyaient aussi. Ça nous a fait rire. Au café enfumé de L'Écritoire, je me rappelle m'être demandé, dans l'attraction qu'elle exerçait, ce qu'il y avait d'elle en propre et du personnage fantasque de sa légende. Sagan était aussi quelconque que charismatique. Un détail serrait le cœur : sous la table, sa paire d'escarpins à talons hauts ne lui allait pas, elle semblait perpétuellement vaciller. Entre le bas du pantalon et la chaussure, sa cheville toute fine n'était pas plus grosse que mon poignet, infernale d'anorexie, de toxicomanie, un pied de gamine en soulier vamp. Telle était Sagan, du nom d'un personnage chez Proust auquel elle vouait un culte qui s'exprimait par des chuintements, des ronchonnements, l'agitation de sa frange brûlée par le coiffeur. La romancière m'a donné son numéro de téléphone que j'ai noté sur un bout de papier jaune, surpris ; je ne voyais pas ce qui aurait pu justifier que j'appelle Françoise Sagan. Et j'ai fourré le papier au fond d'une poche de mon duffle-coat.

Peu après, je suis entré en stage au magazine *Globe* – j'avais vingt-quatre ans. La presse écrite rayonnait encore, vaste arène ouverte où la jeunesse comptait. La porte des journaux, des mensuels, des revues battait sur des inconnus venus de toute la société proposer leurs sujets, leurs photos. Rien à voir avec aujourd'hui.

À la première conférence de rédaction, toute l'équipe, jusqu'au coursier, s'est entassée dans le bureau du directeur, Georges-Marc Benamou. GMB, comme on disait, remuait dix idées à la minute, ce qui n'empêchait pas chacun de proposer ses sujets. Sourcilleux, GMB faisait tourner la parole et recueillait les avis. Le ton est monté. Le directeur de la rédaction était furax de ne pas pouvoir concrétiser une idée à laquelle il tenait : proposer à Françoise Sagan de tenir dans *Globe* un bloc-notes comparable à celui de Mauriac dans *L'Express* des années 50. Lui qui fréquentait tant de gens ne la connaissait pas. Pierre Bergé, mécène du mensuel, se trouvait en froid avec l'écrivain.

— Quand même ! Personne ici n'a un contact avec Sagan ?

Assis par terre au fond, troufion-stagiaire, j'ai levé le bras avant d'ajouter, le plus naturel possible :

— Vous voulez que je l'appelle ?

Tous les yeux se sont braqués sur moi. Soudain, j'étais quelqu'un. Dès la fin de la réunion, je me suis éloigné au fond des locaux, jusqu'au mur des archives pour retourner les poches de mon duffle-coat, son numéro devait y être encore, un papelard jaune. Je l'ai trouvé, ratatiné mais lisible.

Je suis tombé sur Françoise Sagan, rue du Cherche-Midi, sa voix de nez toujours teintée de stupéfaction. En se pinçant la narine, elle savait imiter à la perfection l'accent espagnol de Pépita, sa gouvernante, pour se débarrasser d'un « enquiquineur ». Par chance, elle se souvenait de moi. Pour Sagan, un étudiant était a priori plus intéressant qu'un ministre ou un patron – une chose si rare ne s'oublie pas.

Quinze jours plus tard, de stagiaire, je suis passé pigiste avec un bureau à la rédaction de *Globe*. Ma vie professionnelle a commencé avec notre amitié.

Livrer chaque mois à la rédactrice en chef technique son bloc-notes s'est vite avéré tout sauf simple. Le premier article nous est parvenu dans les temps, impeccable, tapé par madame Bartoli, sa secrétaire. Puis le coursier m'a rapporté… des cassettes. Sagan dictait son papier à partir de notes. Parfois limpide, souvent moins, à s'arracher les cheveux en repassant la bande. Son propos s'interrompait, Françoise oubliait l'engin qui tournait, je l'entendais recevoir des fleurs, répondre au téléphone ou discuter avec sa compagne Peggy Roche, ses talons s'éloignaient chaotiquement sur un parquet lointain. Banco jappait. On aurait dit une fiction radiophonique sans scénario. Une fois, elle s'est mise à pianoter du Julien Clerc sur l'orgue Farfisa près de son lit jusqu'à la fin de la bande. Françoise m'avait prévenu : « En cas de souci, rrrchneuneu, n'hésitez pas à m'appeler, pffff… n'importe quand. » Je me faisais un point d'honneur de me débrouiller mais, parfois vaincu, je finissais par lui téléphoner et nous décodions ensemble un passage inaudible. En l'écoutant ciseler ses phrases, sa petite musique à l'impeccable grammaire, agile comme un chat sur les murs de la langue, je regrettais qu'elle ne soit plus assez forte pour se coller à un grand roman. Sagan avait beaucoup de courage mais la littérature, la fiction surtout, requiert une force physique qu'elle ne possédait plus. Son dernier livre en date, excellent, *Avec mon meilleur souvenir*[1], revêtait la forme épistolaire. Je l'admirais quand même pour son brio, ses blessures sexagénaires, son trait, ses mots trottants, son portrait de Gorbatchev, sa description de la journée d'un chômeur qui finissait sur un banc…

— Pardon Françoise, j'avais compris dans un blanc !

— Blanc, pffff ? Un blanc, attendez, c'est bien aussi !

J'adorais la regarder vivre, avec son sac et ses escarpins vernis. J'ai aimé, estimé Sagan pour ce caractère condensé à la liberté, les moments passés sur ses fauteuils club de velours ou en voiture sur la route d'Équemauville. Dans son intimité, le choix de l'indépendance tournait à la solitude. Si je n'avais pas préféré les hommes, je l'aurais serrée entre mes bras, caressé ses chevilles en prenant soin de ne pas les briser. Mais un amant performant lui était nécessaire afin de ne pas passer ses nuits dans une chambre dont la pénombre et l'inutile l'épouvantaient. De la virilité, elle aimait le silence, le geste brusque, non maîtrisable. Le lesbianisme, chez Sagan, n'était qu'un agréable entre-deux. L'air de rien, elle ne renonça jamais à la magie d'être désirée par un homme – ce qui n'empêche pas Peggy Roche d'avoir été essentielle à son côté. L'indomptable

1. Gallimard, 1984.

Sagan épousait en secret ce conformisme : le besoin de la force protectrice, enlaçante, d'un mâle contre une santé vacillante et des addictions qui la minaient. Elle ne l'a pas trouvée. J'ai connu une légende, un écrivain, une femme juste avant l'errance et le naufrage du corps, l'ostéoporose terminale, cernée par le fisc, la coke, la disparition de ceux qu'elle aimait, doutant de son talent et souvent incapable d'écrire. J'ai partagé ses dernières plus belles années avant de la perdre de vue.

Et je l'ai interrogée sur Barbara. J'évoquais souvent la chanteuse à la fin d'interviews avec ceux susceptibles de la connaître. Aimer rend si curieux. Au milieu des années 80, après Pantin, je n'avais toujours pas approché la Dame brune autrement qu'en concert. Son ermitage de Précy-sur-Marne tournait à une retraite. Après avoir été de toutes les premières, Barbara ne menait plus aucune vie mondaine, se montrant à peine. Mais tout le monde l'avait croisée. Et beaucoup avaient eu une histoire avec Barbara, loin d'être inaccessible en privé. Sagan aussi, mieux que personne.

— Ohhhh, je la connais bien, rrrchneueu.

— Bien comment ?

Monique avait approché Françoise bien avant que Sagan ne rencontre Barbara, à Saint-Marcellin pendant l'Occupation où mademoiselle Quoirez, insouciante, vécut elle aussi une partie de la guerre. Fille de bonne famille, dont sa plume chahuterait les codes, Françoise passait à vélo devant les fenêtres de Monique qui y voyait un idéal dans le vent, avec ses jolies robes, ses chaussures noires à brides, trop chères, dont Barbara ferait un jour ses souliers de scène. Une souillon suivant du regard l'infante, une apparition dans les années

39-45. Dix bonnes années plus tard, quand cette jeune fille devint Sagan, diable des lettres mondialement célèbre à dix-huit ans, Monique reconnut sa princesse de Saint-Marcellin. En plein dénuement l'année de la publication de *Bonjour tristesse* – 1954 –, la chanteuse de personne avait dû continuer de rêver sur un nom de plume, un roman glorieux. En Belgique, Monique se vantait alors de n'avoir jamais ouvert un livre. Peut-être a-t-elle au moins lu la fameuse première phrase : *Sur ce sentiment inconnu, dont l'ennui, la douceur m'obsèdent*... De tels mots durent lui plaire.

— Je l'ai bien connue. Rrrchneuneu, un jour, elle m'est tombée dessus. Je ne sais plus où… Pfffff. Sans doute avec Juliette.

À jeun, Sagan n'était pas expansive, elle observait, un verre et une cigarette à la main. La séduction pouvait opérer très vite. Son ton taquin piquait alors la conversation même si elle gardait quelque chose d'insondable. Peut-être était-elle simplement bien élevée, à jeun. Parfois, je croyais qu'elle s'amusait en société, quand elle venait me tirer par la manche : « La barbe, c'est assommant ici. » Ravie, Françoise souriait. Lorsqu'elle s'ennuyait, Sagan souriait encore, mais moins longtemps. On la croyait là, dans un coin, qu'elle avait déjà filé. Sinon, elle crachotait des plaisanteries comme un alambic.

— Vous et Barbara, vous vous êtes rencontrées comment ?

— Oh, un coquetèle, un machin, j'imagine…

En fait, à ce « machin », au milieu des années 60, Barbara s'était ruée sur elle pour l'entraîner à l'écart. Françoise aimait ses chansons. Toutes les deux, deux stars, se sont sûrement reconnues au premier coup d'œil : même insolence à vivre au-dessus des contingences, même physique réversible qui les rendait tantôt belles, tantôt cabossées. Très agitée, Barbara se mordait les lèvres, tordait ses mains.

— Nous étions ensemble à Saint-Marcellin pendant la guerre.

— … Ça alors, vraiment ?

D'un coup, Barbara a fondu en larmes.

— Elle a explosé, oui, je vous assure !

Barbara s'est cachée dans le dos de la romancière, médusée. D'une voix blanche, elle lui a confié ce que la jeune Françoise représentait pour elle sous l'Occupation, cette héroïne à bicyclette, fille à papa, inaccessible au malheur, chacune d'un côté de la barbarie.

— Je lui ai donné mon numéro. Nous nous sommes vues, scchrreuneu… Vues et revues…

Françoise m'a décoché son regard en coin.

— Pas la meilleure idée, non, que j'ai eue de ma vie, enfin bon, scchrreuneu… Voulez-vous une rondelle de citron avec la vodka ? Ou un cornichon ? Pfff-ff-ff, c'est bon aussi avec un cornichon…

Plus tard, dans sa maison d'Équemauville, nous avons passé une bonne partie de la nuit à parler de Barbara.

IV

Ne faites pas cette mine,
Si mes fleurs ne vous tentent pas
Voici votre voisine,
Qui les acceptera.

Violettes impériales, opérette de Vincent Scotto,
paroles de Paul Achard, 1948

La Libération efface du tableau noir la débâcle, la lâcheté, les collabos. Oublions tout, recommençons… À Saint-Marcellin aussi, les drapeaux tricolores battent aux fenêtres. Sur un dernier carré de soie rangé avec soin en attente du jour J, les Françaises peignent des étoiles yankees et la croix de Lorraine de la 2e Division blindée : les foulards de l'été 1944. Maréchal, ne nous voilà plus, vive Leclerc, vive de Gaulle ! Au pied du Vercors, libéré par le Débarquement en Provence, Monique a la chance de ne pas voir grand-chose de l'épuration.

La musique règne. Sur les ondes retentit pour la première fois depuis quatre ans… « La Marseillaise ». Le 25 août 44, le bourdon de Notre-Dame salue le discours du général de Gaulle à l'Hôtel de Ville, entraînant les clochers de France en carillon national. La guerre se prolongera presque un an jusqu'à la chancellerie du Reich mais les Forces alliées en sont d'ores et déjà victorieuses.

Les Serf bouclent leurs valises, jamais vraiment défaites sous l'Occupation. Paris leur tend les bras, surtout Granny, miraculée des rafles dans son appartement de la rue Marcadet. Est-ce de n'avoir perdu personne pendant l'hécatombe que Barbara écrit que les drames de la guerre ne furent pas vraiment les siens ?

La solidarité règne aussi. Les doigts dans le nez, la grande famille trouve à s'héberger chez un ami rue Notre-Dame-de-Lorette avant de vivre un moment à l'hôtel, rue de Vaugirard. Jacques retrouve ses activités commerciales. La tribu se réinstalle au Vésinet, agréable séjour d'avant l'exode : Aux Trois Marronniers, une pension de famille. Presque Paris, presque une campagne. *Fluctuat nec mergitur.* Les foules s'interpellent à travers les rues chaudes. À quoi Monique passe-t-elle ces jours de liesse ? Pas à préparer la rentrée des classes, qui se fera sans elle, lâchant son certificat d'études. Les Serf veulent renaître, comme le monde entier, lavés à la liberté. Rêver est autorisé et même fortement conseillé. Des millions de survivants reprennent à tue-tête « Fleur de Paris » avec Maurice Chevalier. Monique préfère Lucienne Boyer qui a le « cœur comme un violon », ce que Tante Jeanne trouve ridicule – m'en fous, la vioque. Sur les quais de Seine, de Marne, à la Bastille, Parigots et Amerloques guinchent sur « Quand allons-nous nous marier ? » que la mode exige de chanter avec un fort accent yankee. Les couples s'enlacent sous les lampions, mains bien plus basses sur les hanches qu'avant-guerre, au son de ce qui demeure le plus beau blues à douze mesures de l'humanité : « Moonlight Serenade » *by Glenn Miller and his orchestra*. Les amoureux s'étreignent en profonds baisers publics, du jamais vu non plus. Le soldat Dominique Nohain, fils de Jean Nohain[1], se voit octroyer une permission pour aller échanger avec Simone Signoret le plus long patin de l'histoire du septième art dans *Les Démons de l'aube*. L'heure est aux embrassades. Sur les trottoirs du Vésinet, Monique, à se déhancher telle une damnée, fredonne *Drinkin' rum and Coca-Cola, go down Point Koomahnah*, mimant à elle seule le trio des Andrews Sisters, pour une fois à l'unisson de tous les moins de vingt-cinq ans. Musicalement, militairement, météorologiquement, il y a de quoi avoir le cœur en fête. Au niveau calorique aussi : avec quatre enfants, les Serf ne manquent pas de cartes de rationnement, les familles nombreuses sont très soutenues – vive la France et la Natalité !… Clarinette, trompette, saxo relèguent un peu le piano au magasin des antiquités. Monique s'en moque, le sien ne prendra jamais une ride.

Dans cet été à crever chemise ouverte de toutes les joies rendues, le hasard siffle la chance, en forme de plaque en cuivre dans une rue du Vésinet :

Madeleine Thomas-Dusséqué
École de Chant

1. Qui sera la première star télévisuelle. Père et fils se sont engagés dans la Division Leclerc.

Monique fixe ce sésame rutilant au soleil, à deux pas de la pension des Marronniers. À Saint-Marcellin, ne sachant comment consoler leur fille à la main blessée qui ne demandait plus rien, les parents avaient promis de l'inscrire à un cours de chant « dès qu'elle serait en âge ». Que veut dire « l'âge » quand tu n'en as plus ? À quatorze ans, ses cheveux tombent jusqu'au bas des reins, ses hanches et sa poitrine lui en donnent dix-huit dans un corps honni. Tickets de rationnement et hantises indicibles font grossir cette adolescente qui braque le monde d'un air farouche – bientôt des copines la surnommeront Bambi.

Les parents acceptent par défaut. Un cours de tra la la constitue encore un cadre à une ado qui ne fiche plus rien. Mais cette école refuse les élèves en dessous de dix-huit ans. Monique se plante devant la professeure : « Je veux chanter. » Déclaration intempestive, loin des efforts acharnés qu'exige le bel canto. A-t-elle l'âge requis au moins ? Monique a beau se vieillir, mentir éhontément, madame Thomas-Dusséqué n'en veut pas.

Elle y retourne. Que voulez-vous encore ? Chanter. La dame à chignon et la bonne à rien se défient et la première figure du destin de Barbara fait son entrée : Madeleine Thomas-Dusséqué la prend, histoire de voir et d'avoir la paix.

Au fond, nul n'avait compris Monique. Deux fois la semaine, ponctuelle, appliquée, à l'inverse de ce qu'elle semblait, la sauvageonne se métamorphose en élève modèle. Elle chante. Grand mot dans lequel la dame, sourcils froncés, repère une flamme. Demoiselle Serf s'accroche, module les exercices de souffle, détend ses mâchoires, ouvre son diaphragme. La main de l'enseignante lui tapote le gosier.

— Ne chantez pas là… Chantez plus bas, ici.

Sa main descend sur son ventre. Caresse étrange, premier geste de bienveillance entre ses reins. Le chant passerait également par cette zone abominable ? L'adolescente perd pied, ses yeux s'embuent. Madeleine gère ses orages.

— Reprenez, calmement.

C'est son heure.

— Reprenez Monique, je vous prie…

Au clou le bonnet d'âne ; l'heure de l'oiseau couronné.

Comme une chance arrive toujours seule dans nos chiennes d'existence, à l'été 46, Granny s'en va. Rue Marcadet, elle a tenu le temps de la guerre, revu les siens avec la Libération, sous l'horloge dont les êtres maîtrisent quelquefois l'aiguille, la divine grand-mère se dit qu'elle peut maintenant partir. Bombardements et rafles, trop d'inquiétudes, d'interminables files d'attente pour trois patates ont usé ses dernières forces. La petite est sur sa route, prise en main par une femme bien. À soixante-sept ans, Harvana Brodsky passe cette Porte de la Toundra qu'un Russe ne peut franchir que seul.

Sa disparition va refermer une plaie incurable. La famille n'a pas l'air de vivre mal. Assagi ou heureux dans ses affaires, Jacques emmène les siens en vacances à Trégastel, belle Bretagne aux grèves de grès rose. Ils y apprennent la mort d'Harvana. Esther décide de retourner à Paris avec Régine, laissant l'aînée et le petit dernier à leur père. Jean est chez des cousins. Monique explose. Ravagée, affolée par ce tête-à-tête, elle s'insurge et brise le tabou. Le ton monte. Pourquoi ne veux-tu pas rester ? Parce qu'elle ne veut pas être avec LUI. Si Esther n'a jamais rien vu, rien su, rien compris, après Trégastel, elle ne pourra plus se mentir. Monique, en furie, jette à la tête de ses géniteurs leur lamentable paquet. Non, son père ne la touchera plus. Une horreur s'achève parce qu'elle la crie. Très fort. La mère est-elle encore à Trégastel ou déjà partie ? Monique s'est-elle défendue, débattue ? Quoi qu'il en soit, elle se sauve. Sans personne pour la protéger, elle file à la gendarmerie. Devant les accusations de cette gamine, il est plus facile d'entendre des élucubrations. Les autorités l'écoutent, semblent même la croire… Mais ce linge sale ne se lave qu'en famille. Ils préviennent son père de venir la récupérer. Selon monsieur Serf, l'air marin lui tourne la boule. Peut-être l'adjudant lui jette-t-il un regard suspicieux ? Échaudé par l'alerte, cet homme fini se tiendra désormais à carreau. Père et fille s'étaient quittés depuis longtemps, ils sont au bord de ne jamais se revoir. Et Monique n'appellera plus jamais sa mère « Maman », seulement « Esther » ou « la Juive ». D'ici quelques années, elle cessera même de la tutoyer. Sous ce brusque vouvoiement qui la relègue à son déni, on imagine le châtiment qu'a pu éprouver une mère.

À Trégastel, l'adolescente à qui une professeure de chant a touché le ventre est assez forte pour cesser de subir. Son piano lui sert d'arme de combat. À Paris, elle sera Artiste. Ce n'est pas elle qui le dit, c'est Madeleine Thomas-Dusséqué et Madame Dusséqué s'y connaît.

C'est fini et ça recommence enfin. Se trouver est une joie que bien des gens satisfaits en apparence n'atteignent jamais.

— Avez-vous travaillé vos exercices ?

Tu parles. Monique court aux cours. Dès l'automne 46, l'épanouissement opère. En trois mois, tandis que les arbres se défeuillent, de la mauvaise graine poussent des trilles, des gammes à péter les murs de la petite salle d'étude. Madeleine comprend être tombée sur une pépite, une mine d'or pour pédagogue.

— Très bien… Monique, écoutez-moi, si vous sentez ce geste, accomplissez-le jusqu'au bout. Vos attitudes, vos bras, aideront la note à prendre sa plus belle forme.

Inutile de le dire deux fois à la Sarah Bernhardt de Tarbes-Saint-Marcellin. Le chant est son corps. Balbutiante dans la théorie, ignorant superbement le solfège, elle travaille d'oreille, avide de conseils, sans s'interroger sur les termes troubles qui qualifient la voix : « spectre », « organe », « signature ». Sans intellectualiser rien, courant de toutes ses forces contre un trou béant dans son dos, Monique songe à Préaux, aux coteaux, aux dahlias jaunes, à l'arc-en-ciel sur la route d'Angoulême, au chignon de Granny qui sentait bon le miel. Au fond de sa gorge, la boîte noire, moins ténébreuse, reconfigure les paramètres. Sa professeure l'estime. Comme Jean aux yeux de Tante Jeanne, Monique devient une promesse pour Madeleine. Cadeau sans prix, décuplant.

Maître et élève cravachent au point de présenter le Conservatoire de musique.

Un soir, dans l'appartement de la rue Vitruve où la famille s'est fixée, le père, malgré ses absences, fait livrer un piano droit en location. Premier et ultime gage d'avenir. L'objet transitionnel, enfin, de chair et d'ivoire. Lorsqu'ils reçoivent des amis, Esther incite fièrement sa fille à jouer « quelque chose ». La chance s'incruste. Madame Thomas-Dusséqué a également quitté Le Vésinet pour s'installer intra-muros, pas loin dans le XXe. Monique prend bientôt ses cours un jour sur deux. *Les Berceaux* de Gabriel Fauré sur un poème de Sully-Prudhomme sont une des premières mélodies qu'elle travaille à fond, une incantation pianistique aux phonèmes très étirés :

Le long des quais, les grands vaissôôô
Que la houle inclîîîne en silence...

Deux tons plus bas, ce pourrait être une des premières chansons de Barbara Brody. *Les Berceaux* incarnent la fusion de l'interprétation des notes et des mots, typique du romantisme d'après-guerre. Mélodie + Texte = Sens. La rythmique joue entre le tangage des bateaux et le ballant des berceaux sous la main des mamans. À l'heure où l'horizon noircit, le clavier tempête, la voix se fait véhémente. Dans cette genèse où s'élaborent Monique/Barbara, goualante/diva, Frankenstein/Callas, chaque expérience musicale ajoute une pierre blanche. La postulante chaloupe d'expressionnisme, donnant dans les contre-ut. Et les vaisseaux rentrent à bon port. Maître Paulet, du Conservatoire, l'admet pour bûcher le redoutable concours d'admission.

À la fin de l'été 47, la candidate franchit les deux premières épreuves… Avant le dernier tour…

— Je vais vous interpréter le récit de la Messagère dans *L'Orfeo* de Claudio Monteverdi.

Le rideau se déchire. Mademoiselle Serf impressionne, émotionne, mais cette grande biche n'a pas de coffre – « pas un brin de voix », elle dit. Une jurée maugrée : « Qu'elle aille à la Comédie-Française. » Quelle paire de claques. Maître Paulet la rattrape dans l'escalier en lui proposant de suivre sa classe en auditrice libre, possibilité offerte aux candidats ayant remporté deux des trois épreuves. Comme tout, l'art s'acquiert à force de sueur, à condition d'avoir ce « quelque chose » qu'elle possède.

La porte reste ouverte sur sa carrière lyrique.

Rue de Madrid, le Conservatoire de musique est un temple. Son cœur bat en grimpant les marches au matin de la rentrée avant d'encaisser une nouvelle mornifle. Le jury n'avait pas tort, comparée aux sopranos en herbe, elle peine, elle « stride », tout en envoûtant par l'intensité de son jeu. Une paonne au milieu des rossignols. Les enseignants ne la lâchent pas, c'est Monique qui déserte, passant ses après-midi au café à beloter en grillant des anglaises. Une grippe la prend, son absence pour raison médicale s'éternise en défection. Et quelqu'un, peut-être Madeleine Thomas-Dusséqué, commet l'erreur, ou le trait de génie, de l'emmener voir Piaf à l'ABC.

Souvenir contradictoire. Dans une interview en 67, Barbara évoquera cet épisode d'une manière floue, très floue… Quand, dans ses Mémoires, le choc la laisse collée au fauteuil. En 67, la comparaison avec Piaf pouvait susciter quelque jalousie. Dans son autobiographie en 97, plus libérée du narcissisme, accomplie, Barbara donne sans doute la vraie mesure de cette révélation dont on doute qu'elle n'ait pu garder qu'un vague souvenir – ce serait bien la seule. À l'ABC en 47, la Môme est partie en icône pour vingt ans d'ovations.

Elle sentait l' vice à bon marché,
Elle était tout' noire de péché,
Avec un pauv' visage tout pâle...

Ce climax au timbre rauque lui va droit à l'estomac. Ses pas s'égaraient sous les voilures de Fauré, Schumann, Monterverdi ; sa voix et sa voie sont là. Pianiste chantante ne signifie pas forcément mezzo-soprano d'un bel canto éthéré. Mieux vaut raconter des histoires, avec du sens, des tripes. Donner des mots vrais – « en murmureuse », elle dit. Mêler les cimes au macadam. Sans passion jusqu'alors pour la variété, même si elle admire Fréhel, Marie Dubas ou Trenet, Monique découvre dans la chanson les cris du quotidien. Son intelligence rapide s'adapte et se reconnaît dans ce genre « mineur ». À partir de ce jour, l'opéra la fera moins rêver que l'Olympia.

Le Conservatoire l'exclut pour ses absences, elle s'en fiche, déjà au Théâtre Mogador grâce à une audition très éloignée de l'esprit Dusséqué/Paulet. *Violettes impériales* recrute sa troupe, une opérette fleurit à toute vitesse des doigts de Vincent Scotto après le succès du film avec Luis Mariano. La production recherche de grandes perches, d'une classe à supporter la crinoline. Une ribambelle de filles se présente à l'audition en même temps que Monique qui se croit à Bayreuth, interprétant *Loin de ma tombe obscure* de Beethoven. Au bout d'une minute, une voix l'interrompt, lui demande de montrer ses jambes… C'est cotillon ou quoi ? Elle les montre ; on l'embauche – seule retenue ce jour-là.

Un cachet étique, sept jours par semaine, dimanche non payé – ce qui la révolte. Mais elle va monter sur scène et quelle scène : Mogador ! Cette opérette la charme, une histoire de Cendrillon conviée au bal de l'empereur. En tête d'affiche Marcel Merkès et Linda Wals (qui serait la poule du directeur, raison pour laquelle celui-ci l'a préférée à Paulette Nerval, femme de Marcel) font valser les violettes. À dix-huit ans à peine, Monique figure en mannequin-choriste. Se déshabiller dans une loge commune avec douze chanteuses, douze danseuses la plonge dans les affres de la pudeur. Le premier soir, les vétérans la bizutent en la poussant côté jardin : Monique en grands jupons valdingue dans le décor en manquant flanquer par terre l'église de carton-pâte. Mais les girls adoptent vite cette benjamine à l'air paumé en la surnommant Bambi. Elles lui apprennent leurs trucs : l'allumette sur laquelle rouler ses faux cils pour les retrouver courbés le lendemain, le blanc d'œuf qui, ajouté au maquillage, efface les cernes. Et se jeter à plat ventre en s'attrapant les chevilles pour faire l'otarie peut paraître grotesque, Bambi, mais c'est la meilleure façon de s'assouplir les muscles en deux minutes ! Enfin, cocotte, pour arrondir tes fins de mois, va trouver le machino à moustache qui t'arrangera le coup avec « des messieurs ». Bambi s'en garde bien, aux anges entre les fous rires. « Quand le bonheur en passant vous fait signe et s'arrête… » chantent Merkès & Wals (loin de valoir Paulette selon l'avis général). La partition est mièvre mais la débutante raffole des entrées-sorties en froufrous de crinolines à paillettes, de sentir vibrer le public. L'ambiance de troupe lui procure une famille. Sur la feuille de paie du maigre cachet est imprimé : Artiste scénique.

Violetta mon amie, je t'en prie,
N'aie pas peur de la vie, la, la, la...

Et flon et flon, flonflons.

Rue Vitruve, son père déchante. Licencié, miné, vite désespéré de ne plus retrouver d'emploi, Jacques Serf passe ses journées couché dans la chambre du fond, en dépression. Mal remise de la mort de sa mère, Esther aussi n'est plus qu'une ombre. Barbara et ses parents se croisent en étrangers, enchaînés par le silence. Un matin, le père se lève et sort pour ne plus rentrer, laissant ses dettes. On le recherche en vain durant des semaines. Avec deux enfants petits, et sa grande qui bat de l'aile dans la musique, Esther doit reprendre en catastrophe un emploi. Heureusement que le bon Jean se débrouille en faculté de médecine, indépendant, soutenu par Tante Jeanne dont les rentes ont bien fondu.

Le piano, encore, va incarner la rupture.

Un après-midi, des coups retentissent à la porte, trois malabars viennent récupérer l'instrument en location dont les mensualités ne sont plus réglées. Le piano s'en va tel un cercueil, provoquant chez Monique une crise de désespoir presque égale à la perte de Granny – « une amputation », elle dit. Nécessité fait loi. La dèche l'empêche de poursuivre ses cours. Après l'embellie, une zone de violentes turbulences réapparaît. Sur un coup de tête, elle a quitté la troupe de *Violettes impériales* avant la fin de saison – opérette idiote finalement, cacheton indigne. Elle prend des petits boulots, un matin maraîchère, un soir serveuse. Régine et Claude, à neuf et sept ans, transforment leur aînée en soutien de famille. Tout s'obscurcit, se dérobe. Impossible d'évoluer, s'envoler, grandir. Du Conservatoire et Mogador ne lui reste aucune amie, Bambi ne copine pas. À travers l'exode, la Libération et l'après-guerre, aucun prénom n'est venu étayer une amitié de jeunesse. Pas de confidente, d'évasion en aparté avec une sœur de cœur. Personne sinon elle face au mur où hier encore brillait son piano qui ne lui appartenait pas.

La figure la plus énigmatique de la biographie de Barbara demeure Esther, « la Juive », surnom opaque, terrible après les camps. Madame Serf s'est trouvé un emploi de démonstratrice en sous-vêtements. Cette femme abandonnée passe ses journées à manipuler des gaines, des slips, des dessous affriolants – difficile d'imaginer qu'elle y mette du cœur, en attendant d'hypothétiques nouvelles d'un époux disparu. Lorsque Monique rentre, maquillée comme une voiture, que se disent-elles ? Sans doute rien. Esther n'est pas du genre à lever la voix, confite dans un silence réprobateur ou sulpicien. Pas une fois elle n'est venue assister à un cours de chant chez Dusséqué. Sa fille ne lui pardonne pas d'avoir été la spectatrice muette de l'inceste. Avalé par la routine, le renoncement, presque la misère, leur monde sans Batignolles vire à l'enfer.

Monique est mineure. Pas en âge ni de sexe à claquer la porte pour tenter l'aventure. Bambi est fragile aussi, cognée, abîmée, par ses vingt premières années. Elle n'a pas de coffre, deux doigts crochus n'en feront pas une pianiste virtuose et elle est encore plus laide dans sa tête que dans la glace. « Je voudrais me couper le nez », elle dit. L'impasse pourrait l'amener à se ranger, trouver un emploi. Arrêter « ses élucubrations », selon Tante Jeanne. Dans une rame de métro ou à un bal dominical, un garçon finirait bien par lui trouver du charme et l'épouser : cette perspective la révulse. Bambi vacille mais ne cède pas. Les crises d'angoisse la collent au mur. L'angoisse n'est pas de la peur mais la guerre que l'on mène à soi-même, une ultime forme d'espoir, la plus proche du trou.

Après les cachets négriers de *Violettes impériales*, si la débutante espérait de meilleurs engagements, aucune porte ne s'ouvre. Pourtant elle se démène, écrit, coche les petites annonces. Sophie Delassein, l'une de ses biographes[1], évoque une lettre adressée à Brigitte Sabouraud, qui vient de lancer L'Écluse, cabaret de poche sur les quais, en bas du Boul'Mich'.

Monique y appelle à l'aide, avoue n'avoir nulle part où dormir, cherche à se produire, un piano pour travailler. Brigitte Sabouraud, nièce du poète Philippe Soupault, lui répond. À défaut de logement, ses parents possèdent un piano, une date est prise pour l'auditionner à L'Écluse… L'histoire ne dit pas si sa famille a ouvert la porte à une jeune gothique demandant leur piano.

Cette année 1950 est confuse. Selon d'autres sources, L'Écluse n'aurait réellement ouvert ses portes qu'en février 51, la question de date, d'audition passée en 50 ou un peu plus tard, ne change pas le constat. Devant une aspirante si peu consensuelle, les quatre mousquetaires

1. *Barbara, une vie*, L'Archipel, 1998.

de L'Écluse – Brigitte Sabouraud, Marc Chevalier, André Schlesser et Léo Noël – ne tomberont pas d'accord. Trop lyrique. Brigitte Sabouraud la soutiendra en vain. À La Rose Rouge où Monique présente des titres de Piaf, même échec : personne n'en veut.

Dans un café, place Blaise, entre Charonne et Père-Lachaise, elle chante pour distraire la clientèle contre un casse-croûte et un ballon de rouge, miettes d'un désir de carrière qui lui remplit l'estomac en lui vidant la tête. Ses refrains en public prouvent qu'elle a le courage de démarcher sans crainte de s'abaisser. Pour chanter, elle garde du toupet. Sans regret, elle va partir, planter sa mère et les deux chiards. Monique a bien dû se débrouiller seule face aux perversions de Jacques, qu'Esther en fasse autant. Pas sa vie, pas son monde – « Vingt ans qu'est-ce que ça veut dire si tu crèves dans un désert de portes fermées ? » Toute de noir vêtue, Monique fait peur, ingrate, à fleur de peau, habitée d'un feu malade. Elle prévient l'amicale patronne du bistrot de la place Blaise.

— Je vais m'en aller.

— Où ça ?

— En Belgique, j'ai un cousin musicien.

Le cousin Sacha et ses balalaïkas, à Bruxelles. Est-il seulement prévenu ? Elle ne peut pas s'échapper comme ça, mineure, sans rien, entre nuit et brouillard. La femme sort trois billets de 100 de sous son comptoir et lui tend ce prêt.

Éblouie par cette générosité, Monique ramasse l'argent. 300 francs sont une somme, un signe, de quoi voir venir.

Elle part.

Elle ne remboursera jamais.

V

Je ne crois pas aux rencontres fortuites.
Nathalie Sarraute, *Martereau*, 1953

La Belgique est toujours, toujours la même. Fille des siècles, jadis cœur battant des Flandres, du Saint Empire romain germanique, ventre des princes d'Orange, du génie flamand, en chair et nature morte, la libellule sur le jambonneau des vanités, la galerie des bourgmestres gras à en craquer leurs pourpoints. Dans toutes les classes de la société, une dinguerie baroque prédispose à l'embardée, des saintetés de la reine Fabiola aux abominations pédophiles. Noire, rouge et or ruisselle des blasons toute la culture d'Europa, son atavisme. Dans chaque brasserie, chaque friterie, n'importe quoi peut arriver, fondu au brouhaha. Monique pénètre cette huile mordorée à l'automne 50.

Le lointain cousin Piroutsky mange des saucisses dans son antre. Sacha l'accueille, la jauge. Pas pour rien, tout a son prix ici-bas. Tu veux chanter ? Commence par faire le ménage. Sa cousine devient sa boniche, chiffon à la main, à astiquer les bottes du cosaque. Car Sacha Piroutsky saute en l'air en balalaïkant. Lui et sa troupe en donnent pour leur argent aux touristes, kazatchok et shot de vodka. Récurer, cirer, passe encore, mais Sacha la zyeute en passant la langue sur ses dents, un peu comme son père. Sous les blouses de satin rouge, les bonnets d'astrakan, Piroutsky c'est tout un monde à tiroirs, de plus en plus crasse. Après l'avoir mise dans son lit, le cousin musicien la mettrait bien dans celui des clients comme d'autres Katoucha ; le maquereautage gonfle la recette. Venue par amour de l'art, Bécassine s'aperçoit que c'est son corps qui intéresse. Que la chair est partout, en appât, à vendre boulevard Anspach. Bruxelles à la nuit tombée tourne putain et son cousin, brutal, verrous et braguettes sautent avec les pintes. Au bout de deux mois, Monique décroche son manteau et s'en va.

Adieu cousin, j'suis pas ta bonne ni à personne.

Dehors. Après un sursis, trois billets fondus en pension : le vide. D'errer trop longtemps le ventre creux, tu commandes un croque en terrasse d'un mot aimable au garçon, tu avales le croque et avant la dernière bouchée, tu te lèves, l'air de reconnaître quelqu'un sur la place pour dans la foulée fuir à toutes jambes jusqu'au fond d'une ruelle. À force, la grivèlerie est plus facile. Prendre une chambre pour dormir dans un lit, engourdie par l'espoir d'un miracle qui ne se produira pas. Se carapater au réveil par l'escalier de service. Regarder par terre si quelqu'un n'a pas perdu son porte-monnaie ou jeté un paquet de gaufrettes à moitié plein. La dégringolade s'accélère par petites défaites, à te contenter ce matin de ce dont tu n'aurais pas voulu la veille. À vivre sur l'ardoise, la voir chiffrer tandis que la gueule du taulier se crispe. Partir toucher soi-disant un mandat pour disparaître en abandonnant ses affaires. Bientôt, Monique n'a plus de bagages. Rien. À marcher dans Bruxelles en manteau grisaille et ballerines noires, avec deux sous-vêtements de change dans son aumônière.

Peu de gens ont touché ce fond qui fait voir à jamais les choses autrement. Mais Monique subit moins qu'elle ne choisit ce qu'elle endure tant que son orgueil l'empêche de rebrousser chemin pour rentrer rue Vitruve où « la Juive » ne lui fermerait pas la porte. Monique ne pleure pas, elle rompt.

Bientôt, l'étrangère n'a même plus de papiers d'identité, laissés en gage.

Ça peut aller loin. Ça va loin. La faim, l'acuité, l'inanition cognent aux tempes, ta main tremble. Il faut s'abandonner à quelqu'un. Elle pousse le portillon d'un hôtel, entreprend le réceptionniste, demande un plat, une chambre, murmure pouvoir payer plus tard. Compréhensif, le type lui donne la clef d'une *single*. La réalité se délite. On ne lui demande rien. Elle fait monter un repas, un autre. Elle mange sur son lit. Au bout de quarante-huit heures, la cuisine n'honore plus ses commandes, évidemment – « même pas un café », elle dit.

Le réceptionniste compréhensif lui propose un turbin : le tapin dans la chambre discrète. Non… Non. Elle repart tenter le coup ailleurs, titubant sur ses pieds en sang. La journée passe à marcher, chercher une place, une branche à quoi se rattraper. Un type la frôle, la remarque, s'arrête. « C'est devenu dangereux », elle dit.

Quelque chose avec le public, au sens le plus large, la masse, l'inconnu, au sens du mot « foule » en russe, *tolpa*, intraduisible en français, commence. Avec la rue, le pavé, bloc d'ombres d'où peuvent surgir le sale coup ou la grâce, elle se lie. Elle qui s'exècre, à se juger si moche qu'elle n'a pas encore dit un mot de la sexualité, même pas un bisou, est abordée par des hommes, uniquement. Un type s'approche, la voix sourde.

— Qu'est-ce que vous faites là ?

Tout se dit d'un regard. Monique est à la ramasse. Il paye un restau. Elle parle abondamment. L'homme lui glisse un billet en la quittant. Deux nuits d'hôtel réglées, pour la troisième, elle paiera demain. Le lendemain, elle murmure « Plus tard. »

Déambulation. Sans cadre, l'air sur ta peau, le ciel, le temps, rien devant, rien derrière. Monique Serf chute au plus près d'elle-même, sur ses grandes jambes, la dalle au ventre. Des idées fixes scintillent sur l'eau du canal de Brussels. Elle est à elle. Elle s'appartient, fondue à l'anonymat le plus profond.

L'errante devient l'artiste qu'elle sera, imperméable à l'ordre social, sans drapeau rouge ou noir, aux origines rompues. Elle s'enferre dans sa liberté. À ce moment-là apparaissent, définitives, les sept lettres de son nom : deux B, trois A, deux R. Femme qui chante, femme piano, un jour. Elle va loin, loin. Lassée d'être chassée, un soir, elle se met sur le trottoir. Prête à se vendre. Elle a vu faire les filles du boulevard Anspach.

Lorsqu'elle raconte ça presque quarante ans plus tard dans son autobiographie, c'est moins la peur d'une déchéance qu'une barre de fatigue qui l'a arrêtée – « manque de courage », elle dit. Elle aurait aussi bien pu. Bambi l'a peut-être commis et se le garde pour soi. C'est Barbara, quand même. À l'entendre, vendre son corps n'aurait pas tant d'importance sous le poids de la nécessité. Elle hait tellement la morale, les polices, la norme. Tout ce qui a représenté l'autorité : huissiers de justice, Gestapo, son propre père, lois anti-juives de Vichy, gendarmes de Trégastel sont des monstruosités bien pires que la prostitution. Elle ne sera jamais Madame sa tante, ou alors duchesse brindezingue de comédie, jamais d'aucun établissement. À Bruxelles paraît déjà promis qu'un jour, en toute discrétion, elle rentrera dans les prisons et dans ces couloirs de malades que Louis Pauwels dans *Le Figaro* qualifiera de « Sidadrome », Jean-Marie Le Pen de « Sidéens », derniers auditoires à qui elle réservera son chant. Naturellement, elle ira rejoindre des êtres dévastés par un virus qui fit d'eux les pestiférés de la fin du siècle.

Tout cela tourne déjà dans Bruxelles-la-Belle dont Monique ne part pas. Et elle parle aussi d'amour. Pour la première fois, sans se laisser toucher par personne apparemment, à cette bienveillance d'inconnus, un steak-frites, deux biffetons sortis du larfeuille, elle donne le nom d'« amour ». Aux pas perdus des filles de joie, aussi. Talonnement, tâtonnement animal, obscur, une humanité, une sensualité à l'arraché. Ce noir des ronciers hier à Saint-Marcellin, maintenant bleu nuit à Ixelles, elle le retrouvera sur scène et saura l'habiter face au trou béant du public.

Ses binocles à gros carreaux sont cassés, un verre s'est brisé, « des lunettes à un œil », serrées dans son poing. Pour distinguer les traits d'un visage, faut s'y coller comme pour l'embrasser.

Sur le boulevard Anspach, la troupe nocturne des grues l'a accueillie par des moqueries. Prise de vertige soudain, la débutante s'est sauvée dans une ruelle. Qu'est-ce que je fous là ? Si Madeleine Thomas-Dusséqué me voyait. Elle se retourne pour insulter l'homme qui l'a suivie. Malgré sa surprise, il ne la lâche pas.

— Je m'appelle Charles Aldoubaram.

Elle répond j'ai faim.

Au restaurant, le temps a passé en racontant à l'inconnu son histoire, le Conservatoire, les valses de Mogador, cousin Sacha, la Chanson donquichottesque. Tous les deux rigolent de ce roman épique. Comme elle, Charles Aldoubaram est juif, donc solidaire. L'homme marié lui propose de la ramener en France où il dirige un casino. Sa femme et lui pourraient l'héberger. Non… Non. Après s'être parlé toute la nuit, elle raccompagne son ami à la gare. Sur le quai, Charles lui donne son téléphone et de l'argent contre la promesse de réparer ses « lunettes à un œil ». « Il a été formidable », elle dit.

Quinze ans plus tard, un soir de triomphe, Barbara trouvera dans sa loge un beau bouquet avec un télégramme, un numéro.

Vous aviez raison – stop – Bravo – stop – Aldoubaram.

Mais Barbara ne le rappellera pas.

À Bruxelles, Monique trouve enfin une issue. Première amie : Peggy par hasard. Chaque destinée a ses instants magiques. Rien ne semble plus pouvoir advenir lorsque subitement s'ouvre une brèche. Monique pousse la porte d'une brasserie, en quête d'une plonge, d'une scène ou pour s'offrir un pistolet – pain de frites-moutarde avec de la salade. Elle échange trois mots avec cette fille. Une heure plus tard, Peggy et Monique ont la sensation de se connaître depuis toujours – jusqu'alors, l'amitié n'existait pas chez Bambi. Fraîchement sortie du cons' d'art dramatique, Peggy offre le trait d'union qui lui manquait. De ruche en turne, elle partage la bohème des communautés estudiantines. La Française veut chanter, oui, bien sûr, Peggy ne connaît personne souhaitant devenir comptable. Tout le monde désire chanter, filmer, brûler les planches, composer, écrire ou peindre les chefs-d'œuvre de l'après-guerre, mais avant d'être Gréco ou Picasso, mieux vaut s'assurer d'un toit et ne pas rester seule, la dèche est légère en bande. Ça tombe bien, Peggy a plein de copains à Charleroi, sa ville natale, à soixante bornes.

Les deux complices se quittent. Peggy est certaine de revoir Monique. De passage à Charleroi elle prévient sa bande de l'arrivée imminente d'une nouvelle, une Française qui a besoin d'être choyée. Fallait-il être au bout du rouleau pour lever le pouce sur un boulevard extérieur en direction de Charleroi avec seulement l'adresse d'un dancing, rue Léopold, dont le grenier sert de repaire à une confédération de zazous : La Mansarde.

Le premier à la voir débouler s'appelle Yvan Delporte : « À onze heures du soir, ce ne pouvait être qu'une étrangère. Elle a dit : *La Mansarde, c'est bien ici ?...* On l'a tous accueillie, elle nous a dit s'appeler Barbara. Elle était mal, je me demande même si elle n'est pas tombée dans les pommes tellement elle crevait de faim, on l'a fait manger, puis nous nous sommes disputé l'honneur de la loger. C'est chez moi qu'elle a passé la première nuit[1]. »

Blanche comme un cacheton d'Aspro dans son col cheminée noir, Barbara vient de découvrir le seul *home sweet home* de Wallonie idéal pour son drôle de gabarit. La chance ne lui ayant pas souvent souri, elle en reste pétrifiée, la chique coupée. Après avoir dévoré un poulet, pris un bain, brossé ses cheveux sorcière, l'étrangère fixe de ses gros yeux myopes les Mansardois qui la dévisagent, ahurie que personne ne lui demande de faire la vaisselle ou le trottoir. Se mettre en quatre pour la naufragée de Peggy va de soi. Elle a beau se croire affreuse, n'être pas jolie, Barbara en jette. Dès le lendemain, l'élocution revient avec l'humeur, bonne, car elle est marrante. Pas fille facile, pas oie blanche non plus. Un cas. Pour leur Salammbô, les compagnons de La Mansarde s'improvisent chevaliers servants : Michel, le trompette, lui propose sa chambre, Gaston, le sculpteur, de venir aux soirées dans son atelier au fond du jardin. Celui-là rapporte des noix, celui-ci une robe de sa frangine, un petit boulot correctement payé. Tous l'invitent à emménager dans leur soupente au-dessus du dancing.

1. Témoignage recueilli dans *Barbara, portrait en clair-obscur* de Valérie Lehoux, *op. cit.* Yvan Delporte, dit « le Sage », devint bédéiste, scénariste de bande dessinée, légendaire rédacteur en chef du journal *Spirou* où il fédéra tant de talents : Peyo et ses Schtroumpfs, Franquin, Morris… Le fleuron de la fameuse BD belge. Un soir de 1957, dans une taverne, Yvan Delporte et André Franquin feront naître Gaston Lagaffe, « héros sans emploi ».

La bande à Peggy est une chouette bohème, fils de commerçants, travailleurs le jour, rêveurs la nuit.

À peine recouvrée la parole, Barbara cause musique. Je chante. Depuis toujours. Sinon, tu fais quoi ? Chanter, je te dis. Elle balance *Les Berceaux* de Fauré, Piaf. Tu connais le jazz ? Et toi, tu connais Beethoven ? Elle balance *Loin de ma tombe obscure*. J'suis Artiste, mes cocos. Les cocos se tordent de rire. Michel, tu saurais où on pourrait lui dégoter un piano ? Sorti d'on ne sait où, les gars lui ramènent un piano, hissé au grenier en deux coups les gros. La Parisienne aux pieds nus dirige la manœuvre : « Posez-le ici… Non, là-bas ! » « J'étais un peu Mademoiselle J'ordonne à cette époque », elle dit, comme si, par la suite, ça avait changé.

Question musique, Monique assure. Et comme à Mogador, vite apprivoisée, elle devient mascotte. Personne n'est plus enthousiasmé par le collectivisme, à condition d'en être le centre, que cette solitaire qui s'installe en son palais du grenier, baptisant son piano « Casserole » à force d'y patouiller. Barbara anime les soirées d'airs 1900. En bas, le dancing accueille les clients lambda, au grenier c'est Music-Hall Inn. Une jeunesse aux larges épaules est son premier public.

La Mansarde se transporte dans un garage en changeant de nom : Le Vent Vert, caf' conc' à minuit, atelier de peintres à midi, avec la Casserole, trente-six toiles aux murs, des carpettes élimées. Fait frisquet mais la maison palpite de loupiotes, de sax-trompette. Barbara couche souvent sur le canapé défoncé.

En quelques mois, Bambi a parcouru un sacré bout de chemin. La voyant accrochée à ses rengaines de l'autre siècle, la bande ronchonne… Fréhel, ça va cinq minutes et Beethoven, il est décédé, faut pas mourir idiote, écoute… La Française s'ouvre à des jazz que ne peuvent vraiment jouer bien que les moins de trente ans.

Plus de Monique, plus de Bambi, de Juive. Barbara devient son seul et unique patronyme. Né du poème de Jacques Prévert ? En l'honneur de Harvana, sa grand-mère, ou en souvenir d'une aïeule ukrainienne ? BAR / BA / RA… Ses pieds nus swinguent sur le vieux tapis. Michel repasse en boucle le tout premier disque de Stan Getz, rapporté des States. Jean-Luc reprend une bière. Le piano, dites donc, y serait pas mieux sous la lucarne ? L'aube pointe, à peine. Elle retourne au clavier, bonne à jouer n'importe quoi d'oreille. Beethoven, le deuxième mouvement de la Septième, c'est bath aussi, coco !

Au Vent Vert, la joie est l'état naturel.

— Tu veux du café ?

Barbara prend du café avec un amant caressant, le premier peut-être. Elle ignorait cette tension, un abandon habité, comme d'être seul à deux, à cent quarante battements minute.

Bruxelles l'appelle. Requinquée, Barbara repart à sa conquête en fréquents allers-retours : ce qui est possible à Charleroi doit l'être à Bruxelles-Paris-et pourquoi pas *all over the world.* La mémoire de ces années rayonne encore de jeunes gens occupés exclusivement à se découvrir, s'entraider, s'entre-aimer. À l'Hôtel Central, sorte de Chelsea wallon, quitte à payer en plusieurs fois, avec retard, le gérant se montre coulant. Elle cherche des contacts, s'endurcit, adopte ce ton péremptoire, intrusif, qui blinde sa timidité pour sauter à la tête de qui peut soutenir sa carrière, sans vergogne puisque rien à perdre. Sa bataille s'appelle Barbara Brody, nom de guerre un peu schizoïde sans le *s* et le *k* du nom de Granny Brodsky. Barbara Brody sonne américain avec six allitérations en douze lettres, qui dit mieux ?

Son nez est ce qu'il est, ses hautes pommettes caucasiennes, ses yeux bien dessinés, sa chevelure du crin black, mais son corps tout entier parle sans rien exprimer. Les archives du Musée de la littérature à Bruxelles conservent une série des premiers clichés de Barbara Brody, par Jo Cayet, photographe de spectacle : on n'y croit pas. Demi-nue, rondouillarde, en body sous un gilet à basques, elle pose à quatre pattes, la frimousse en avant. L'air d'une coureuse sur la ligne de départ ou d'une entraîneuse, jeune laide, aussi libérée en apparence que coincée en vérité. Sur une autre image de cette séance, rien à voir : plantée comme un piquet, à la fois cagneuse et charnue, on dirait un page wagnérien.

Au café Hulstkamp, elle accroche Sem Borencholc, patron de cabaret amateur. Sensible à sa détresse, Sem lui tend un billet. L'artiste se braque en le prenant : « Je veux chanter, pas la charité. » Impossible de s'en défaire.

Les débuts de Barbara Brody se font dans la cave littéraire de Sem : L'Arche de Noé. Avec Jean Leclerc, un ami de Charleroi à l'orchestre (mini), devant une centaine de clients. Chaque dimanche et jeudi soir, elle interprète des chansons de Piaf dans des postures expressionnistes.

Au même moment, à Paris, une fille assez semblable est devenue la coqueluche de Saint-Germain-des-Prés, lui coupant l'herbe sous le pied comme la Juliette de

Sade devançant partout Justine. Tout le monde l'appelle Gréco, ou Jujube. Toutes les deux ont en commun du caractère, ce qui incite Barbara à reprendre une des premières chansons de Gréco, « Je suis comme je suis. » Déclaration dans laquelle sonne l'affirmation d'une jeunesse qui va mettre au monde la Génération 68. Je suis comme je suis, affirme donc Barbara à la cave. « Eh ben, c'est pas jojo ! » commentent les clients, mi-distraits, mi-hilares, encore plus étonnés de l'entendre entonner une ballade médiévale sortie des *Visiteurs du soir*.

— Texte de Jacques Prévert sur une musique de Maurice Thiriet, annonce-t-elle fièrement…

— On n'est pas venus écouter un ménestrel, bordel !

Premières huées, quelques sous-verres volent.

— Et tes lolos, on les visite aussi ?

Taper du pied en criant de se taire aux persifleurs ramène deux minutes d'attention. Les buveurs lui trouvent du chien, elle est marrante. Le genre de fille qu'on a envie de chambrer sans vouloir lui faire du mal, surtout.

Claire de Fillé, poétesse belge, fréquentait L'Arche de Noé : « Barbara Brody était comme un cheval qui rue entre ses harnais. Elle hennissait les notes, ses mains s'agitaient toutes seules, indépendantes de son corps. On la regardait autant qu'on l'écoutait. À la fin, je me rappelle l'avoir applaudie tandis que d'autres sifflaient. L'ambiance restait bon enfant. Chacun revenait à ses conversations de table. Lorsqu'elle est devenue célèbre beaucoup plus tard, je me suis immédiatement souvenue de l'avoir entendue chez Sem Borencholc, preuve qu'on ne l'oubliait pas facilement. »

Barbara Brody boucle la saison, paye sa piaule et décide brusquement de retourner en France après plus d'un an. Rentrer, c'est encore partir, la partance sera son mode de locomotion exclusif jusqu'à quarante ans. Si son talent n'a pas vraiment percé, en revanche son retour à Paname est passé à la postérité. Venue en train, elle rentre en stop et en salopette avec de grosses bottes aux pieds. Vingt kilomètres avant la frontière, n'en pouvant plus d'avoir tant marché, elle n'a même plus la force de lever le pouce. Un coupé Chrysler s'arrête à sa hauteur. Carrosserie noire, coussins cuir. Au début, le beau mec tatoué n'est guère causant sur la route du Nord.

— Je suis trafiquant de voitures.

La voyant crever la dalle, le chauffeur s'arrête dans une auberge. Elle dévore une omelette dont elle décrit dans ses Mémoires, encore transportée, les lardons roussis. Dès qu'elle mange, elle cause. Son bienfaiteur lui plaît, coup de foudre réciproque. Arrivé porte de la Villette, le monsieur, grand prince, lui offre une touffe entière de muguet, pour ne pas dire la botte, achetée à un petit vendeur de rue.

Le mec aimerait l'entraîner.

— Chanter, c'est pas un métier, pour faire l'artiste faut avoir des connaissances. Je connais la vie, fais-moi confiance, laisse-moi m'occuper de toi, t'auras plus jamais faim.

À deux doigts, un seul même, de répondre oui, Barbara répond non… Non.

Le mec, le mac, s'appelait Victor, monsieur Victor – les amateurs l'auront identifié. Qu'il ait eu un cœur d'or est incontestable. Nous sommes donc le 1er mai 1951. Barbara est à un mois et neuf jours d'être majeure, à vingt et un ans. Durant tous ces derniers mois, de Mogador à Ixelles, du cabaret cosaque à la route du Nord, on lui a bien proposé six ou sept fois de devenir fille de joie. Mais non… non.

Roule, ma poule.

VI

Mais l'antique amitié, simple, joyeuse, exacte,
Pendant tout mon désastre, à toute heure, en tout lieu...

Paul Verlaine, *Amour*, « à Léon Valade »

Bruxelles la reverra vite.

Pendant son absence, si elle a beaucoup appris, changé, la revoilà au point mort, plus isolée encore en 51 qu'en 50. Marie-Pas-de-Chance est allée courir en Belgique après un boom qui a éclaté à Paris durant son exil. Le Tabou abrite déjà moins de zazous, les musiciens de Lionel Hampton y côtoient Sacha Distel. Les cabarets croissent et se multiplient, la chanson d'auteur fait fureur, « anti-paillettes », selon son historien Gilles Schlesser[1]. Ce qui n'exclut pas d'exprimer des idées graves, subversives, avec du charme : la *French touch*. Raymond Queneau s'engueule avec Roger Vaillant.

1. *Le Cabaret rive gauche, de La Rose Rouge au Bateau Ivre*, L'Archipel, 2007. Gilles Schlesser, ce passionné, n'est autre que le fils d'André Schlesser, « Dadet », un des quatre patrons de L'Écluse que Barbara chérissait.

Jujube vient d'enregistrer « La Rue des Blancs-Manteaux », paroles de Jean-Paul Sartre – une dénonciation de la peine de mort en même temps qu'une hécatombe primesautière « d'évêques, généraux, amiraux et dames en grands affutiaux ». Ce tourbillon se baptise « rive gauche », royaume d'après le théâtre, sur les coups de minuit, du Quartier latin à la Contrescape… Au Cheval Blanc, à La Rose Rouge, La Tomate, au Milord l'Arsouille, se lancent pêle-mêle Léo Ferré, Jacques Brel, Les Frères Jacques, Philippe Noiret et Jean-Pierre Darras en duo d'humoristes, Marcel Mouldoudji, des mimes, des marionnettistes… Une création multiforme, soufflante, à une époque où tous les journaux offrent à leurs lecteurs une double page hebdomadaire consacrée à la poésie. Dans cette frénésie germanopratine, Barbara Brody ?… Connais pas.

Sans le sou, subsister reste crucial, d'autant qu'elle ne loge pas rue Vitruve. Toujours cette énigme du rapport si dur avec la mère. Esther ne lui pardonnerait pas sa fugue ? Ou de n'avoir donné aucune nouvelle ? Sans doute pas. Si Barbara a quitté la Belgique, c'est pourtant aussi par désir de revoir les siens, d'embrasser Claude, Régine, Jean, Esther. Après leurs retrouvailles, le trois-pièces n'est pas exigu au point que Barbara ne puisse s'y poser. « Je n'ai pas eu le courage de monter », elle dit. Pas le courage de son échec ? Sa mère, sainte ratée, lui serait à ce point insupportable ? Si Esther semble ne lui adresser aucun reproche, certaines conduites passives sont les plus castratrices. Une grand-tante, sœur de Granny, l'héberge au 131, rue Marcadet, dans ce qui fut l'appartement de la grand-mère. On perd un peu sa trace.

Après avoir quitté monsieur Victor à la Villette, Barbara s'estompe dans le tohu-bohu du début des années 50, constellées de génies en herbe et de gloires fraîches. Les célébrités partagent la piste de danse avec les anonymes, heureux de s'engouffrer ensemble dans une décennie sans horreurs ni pénuries. Les vedettes donnent le ton mais tu vas moins à Saint-Germain voir Vian, Gréco et Cazalis qu'écouter du jazz, des poèmes. T'enivrer.

Si Sophie Delassein a raison de dater son premier contact avec L'Écluse avant son départ pour Bruxelles, Barbara a au moins ce point de chute pour rejouer sa chance. Ce n'est pourtant pas quai des Grands-Augustins qu'elle réapparaît. Elle semble prendre la mesure de ce qui se passe, d'un cabaret l'autre, persuadée de devoir apprendre encore. Elle sonne chez Jean Wiéner, compositeur en vue, qui a du goût et du cœur, beaucoup d'influence. Ses compositions accompagnent les films de Charlie Chaplin et Buster Keaton. Au début du temps béni des années 50, un homme si arrivé aurait honte de ne pas ouvrir sa porte aux débutants. Dénicher les perles rares est un talent majeur. Sans rien lui proposer de concret, Jean Wiéner s'avoue impressionné par son charisme, son style et le lui dit comme il l'a dit à Édith Piaf quelques années auparavant. Barbara lui en vouera une gratitude infinie. Au creux de la vague, l'encouragement vaut talisman. Le compositeur lui conseille d'aller trouver les frères Prévert à La Fontaine des Quatre Saisons, nouveau lieu magique. Ils auditionnent chaque premier jeudi du mois[1].

1. Boris Vian y créera bientôt « Le Déserteur » dans un silence de plomb.

Barbara pousse encore une porte. Pierre le directeur artistique et Jacques le poète écoutent, apprécient mais l'éconduisent : programme complet. Barbara leur saute à la gorge, plaide, supplie, déballe sans pudeur sa misère au point que Pierre l'emmène… en cuisine. La plonge est tout ce qu'il peut offrir. La vaisselle comme chez Sacha Piroutsky. Poser un pied dans ce temple moderne pour dégringoler derrière le passe-plats où les serveurs lui balancent les verres, cruel paradoxe.

Le cabaret de messieurs Prévert n'a rien d'un bouge. Ancien garage en fond de cour, la façade sur la rue de Grenelle offre une des plus belles fontaines de la capitale, monument Louis XV classé, un lieu exigeant, sélect, de quatre cents places[1]. Tout Paris s'y presse, du moins l'artistique. Jacques Prévert, clope au bec, coiffé d'une casquette de portier, s'amuse à accueillir les vedettes. Simone Signoret arbore le chignon éclatant de Casque d'Or et plaque son mari, le cinéaste Yves Allégret, pour Yves Montand. On la comprend. Dîner de têtes tous les soirs : Édith Piaf, précédée d'une rumeur olympienne, Charlie Chaplin, l'homme le plus célèbre du monde, le beau Daniel Ivernel (mais qui se souvient de Daniel Ivernel ?). Depuis la souillarde, s'essuyant le front d'un revers de main, Peau d'Âne entraperçoit en salle Charlot et la Môme pendant que les artistes se succèdent sur scène. Au moins est-elle aux premières loges pour admirer le nec plus ultra. Philippe Clay, Eddie Constantine, la Gréco, le gamin Raymond Devos en soliloque, Boris Vian en prince trompettiste. Un danseur de vingt-

1. Aujourd'hui musée Maillol, 61, rue de Grenelle, dans le VIIe.

quatre ans, au corps de torero, le regard d'un loup dans la tête de Méphistophélès, lui tape dans l'œil : Maurice Béjart interprète des sketches chorégraphiques – ces deux-là se retrouveront dans une prochaine vie. Beauté, fantaisie, rigueur : le Parnasse du music-hall naissant. Aux heures creuses de l'après-midi, Barbara se faufile jusqu'au piano travailler ses arpèges, jeter trois chansons devant... personne. La chanteuse de personne. Louis Bessières, pianiste à La Fontaine des Quatre Saisons, s'en rappelle : « Entre deux séances de répétitions, dès que je quittais le piano, elle venait s'y installer, jouer, chanter sur scène. Personne n'y prêtait attention. » Mouloudji, au programme, se souviendra également d'une ombre qui poussait des notes dans l'indifférence générale. Les Prévert laissent faire, en socialistes indulgents.

On la sent plus tassée. Au fond, toutes ces dernières années, rien ne s'est passé que sa passion solitaire. En cuisine, à trimballer les caisses de bouteilles, les livraisons sans avoir la santé d'un fort des Halles, elle tombe malade. La pneumonie, mal chronique qui la poursuivra jusqu'à son dernier souffle, l'envoie valdinguer du cabaret à l'hôpital. Ce n'est plus Peau d'Âne, c'est Cosette.

Si la plongeuse toussotante avait déclaré aux frères Prévert que trois décennies plus tard, à Pantin, sous un chapiteau, deux mille personnes debout hurleraient son nom à l'infini, Pierre et Jacques se seraient dit que cette demi-folle l'était complètement.

À l'hôpital, un garçon passe la voir. Encore un garçon, inconnu. Laver la vaisselle à Paris n'empêche pas la Barbara d'être quelqu'un à Bruxelles, dans un cercle pas plus grand qu'un sous-verre. Son visiteur est belge, de passage, il la cherchait pour ramener des nouvelles aux copains. Il tient son casque à la main.

— Vous êtes en moto ?

— Oui, je rentre sur Bruxelles.

Lequel des deux a dit : « Je t'emmène ? »/« Tu m'emmènes ? » Elle, sans doute, heureuse de quitter sa chambre de poitrinaire pour enfourcher une moto. La chanteuse de personne a repassé la frontière, gratis, enlacée à Jeff-le-Motard, bleue de froid, plein pot sur la route du Nord. Dès ces années-là s'accentue la volonté de violenter son corps, véhicule de la passion, tirer de sa chair une énergie démentielle. En tapineuse, en soldate, en bonne sœur. Avoir mal pour se faire du bien, monter très haut, gueule au vent.

Paris-Bruxelles-Charleroi : *hello*, c'est moi, Barbara. *Bis repetita*.

On commence à l'aimer. Beaucoup. Qui résisterait à l'exposé de cette dégaine, de cette frangine, comme une houle à marée haute. Cette fois, pas une minute à perdre, Barbara Brody fait une entrée fracassante à La Jambe de Bois, café *in* de la jeunesse qui pense et qui chante, connu avec Peggy. Le col roulé noir souligne sa pâleur de Traviata. La sans-contrat se déplace en reine. Il n'y a qu'elle, les autres sont un fond de décor. La revoilà en quête d'un piano. Mieux, d'un pianiste pour l'accompagner dans ses « zinzins », ses complaintes.

— Tu connaîtrais pas un pianiste qui joue bien, hein, car je chante, j'en cherche un.

Un pianiste ne se trouve pas sous le sabot d'un cheval, sauf à La Jambe de Bois. Il y en a un au bar, mais qui a d'autres chats à fouetter.

— Tu n'aurais pas un collègue ?

Depuis qu'elle est entrée, dans un coin, un jeune type la scrute.

« J'ai vu cette grande femme, habillée en noir, elle était pieds nus, avec beaucoup de bijoux clinquants, des pendants d'oreilles berbères. Je la trouvais très belle. Elle était très ronde[1]. »

Elle était très. Et pieds nus. Lui, bien chaussé et plus timide, fils de famille, s'ennuyait dans des études de droit. L'apprenti avocat féru de magie rêverait de spectacles, de sortir des lapins de son chapeau. Pour la belle inconnue, il pense bien à une amie pianiste mais n'a pas osé aborder cette créature. Le jeune homme ramasse le numéro de Barbara Brody. Ainsi Claude Sluys et Ethery Roudchazé font-ils leur entrée dans le destin de la longue Dame brune dodue. Ethery sera sa première pianiste, Claude, son unique mari. Claude et Ethery sont merveilleux, c'est le mot : merveilleux.

Quatre à quatre, Barbara grimpe l'escalier de la grande maison porte de Namur où la logeuse a collé Ethery Roudchazé, locataire musicienne, sous les combles, son crincrin dérange moins la pension. En entrant Barbara ne voit que Lui, le gros piano dans la chambrette.

— Bonjour, c'est vous ?

— Bonjour, c'est moi.

Ethery n'est pas manchotte, double diplômée : Premier Prix du Conservatoire de Paris et Bruxelles. Barbara se mord la lèvre – « Je n'ai plus jamais entendu la

1. Interview à *La Gazette de Bruxelles* en 1987.

quatrième ballade de Chopin jouée comme ça », elle dit. Ethery, pour qui les notes courent faciles, ne la trouve pas si nulle et témoignera qu'elle connaissait la gamme. De toute façon, Barbara est la chanteuse de leur duo.

— Bon, je joue, toi, chante.

Ça continue et ça recommence, à fond les ballons. Les deux artistes se plaisent à mettre leur amitié en musique. Ethery Roudchazé téléphone à son ami Claude Sluys : il doit absolument rencontrer cette fille qu'il lui a recommandée après l'avoir juste entrevue. Dans cette boule à neige, sous ces flocons-notes, Bambi-Monique-Barbara quitte sa solitude. Vu l'allure royale avec laquelle elle avait traversé la salle enfumée de La Jambe de Bois, Claude la croyait pleine aux as. Pas du tout, Miss Brody n'a pas un rond. Pas grave.

La suite tourne en messes basses dans le studio d'Ethery, à pas d'heure, en talonnades dans l'escalier, pressée de jeter son sac et ses chaussures pour se ruer sur le lit de péché qu'est un piano. Choisir un titre, un autre, ordonner les couleurs du tour de chant. Barbara n'écrit jamais, à peine si elle gribouille quelques mots. On comprend qu'Esther Serf se désespère de ne jamais recevoir une lettre. Sa fille ne fait rien hors chant. Ethery la décrit folle d'ambition. Après avoir goûté à La Fontaine des Quatre Saisons, le désir impérieux d'en être s'ajoute à la nécessité d'obtenir reconnaissance. D'ailleurs son récital s'appelle :

BARBARA POUR VOUS PLAIRE

Tout un programme. Pas gagné, pas gagné du tout.

Qu'est-ce qu'une belle vie ? S'il s'agissait de ne pas ficher grand-chose, claquer du blé, être gâté, commander, si c'était ça, sans enjeu véritable, on en perdrait le goût. Une belle vie signifierait plutôt qu'un désir, ambitieux comme le bonheur, puisse s'expérimenter jusqu'à réussir. Malgré les peurs et les blessures et les échecs et les ruptures. Mille et un rounds vers la victoire. C'est ce qui va se produire à Bruxelles grâce à une autre bande qu'à Charleroi ; Ethery pivotant avec Peggy, d'autres cabarets à la place du Vent Vert et avec Barbara plutôt que Barbara Brody.

Faute de connaître le Tout-Bruxelles du spectacle, elle retourne vers Sem Borencholc qui l'envoie chez Vittorio Morelli, à la chapelle de Boondael. Encore un gars bien, comme s'il en pleuvait dans les années 50. Encore une communauté, fabrique-nid d'amour qui sent la gouache et la fumette. Vittorio Morelli, encore un fils de bourgeois, des antiquaires, ce qui se sent dans le décor, des vélocipèdes sont accrochés aux murs comme des œuvres d'art – « Ils appelaient ça des *brolles* », elle dit, très emballée.

De cette maison blanchie à la chaux, en bord de route au sud d'Ixelles, les artistes ont fait un lieu d'exposition permanent. Même élan, même grâce qu'à Charleroi. Les gars ramènent un piano, écartent leurs chevalets pour créer une scène, trois tentures et c'est cabaret. Si la chanteuse était si pressée de trouver un pianiste à La Jambe de Bois, c'est qu'ils sont vite passés à l'acte. Les résidents ont battu le rappel, acheté un fond de bar. Ethery et Barbara préparent leur grand soir.

On va crever le plafond.

Barbara va toucher le fond.

Ce samedi de septembre 51 à La Maison du Vieux Tilleul, y a du monde, on ne peut pas se plaindre, le plein d'étudiants et carabins devant Ethery au piano et l'autre grande bique, terrorisée à en avoir l'air camée… Dès sa première chanson, début de bronca. À la seconde, c'est l'assaut. Barbara essuie de tout. Plusieurs témoins parlent des fameux trognons de pomme et Claude Sluys, carrément de cendriers. Les étudiants se font un devoir de neutraliser ce Belzébuth. Sous les lazzis, l'artiste doit décamper. Ethery apaise la meute en balançant des mélodies russes. Peut-être a-t-elle joué *La Grande Porte de Kiev* ?

Personne ne sait où s'est sauvée la vedette, partie se mettre la tête entre les genoux comme dans la plaine de Châtillon sous les avions allemands. *Bloody samedi* pour Miss Brody. Bambi est à terre au fond du bois. La chronique raconte qu'accoutumée à un public récalcitrant, Barbara serait vite revenue en piste… Selon Claire de Fillé, une habituée du Vieux Tilleul, un temps d'adaptation fut nécessaire avant de récidiver. La chanteuse a désormais la chance d'avoir Claude et Ethery, les amis peuvent éventuellement servir à aligner deux, trois vérités. Barbara est un chat mi-sauvage, mi-gouttière, qui absorbe d'instinct la musique, la poésie. Au moment d'en donner l'interprétation, elle surligne tout à gros traits, comme ses paupières. Sa ballade des *Visiteurs du soir*, par exemple, « La Complainte de Gilles », du Prévert pourtant, franchement, ce n'est pas possible.

Tristes enfants perdus
nous errons dans la nuit...
Notre jeunesse est morte,
Et nos amours aussi...

Brrrr… En croassant bien les *r*, oiseau lugubre, c'est à se pendre. Pas étonnant que les trognons aient volé des mains de la jeunesse. Un recadrage s'impose. Même Dieu n'a pas créé le monde en un soir. Le couteau sous la gorge, Bambi accepte de se réformer un peu. Sa pianiste a du tact. D'abord, elle doit se planter, se caler, occuper l'espace avant de chanter, tempérer ses effets et pour finir, se mettre au diapason de son auditoire ne serait pas honteux. Barbara regimbe. On ne va pas leur chanter Bourvil, quand même ! Pas Bourvil, mais Jacques Calonne… Il est bien Jacques, et puis il est là et il veut bien. Jacques Calonne ferait s'esclaffer un enterrement. Le passer en première partie chaufferait le public avant la *vraie* chanson.

Barbara n'est pas convaincue, aux antipodes de ce gandin.

— Ce type est débilitant, Ethery !

Si l'exigence fout le camp en plus du succès, merde, que nous reste-t-il ?

Jacques Calonne œuvre dans « la chanson éducative » : fabliotes, poèmes boutonnés dans lesquels un auditoire à l'esprit mal placé peut deviner un sous-texte leste voire obscène. Par exemple : « Fuis le démon aux yeux d'azur », sur une musique de Frédéric Boissière :

Ce démon, c'est Méphistophélès,
Méphistophélès lui-même…
C'est lui qui vient sous ta fenêtre
murmurer ses tendres aveux
C'est lui qui sur ta couche
sème l'odorante fleur de Tibur…

Fleur de Tibur ? Autant dire, selon certains : un jet de foutre. Son répertoire à double fond permet à Calonne d'être apprécié dans les hospices, les châteaux aussi bien que dans les maisons closes, du premier au troisième degré. Ce luron impénétrable s'est baptisé « ténor mondain »[1].

Bon… Va pour Jacques Calonne.

Re, à La Maison du Vieux Tilleul. Succès de Calonne avec toutefois un souci : les rires se prolongent devant Barbara. Au moins ce public plus choisi l'a-t-il laissée terminer. On recommence ? On recommence. Nouveau concert… Hélas non. La police débarque et ferme leur clandé, sans patente pour l'alcool. En voyant s'éloigner la maréchaussée, Barbara maudit un peu plus l'uniforme.

1. Toujours parmi nous à l'heure où j'écris, né en 1930, comme Barbara. Un monument national belge. Édouard Baer, qui l'a identifié au premier coup d'œil, le vénère, voyant en Jacques Calonne « un de ses êtres humains préférés ». Le site officiel de Jacques Calonne précise succinctement qu'au début des années 50… son chat s'appelait Clarence. Barbara a tort de snober Calonne, olibrius à identités multiples, adepte des surréalistes et du mouvement Cobra, peintre, musicien, mémorialiste, astrologue ne recevant pas les messieurs et étoile de la variété. Admirateur de James Joyce, ami d'Alechinsky et Dotremont, Stockhausen ou Boulez (une prouesse). Entre mille hobbies, Calonne n'a cessé d'approcher les grands de ce monde pour leur demander : « Quelle heure est-il, s'il vous plaît ? » Elizabeth II lui a répondu qu'elle ne savait pas, le pape Jean-Paul II : « Il est quatre heures et demie, monsieur. » Son autobiographie, *Noctuelles*, avec Sylvie Van Hiel Broodthaers aux éditions L'Âge d'Homme (2015), est un labyrinthe, une poignée de confettis, une merveille.

Ethery, la formidable Ethery Roudchazé, songe alors à un autre lieu du quartier d'Ixelles, Le Cheval Blanc, salle de bal oubliée attenante à une friterie. Claude, le formidable Claude Sluys, remplace Vittorio Morelli. Cette fois, l'avocat stagiaire se jette avec ses amies dans l'aventure : il en pince pour Barbara qui le trouve « mignon ». Le trio convainc le propriétaire d'oublier le bail en se payant sur les consommations. On continue ? On continue, en selle pour l'ouverture du Cheval Blanc.

Claude ne quitte plus Barbara qui ne quitte plus Ethery. La fille des Batignolles partage avec sa pianiste des origines russes, la jeune Géorgienne a *La Grande Porte de Kiev* dans le sang. Claude, lui, vient de la bourgeoisie érudite, épris du beau. Il lit beaucoup, Ethery aussi. Culture et références dont Barbara se sent exclue, ayant quitté l'école à quinze ans. Savoirs et académies la rebuteront toujours, obsédée à garder son instinct, la griffe de la chatte – en vérité, son ignorance la complexera à vie. « Je hais les intellectuels », elle dit. Elle exagère. Les arts ne sont pas qu'à ceux-là. Ethery et Claude lui imposent la culture, autant dire de la curiosité, du jugement et de l'audace. Grâce à eux, elle découvre Mac Orlan, poète du quotidien social, ou Marianne Oswald. Sa « Chasse à l'enfant » par exemple, de 1934 (Monique était trop petite pour s'en souvenir).

Au-dessus de l'île, on voit des oiseaux.
Tout autour de l'île, il y a de l'eau.
Bandits, voyous, voleurs, chenapans...
Qu'est-ce que c'est que ces hurlements ?
C'est la meute des honnêtes gens
Qui fait la chasse à l'enfant...

Son interprétation décuple le poème de Prévert, inspiré par la mutinerie d'une maison de correction à Belle-Île-en-mer. Avec ses cheveux rouges, Marianne Oswald a l'accent lorrain et teuton, moitié Marlene moitié Patate. Physique quelconque, timbre brumeux, diction insolite, en fait Marianne Oswald n'a pas de diction. Elle gouaille à peine, donnant à chaque syllabe l'authenticité d'un geste vocal. Selon la journaliste Hélène Hazera, « Toute la rive gauche vient de Marianne Oswald », aujourd'hui presque oubliée. Barbara écoute ses amis, évolue, prend conscience. Dans son parcours de combattante s'inscrit une influence liée aux poètes communistes, de la jeunesse belge de la porte Namur jusqu'aux barricades du Père Hugo, toute la tradition francophone des belles-lettres contestataires. Barbara-la-Cancre apprend la rue rouge.

Les mois passent dans cette beauté.

1953. Belle, grande, bonne année, la première, la pionnière.

En février, le président Albert Lebrun nomme le jeune François Mitterrand ministre des Colonies, Mitterrand se soucie tant du sort des Africains que les députés de droite le traitent de « bradeur d'Empire ». Barbara connaîtra bientôt l'Afrique et cet homme-là.

En mars, Staline meurt enfin. À côté du gramophone, les derniers sbires retrouvent l'enregistrement du *Concerto pour piano n° 23* de Mozart par Maria Youdina.

Le 2 juin 1953, à l'abbaye de Westminster, une jeune princesse de vingt-sept ans se dénude jusqu'à la chemise pour passer le manteau d'or devant trente millions de téléspectateurs en Eurovision. Sir Winston Churchill s'opposait farouchement à la retransmission du sacre, Elizabeth II Regina est passée outre. À Londres éclate *Zadok The Priest* de Haendel, chef-d'œuvre joué aux couronnements et jubilés, six minutes annonciatrices d'un temps neuf avant le lâché de colombes.

Rejoiced ! Rejoiced and said : Vivat !

À Paname, Léo Ferré chante « Paris Canaille », Georges Brassens « La Mauvaise Réputation ». Jacques Brel se lance aux Trois Baudets – sa famille lui coupe les vivres.

Dans nos existences, de quoi la musique est-elle absente ?

Bambi écoute, réécoute Marianne Oswald, chanteuse qui ne trichait pas. Avec Ethery au piano, Claude en charge du littéraire, des jolies choses et de l'intendance, maintenant deux archanges l'accompagnent. Claude l'aime et le lui dit. Il est son amant. Elle dort avec lui. Monique n'est plus seule, les voilà trois à porter fermement Barbara en trinité.

Dans la chambre des fiancés, l'été d'Ixelles traverse le maigre rideau. Les cloches de la cathédrale de Westminster sonnent à la volée sur les ondes. « Tenter de trouver le plaisir dans les bras d'un homme », elle dit. Alors quoi ? Maintenant, en ton instant. Même si, même si j'ai été morte, un jour, ça continue et ça recommence d'aimer.

God save the Queen !
May the Queen live, forever

VII

Jacquemort cueillit une petite fleur jaune et monta vers Angel.

Boris Vian, *L'Arrache-Cœur*, 1953

À la proue du Cheval Blanc, Barbara Brody brave le public et les muses. L'équipage n'étant pas pléthorique, Claude Sluys gère la caisse, les stocks, le programme et les humeurs de sa pirate. Aimer, c'est se soumettre. Avant l'irruption de Barbara, ce tendre capitaine, que tout le monde surnomme Bébé, était l'amant d'Ethery Roudchazé. Un *Jules et Jim* auquel s'ajoute la figure exceptionnelle du poète Paul Nougé.

Les Sluys ne sont pas n'importe qui à Bruxelles, famille de grands bourgeois médecins. Félix, le père, éminent collectionneur d'art, fréquente Paul Nougé depuis les années 20. Son fils Claude a grandi dans cette érudition en se liant avec ce grand aîné qu'est Nougé. Trois décennies les séparent, Claude - l'étudiant ayant vingt-quatre ans, Paul - le poète, presque la soixantaine.

Du 22 mars au 12 mai 1952, avec Claude Sluys, Paul Nougé a écrit soixante-sept brefs poèmes S*ur le nom de* *la femme aimée*... Selon Robert Wangermée, spécialiste de son œuvre : « Le poète est amoureux de cette Barbara qui se lance dans la chanson, comme il l'a été de la jeune Ethery Roudchazé lorsque la jeune pianiste géorgienne est arrivée à Bruxelles préparer le concours de la reine Elizabeth[1]. »

Après avoir été l'amant d'Ethery, le jeune Claude est devenu celui de Barbara et le vieux poète, lui aussi, a glissé de l'une à l'autre, en amoureux platonique. Dans leurs écrits, les deux hommes songent aux mêmes jeunes femmes. Ce quatuor est la première expérience intellectuallo-politico-sentimentale de Barbara qui se trouve donc être la dernière muse de Paul Nougé. Ce n'est pas rien : Nougé a fondé le surréalisme et le Parti communiste belges dans les années 20. Tandis qu'elle fredonne sur le lit en se massant les pieds, Claude est immergé dans leur aventure littéraire. Certains couplets s'insèrent naturellement dans le tour de chant de sa fiancée, qui s'essaye à la composition.

Paul Nougé mérite de s'arrêter un moment. Si son œuvre a été engloutie, en premier lieu par ce fossoyeur de lui-même, elle fait aujourd'hui l'objet d'une fervente redécouverte. Le portrait le plus célèbre de Paul Nougé, et à peu près le seul, serait la fameuse photo prise par le peintre René Magritte quelque part au bord de la mer du Nord. Un homme en trench, une pipe à la main, tient de l'autre un échiquier devant son visage, tête au carré à l'identité problématique. Dans une lettre à André Breton, Paul Nougé écrivit : « Plus je regarde cet Anti-portrait à

1. In *La Revue Littéraire de Bruxelles*, 2011.

l'échiquier, plus l'image du poète se précise dans son effacement. Pour d'autres, il ne s'agit guère plus que d'une carte postale qui illustrerait l'humour belge. »

Tout Nougé : dur, drôle, seul et, enfin, effacé.

Au début des années 50, lorsqu'il fréquente cette bande de drilles, Nougé est miné psychiquement : son épouse Marthe, psychopathe suicidaire qui finira internée, l'a entraîné dans l'alcoolisme. Aller écouter Ethery Roudchazé jouer Chopin dans son studio constituait pour Paul une cure, une bulle de beauté quotidienne. Tous les biographes de Barbara citent Paul Nougé, sans chercher plus loin ni l'avoir lu. Normal, ses poèmes n'existent pour ainsi dire pas. Il ne tenait guère à être publié. Durant la décennie 20-30, au plus fort de sa créativité avec le musicien André Souris et un collectif d'artistes activistes, Nougé procédait plutôt par tracts. Régulièrement, le collectif expédiait à trois cents correspondants choisis des courriers où étaient inscrits des aphorismes, des vers… Des interpellations telles que celle-ci :

L'
intérieur de votre tête
n'est pas cette
MASSE
GRISE et BLANCHE
que l'on vous a dite

c'est un
PAYSAGE
de SOURCES et de BRANCHES
une
MAISON de FEU
mieux encore
la
VILLE MIRACULEUSE
qu'il vous plaira
d'
INVENTER

On imagine ce que ce genre de faire-part pouvait susciter chez Monique Serf, même récalcitrante à l'intellectualisme. Pas besoin d'avoir fait Normale sup' pour aimer Nougé, parfois. Fou de musique, chimiste de profession, ce théoricien de l'art révolutionnaire inventoria aussi une catégorie du quotidien : les Objets Bouleversants. Selon lui, une savonnette, entre autres, est un Objet Bouleversant – là-dessus, tout le monde sera assez d'accord. Sa vision de l'art fusionnait l'existence aux forces invisibles de l'esprit, aux sortilèges, via une communauté de magiciens sulfureux. D'ailleurs, Claude Sluys est prestidigitateur. Aux soirées du Cheval Blanc, après s'être occupé de tout, Bébé monte sur scène présenter ses tours de passe-passe.

Génie méconnu par mépris de la reconnaissance autant que par désespérance, pince-sans-rire, hermétique et dévasté, Paul Nougé fut le grand homme dans l'ombre de ces années-là. On pense à lui lorsque Barbara adoptera le retrait comme stratégie face au temps qui passe. Le fondateur du surréalisme belge n'est pas loin lorsqu'en 1997, elle recevra sa seconde Victoire de la musique. Plutôt qu'une apparition triomphale devant un Palais des Congrès en standing ovation, Barbara préférera se contenter d'une conversation téléphonique en direct, pimpante et décousue, avec les présentateurs des Victoires. Dix mois plus tard, la tonalité était coupée. Barbara était décédée.

On dirait une épigramme de Paul Nougé.

Au Cheval Blanc, elle chante donc Nougé et Sluys. Claude est aussi son agent artistique. Au passage, il affirme qu'elle n'interprétait plus Juliette Gréco. À La Fontaine des Quatre Saisons, depuis la cuisine des frères

Prévert, avoir vu et entendu Jujube en pleine lumière avait aiguisé sa jalousie – c'est humain. Selon Sluys, « elle ne connaissait absolument rien à la chanson », se limitant à reprendre Édith Piaf « qui ne lui allait pas du tout ». Quant à Léo Ferré, Barbara ne l'aimait pas, le jugeant « méchant ». À entendre Sluys, Barbara Brody ressemble un peu à cette demoiselle Doolittle dans la pièce de George Bernard Shaw, bouquetière au ruisseau que le professeur Higgins décide de métamorphoser en fine fleur de la *high society* – Sluys incarnant bien sûr Higgins. S'il pousse peut-être le bouchon, leur duo tient effectivement de *My Fair Lady*. Claude aime Barbara, d'un chic inné, de pouvoir également y façonner une créature d'exception. Le choix du répertoire suscite entre eux des disputes. Après Marianne Oswald, Barbara découvre Harry Fragson, auteur compositeur adulé en 1900, ou les chansons d'Yvette Guilbert, qu'un nez encore plus long que le sien n'empêcha pas de devenir célèbre. Un tarin et une dégaine pas possibles. Sa reprise du « Fiacre » est d'ailleurs fort appréciée par le public du Cheval Blanc.

Un fiacre allait, trottinant
Cahin, Ca-ha, hu' dia, hop là !
Un fiacre allait, trottinant
Jaune avec un cocher blanc...

Dans cette cavalcade, soudain, Barbara excelle.

Derrière les stores baissés,
Cahin, Ca-ha, hu' dia, hop là !
On entendait des baisers.

Puis une voix disant : « Léon, hin hinnn »
Cahin, Ca-ha, hu' dia, hop là !
Puis une voix disant « Léon !
Pour causer, ôte ton lorgnon ! »

Elle fait même un tabac.

Un soir, Claude et Ethery l'entraînent chez un disquaire de la porte Louise écouter le premier disque de Georges Brassens, jeune maître de la cocasserie, pour encourager son côté loufoque.

— T'es tordante, je t'assure.

— Vraiment ?

La gaieté de leur complicité se communique à la salle, la cambuse du Cheval Blanc commence à carburer, faire la joie d'une jeunesse plus large, joueuse, cultivée. Les élites, quelques snobs, s'y acoquinent, on aperçoit un duc de Wallonie ravi de boire la gueuse au goulot. Barbara s'épanouit à jouer du sourcil en cadence. Mordre le bourgeois l'enchante. D'autant que « Le Fiacre » s'achève en grand macabre : un monsieur reconnaît la voix de sa femme dans la voiture fermée.

... I' s'lance sur le pavé en bois
Mais i glisse sur l' sol mouillé
Fraaac, il est écrabouillé.

Barbara se plaît soudain à singer les pieds de nez de la Guilbert. Clap, clap, clap, l'onde chaleureuse qui reflue du public est plus agréable que d'entendre valser les cendriers[1]. Elle enchaîne avec « Madame Arthur » qui,

1. Sigmund Freud aussi adorait Yvette Guilbert (1865-1944). Tous ceux qui sont passés par son divan, 19 Berggasse à Vienne,

comme chacun sait, fit beaucoup parler d'elle « en ayant une foule d'amants ».

Bruxelles se met à bruxeller, comme dira l'Autre. Tout proche, Jacques Brel se lance plus sérieusement à La Rose Noire, le cabaret de la Grand-Place, plus pro, chic et cher. Nul ne sait comment Barbara l'a si vite repéré mais l'anecdote est passée dans les annales. Un soir, elle désigne à Ethery un type pressé qui traverse le trottoir devant La Jambe de Bois :

— Tu le vois celui-là, il s'appelle Jacques Brel... Ce sera une grande vedette.

Brel ne se montre pourtant pas au Cheval Blanc, baltringue amateur. Son dédain n'empêchera pas Barbara de reprendre une de ses premières chansons, « Sur la place ». *Cette fille qui danse à midi, ondulante comme un roseau et qu'on appelle l'amour, la charité...*, cette fille à qui tout le monde ferme sa fenêtre, Barbara l'interprétera émue aux larmes de s'y reconnaître lorsqu'elle arpentait le carreau de Bruxelles la faim au ventre en 1950.

Deux personnes voient d'un mauvais œil prospérer Le Cheval Blanc : monsieur et madame Sluys, les notables cultivés. Car il a bien fallu, un dimanche, aller leur présenter la fiancée. Barbara n'est sans doute pas arrivée nus pieds. Mais il y a fort à craindre qu'elle se soit déchaussée sous la table pendant le repas pour passer au salon les orteils sales à l'air. En difficulté, pas aimée, Barbara se crispe, s'insurge, ses battements de

ont vu sa photo dédicacée au mur. La Guilbert a triomphé pour la première fois en Belgique, très surprise par le succès d'une chanson de sa composition, « La Pocharde ».

cils deviennent des coups de griffe. Après tout, n'est-elle pas libre ? Sa tournure de roulure, ses bijoux d'Esmeralda ne semblent pas aux Sluys le parti idéal pour leur rejeton. Son style grande duchesse gipsy les laisse froids. Selon certaines mauvaises langues, qu'elle soit manifestement juive n'arrangerait rien. Si Claude la prie de faire « un petit effort », son Esmeralda est du genre à l'envoyer bouler et n'en faire plus aucun. Quitte à aller ensuite sangloter derrière un buisson. La fiancée prend congé sous le regard glacé de sa belle famille. Pas grave. M'en fous des bourges, la culture n'empêche pas les cons. Toutefois, le rejet des Sluys la replonge dans ses années noires où son père l'agressait tandis que Tante Jeanne la traitait de « saltimbanque ». Mouton noir, vilain canard. Tout en surjouant le stupre du répertoire 1900, Barbara encaisse encore une douleur. Cette fille drôle selon tant de témoins rendra la vie impossible à tous ses compagnons d'intimité qui témoigneront unanimement combien elle était déchirée d'angoisses et de blessures au quotidien.

La rupture entre Claude et son milieu se creuse quand le couple emménage chez Prudence, rue Thérésienne. Carrément un ex-bordel, meublé de tentures, tabourets de bar, abat-jours en peau de pêche, décor d'alcôve où ses belles délassaient les notables. À présent, Prudence n'a plus pour client que le jeune couple dans une chambre à l'étage. Barbara s'y sent tout de suite chez elle, ravie d'évoluer dans le cadre qu'elle chante.

À soixante-dix balais, la logeuse perd un peu la boule, encombrée de souvenirs noyés d'absinthe. Chaque mois, Prudence leur réclame un loyer perçu la veille. Pour preuve de quittance, Barbara soulève la latte de parquet sous laquelle la vieille dame cache son magot et montre leurs billets. Navrée de dérailler, Prudence se confond en excuses. Nous sommes moins chez Dostoïevski que dans *Les Enfants terribles*, au fond tout le monde s'entend à merveille. Le couple prend même un chien : Djok.

Claude et Barbara se donnent corps et âme au Cheval Blanc. Dès février 53, les animations foisonnent. En première partie se joue une courte pièce, par exemple *La Demande en mariage* d'Anton Tchekhov – Barbara est de la distribution. Son tour de chant s'étoffe, en plus du week-end, elle se produit les jeudis et vendredis, partageant l'affiche avec d'autres numéros, notamment Yves Delplace, le premier à l'avoir accueillie à La Mansarde de Charleroi, narrateur d'« histoires extraordinaires ». Une contorsionniste. Un mime. Ethery joue des airs russes. Forte de ses progrès, Barbara commence à s'accompagner au piano.

Les mois filent, emballants.

Tout serait parfait, si ce n'est encore la police. En octobre, une descente de zombies, comme on dit à Namur, surprend Barbara au lit sans permis de séjour. Claude n'est pas là. Les zombies collent la Française au gnouf, le temps qu'un juge signe son expulsion. Après avoir retourné Bruxelles, Claude Sluys rapplique au commissariat, fort de son statut et son bagout d'avocat stagiaire, il parvient à libérer sa dulcinée grâce à un pieux mensonge : tous deux sont sur le point… de se marier. Ah bon… Pas folles, les autorités leur donnent trois mois pour fournir le contrat de mariage.

Qu'à cela ne tienne, marions-nous folle-ville ! Beaucoup plus vite que dans Tchekhov.

Trois semaines plus tard, le temps de publier les bans, en ce 31 octobre 1953, madame l'échevine d'Ixelles unit Claude Jean Luc Sluys et Monique Andrée Serf à la maison communale, splendide ancienne demeure de La Malibran, diva du XIXe siècle. Barbara, un peu pythie sous son turban, y devine un bon présage en parcourant fébrilement la notice biographique accrochée dans le hall.

Élevée dans la musique par un père odieux, Maria Malibran se révéla à Londres en remportant en 1825 un défi contre le dernier grand castrat. Sa carrière devint phénoménale. Charles-Auguste de Bériot, compositeur belge fou d'elle, fit construire le pavillon Malibran pendant qu'elle tournait à travers l'Europe. Maria n'y aurait passé que quelques nuits avant sa fin, digne d'un opéra : malgré une chute de cheval, elle refusa d'annuler un concert par respect pour son public… et décéda quelques jours plus tard, à vingt-huit ans, d'un caillot de sang au cerveau. Monique et Claude se disent « Oui » dans le salon de musique jadis drapé de noir où fut exposé son corps. Barbara est enthousiaste.

— Moi aussi je mourrai avant trente ans, en gloire ! Tu me le construis quand, mon palais, Bébé ?

— Je suis un palais. Renfile tes chaussures, s'il te plaît, et arrête de dire des horreurs.

Ethery Roudchazé est témoin de Madame, sans regrets pour Monsieur son ex. La mariée est en noir, des souliers au turban, sa logeuse, toute en dentelles. Bien qu'hostile à cette union, Prudence paie la noce dans un restaurant italien. Elle n'envisage pas Barbara autrement que libre ; quitte à convoler, la jeune femme ferait mieux d'épouser un vieux colonel richissime de sa connaissance. Le repas n'a rien d'un banquet : les tourtereaux et leurs témoins, cinq couverts, plus deux saucisses pour le chien. Divin tableau. Pas le temps de s'éterniser sur le tartufo après les escalopes milanaises : Le Cheval Blanc ouvre ses portes à l'angélus.

Les parents Sluys en font une double syncope. Claude leur promet, des cernes jusqu'au menton, qu'en aucun cas il ne lâchera ses études d'avocat. Longtemps, Barbara gardera sa minuscule alliance au petit doigt, bague qui n'empêche pas Claude de retourner fréquemment dormir chez ses parents, en signe d'allégeance. Bébé n'aime pas les conflits, ce qui compense avec le caractère de sa femme.

En 1953, les couples étaient nombreux sur le perron de la mairie d'Ixelles. L'Europe victorieuse convolait à tour de bras, un baby-boom de Brest à Vladivostok. Dans la bousculade, Barbara a toujours prétendu s'être accrochée à une manche, croyant s'épauler à Claude, et avoir longtemps conservé, parmi des clichés qui finiront en confettis, sa photo de mariage au bras d'un inconnu. Vraiment ? Il y a des limites à la désinvolture et à la myopie. Façon de dire plutôt que ces épousailles furent sinon blanches du moins de papier.

À travers Ixelles, le couple cavale de l'hôtel de ville au Cheval Blanc dans un tourbillon mêlant la Prudence, Tchekhov, Djok le chien et un lapin blanc, turban noir et chapeau claque, un contrat de mariage, un sachet de

Zan, trois notes de marche nuptiale… Leur inventaire à la Prévert sous les premières feuilles d'automne.

*

En 1992, pour la sortie de mon premier roman, je suis allé à Bruxelles à une séance de dédicaces dans une salle de la rue des Bouchers, en compagnie d'écrivains belges parmi lesquels une très vieille auteure sous un béret fuchsia. Être tordue d'arthrite ne l'empêchait pas de se maquiller, son rouge à lèvres assorti au béret débordait ses lèvres comme Madeleine Renaud dans *Oh les beaux jours*. Le temps ratatine tout d'un être, sauf les yeux. Les lecteurs n'étant pas foule, j'ai été la saluer. Elle vendait une unique plaquette de poésie sous le pseudonyme de Claire de Fillé, aussi mince qu'un livret de famille.

— À presque quatre-vingts, je n'ai fait que ça.

L'auteure a levé un sourcil, marrante.

— C'est mieux que rien, n'est-ce pas ?

Certains poèmes dataient des années 50, la vie nocturne, grande époque – forcément, sa jeunesse.

— Vous avez connu Barbara ?

Non, mais Claire de Fillé l'avait entendue chez Sem Borencholc et au Cheval Blanc, avec son mari.

— Oh, il avait l'air d'une crème, celui-là.

Un soir qu'elle s'y trouvait, deux gars sont venus s'activer sur scène entre deux numéros. Ils ont bougé le piano, posé un projo par terre… Le public les a encouragés, doutant de les voir parvenir à bout de leurs préparatifs. Ethery et Barbara sont entrées sous des applaudissements d'impatience pour attaquer « Le Fiacre ». Quand est arrivé le vers :

Derrière les stores baissés…

… tout s'est éteint. Sauf le spot, profilant les deux interprètes. Ethery a étiré le thème au piano. Les gars sont revenus en trottinant, tenant chacun le coin d'un drap tendu. Quand le piano jouait, les deux gars décalaient l'écran, masquant Barbara pour laisser Ethery seule visible. À chaque « Hop là ! » du refrain, ils coulissaient, couvrant la pianiste pour révéler la chanteuse, et ainsi de suite jusqu'à la fin. Tantôt l'une, tantôt l'autre se projetait en ombre chinoise. Claire de Fillé se souvenait que Barbara bougeait à peine derrière la toile, agitant juste une main par-dessus sa tête en battant la mesure du bout du pied.

— On aurait dit une chef indienne.

— Ça a plu ?

— Pffouuuu, et comment !… Elles ont dû bisser.

VIII

Puisque mon cœur continue de battre, il faudra bien qu'il batte pour quelque chose...

Simone de Beauvoir, *Les Mandarins*, prix Goncourt 1954

En guise de voyage de noces, les jeunes mariés vont nicher rue de la Pépinière à la porte Namurrrrr – son habitude de rouler les *r*, qui dura longtemps, vient peut-être de l'accent belge. À Ixelles, le quartier Namur offre des *kots*[1], des logements bon marché à cause des bœufs qui beuglent à la mort aux abattoirs de Boomael. Le sang, les bêtes, la pestilence font bon ménage avec les pauvres. Avec les putes aussi, car la rue de la Pépinière est une poudrière, étoilée de lumignons rouge baiser. Prudence perdait trop la boule pour tenir sa maison, Claude et Barbara emménagent chez une collègue de sa connaissance, Adrienne, qui ne la vaut pas. Son établissement louche est encore en activité[2].

1. Studios pour étudiants… ou d'autres activités plus lucratives.
2. Il n'est pas tout à fait certain que le couple se soit installé chez Adrienne, lieu infréquentable pour Claude Sluys. Mais il

Le Cheval Blanc a dû hélas baisser le rideau malgré l'affluence. Le succès les a dépassés, personne ne surveillait vraiment la recette. Une réussite demande plus d'attention qu'un commerce désert. Le cafetier-frites-proprio est passé relever les compteurs et les bretelles de ses locataires, leur ordonner d'augmenter les tarifs. Ces zazous méprisaient le bénéfice. La prise de bec a tourné vinaigre au point de devoir lâcher l'affaire. Claude a ouvert un autre lieu, Les Enfants Terribles mais le cœur n'y était plus. La grâce s'en va comme elle est venue – c'est son inconvénient.

Les deux jeunes femmes subsistent en se produisant donc Chez Adrienne, piano-bar moins musical que libidinal où les clients n'entrent pas pour écouter. Leurs charmes doivent inciter ces messieurs à consommer. Une coupe, un scotch ! Ethery et Barbara lèvent leurs verres, remplis d'un thé couleur whisky, entraînant les pilotes de l'air de la Sabena à prendre leur bouteille. Depuis le comptoir, Adrienne veille au grain, loin de perdre la boule comme Prudence. Les filles touchent une dîme sur les consommations qu'elles suscitent sans aller plus loin. Les rades de la rue de la Pépinière annoncent franchement la couleur par un panonceau à l'entrée : « Ici, on monte »/« Ici, on ne monte pas. » Chez Adrienne, très à cheval sur sa réputation, on ne monte pas. C'est quand même un peu moche, « butch », fastidieux. Une horreur, selon la belle-famille Sluys. Barbara n'en gardera pourtant pas mauvais souvenir,

---

affirme avoir vécu avec sa femme rue de la Pépinière après leurs noces, peut être dans un pied à terre loué par lui. Les deux jeunes époux vivaient librement leur bohème, tantôt ici, tantôt là.

ayant connu pire. Rire, boire et chanter consolent de pas mal de choses.

Quand le ciel de Belgique se fait bas, autant aller retenter celui de Paris. Barbara veut y retourner. Claude résiste, sa femme insiste : il obtempère. Les bagages sont vite faits. La chronique ne dit pas où va le chien. Peut-être Djok reste-t-il tenir compagnie à Prudence ? On ne le reverra plus. Tandis que « la bonne Prudence » réapparaîtra beaucoup plus tard, inspirant le personnage lumineux de « Lily Passion », comédie musicale barbaresque de 1986.

Paris, Paris !… Paris pas grand-chose. Un tour à L'Écluse qui ne se décide toujours pas à la retenir. Pendant que Barbara court le cacheton, son brave mari décharge les cageots aux Halles. Monsieur et Madame Sluys Junior sautent d'un petit hôtel du xxe à celui des Trois Balcons, rue de Seine, au milieu de Saint-Germain-des-Prés qui ne pétille guère pour eux. Claude « prestidigite » un moment au Caveau des Légendes, rue Jacob, accompagné par sa femme au piano. Ethery, restée à Bruxelles, a sauté du train.

Heureusement que les amis belges pensent aux tourtereaux. Jo Dekmine, chef de troupe, grande figure du spectacle bruxellois, nommé au Théâtre des armées, embauche la Barbara pour une tournée de popotes à travers l'Allemagne encore occupée. Les Ricains avaient envoyé Marlene Dietrich divertir les GI, l'état-major belge présente… Barbara Brody. Les bidasses du roi Beaudoin l'ont un peu mauvaise mais rigolent de ses rengaines et s'émeuvent à ses mélos. Cela est encourageant.

De retour à Paris, enfin un coup de bol : une défection à L'Écluse. Un élu ne peut assurer la rentrée. Au pied levé, le bouchon lui propose un engagement temporaire de quelques soirées. L'automne est ma saison d'or, pense Barbara. Que Bébé doive retourner en Belgique accomplir ses obligations militaires ne l'affecte pas outre-mesure. Avec son sésame à L'Écluse, hors de question de le suivre. Après un baiser d'adieu gare de l'Est, elle s'enferme à l'hôtel répéter d'arrache-pied pendant trois semaines. Barbara ne gardera aucun souvenir de ses débuts dans le lieu de sa légende. Ses reprises ne remuent personne, entre dix autres artistes.

Claude est un malin – « manipulateur », elle dit, jouant peut-être sur le synonyme de magicien. Exempté mais tenu de rester sur le territoire national pendant ses classes, pour revoir sa brune, il faut l'attirer dans les filets du Plat Pays. Toujours agent de sa femme, à laquelle lui croit dur comme fer, Claude passe son temps à promotionner « sa » Barbara. À Bruxelles, Bébé est très aimé, le cœur sur la main, courageux comme dix. À force de se démener, il pousse enfin une porte, la première grande porte et Madame Sluys saute dans un train. Le 1er octobre 1954 marque le premier concert officiel de Barbara – Brody disparaît définitivement : l'artiste, comme Marlene, s'est universalisée devant la soldatesque. À L'Atelier, chez Marcel Hastir, se presse la nouvelle génération belge, tant en salle que sur scène. Les soirées organisées par Angèle Guller – femme de radio, papesse de la chanson, l'équivalent à Bruxelles de ce que sera Denise Glaser à Paris – forme un vivier qui attire le métier du spectacle en quête de talents. La belle salle affiche complet. Voici donc son tour de chant, les dix-neuf titres de sa toute toute première fois. Le programme dit tant d'une époque, d'une naissance. Et d'une faille… L'occasion aussi de rendre hommage à tous ces noms qui après avoir réchauffé le monde ne brillent pour la plupart plus. Selon l'usage, Barbara annonçait solennellement parolier et compositeur. Elle entre en scène, lente, lourde, sombre et miro. C'est parti pour un Golgotha en dix-neuf stations…

« Le chouette quartier »

Paroles de Gaston Rico sur une musique
de Christiane Verger.

Une évocation du faubourg parisien populo de La Glacière, *pas du tout aristo, entre l'hosto et la prison.* Mélo guilleret que Barbara chante pointu et nasillard.

« Frédé »

Paroles de Michel Vaucaire sur une musique
de Daniel White.

Créé par Cora Vaucaire. Une femme se souvient avec nostalgie de son amant Frédé et de sa guitare. *Où sont donc mes vingt ans, Frédé ?* D'autres l'ont dit et le diront encore, mieux.

« Qu'est-ce que tu crois ? »

Paroles de Robert Lamoureux sur une musique
de Bourtayre.

Rythme entraînant, très rapide. Chanson-monde qui narre la condition humaine, pas jouasse : *Tu n'es qu'un maillon de la chaîne... Un moment d'joie, d'misère, puis on t'enterre, puis c'est fini.* Hop, hop ! (Patrick Bruel la reprendra, c'est dire si c'est super.)

« Sur la place »

Paroles et musique de Jacques Brel.

Pièce majeure évoquée précédemment. Le coup de foudre de Barbara pour son Grand Jacques.

« L'Œillet rouge »

Paroles et musique de Brigitte Sabouraud.

Brigitte Sabouraud, elle-même auteure-interprète (qui ne perça jamais), co-patronne de L'Écluse qui avait répondu à la lettre désespérée de Monique Serf en lui proposant le piano de ses parents. Barbara est donc restée proche de Brigitte. Dans cette musette, un marin fait la cour à une fille en lui offrant un œillet blanc. Le deuxième jour, il offre un œillet rose. Le troisième, ces deux-là font l'amour puis le marin s'en va, laissant un œillet rouge. La fille ne l'a jamais revu. S'est-elle suicidée ? Peut-être, peut-être pas. Barbara fredonne l'épilogue : *On ne peut jamais savoir ce que sera demain...* ATTENTION : selon les experts barbarophiles qui ne plaisantent pas avec sa discographie, « L'Œillet rouge » est une faute sur le programme de l'Atelier, cette chanson s'intitule « L'Œillet blanc »... Blanc ou rouge, qu'importe, une fois fané.

« Moi j' tricote »

Paroles et musique de Michel Emer.

Barbara est donc déjà intéressée par la maille et les aiguilles, passe-temps qui atteindra une propension extravagante. Une demeurée tricote en ressassant : *J'suis idiote.* Sa famille est ignoble : le garçon coupe la queue du chien, la petite sœur reluque par la serrure ses parents en train de forniquer, la grande s'envoie en l'air avec les voisins, etc. L'idiote attend son jules. Viendra-t-il ? Probablement non, ce qui se comprend.

« L'avenir est aux autres »

Paroles de Claude Sluys sur une musique d'Andrée Olga.

Chanson Rouge. Derrière le pseudonyme un peu russe de cette compositrice inconnue se cachent Barbara et sa première composition (Andrée est son second prénom d'état civil). Dans ce titre ambitieux, voire intello, plane la trace du partenariat Claude Sluys/Paul Nougé. Une gamine jetée au ruisseau à treize ans, puis veuve de guerre, se venge de « la société des bonnes mœurs » en goûtant au « vent chaud des libertés ». À l'entendre, tous les innocents massacrés retourneront bientôt leurs fusils contre les généraux, les richards. Un texte socialo-révolutionnaire, engagé voire enragé.

« À Saint-Lazare »

Paroles et musique d'Aristide Bruant.

Signature de maître. Une taularde inquiète écrit à son amant Polyte depuis la prison des femmes de Saint-Lazare. Sans le sou, il est fichu de faire un sale coup : *T'as trop de fierté pour ramasser des bouts de cigare...* L'Polyte est violent, bien sûr, mais elle l'aime, forcément. Barbara ne lâchera pas cette jolie chanson avant la fin des années 60.

« Viens gosse de gosse »

Paroles et musique de Jean Lenoir.

Ballade printanière égrenée d'une voix perchée, volontairement abrutie. Un jeune couple s'extasie aux tours de manège d'une fête foraine. Serait-il la seule note optimiste du récital ? Oui, les amoureux ne se fracassent pas dans les montagnes russes au dernier couplet. Mais la voix est si neuneu que leur bonheur paraît affreux.

« La Chanson de Margaret »

Paroles de Pierre Mac Orlan sur une musique de Victor Marceau.

Un succès de Germaine Montero et Marie Dubas qu'admire Barbara. Margaret se « défleurit » à l'adolescence, rue de la Trique dans un bar du Havre. Façon de dire qu'elle se vend. Sur un air de valse lente : *Le passé revient qui vous fait vomir* et *la marijuana vous fout le cafard*. Un matelot la trimbale jusqu'au Mexique. Ça finit à Shanghai, encore plus mal. La chanson à (beau) texte, le reportage exotico-social à la Mac Orlan (un chouïa lourd, tout de même).

« Les Dames de la Poste »

Paroles de Francis Blanche sur une musique d'Alec Siniavine.

Juliette Gréco chantait ce titre, tantôt enlevé, tantôt traînant. À nouveau le récit d'une fille facile, *une inutile, la honte de la ville*, qui, à l'opposé des rêveries désuètes des employées de la Poste, reçoit chaque soir un homme en fourrure et bas de soie, pas pour lui montrer sa collection de timbres.

« Évidemment bien sûr »

Paroles de Jean Variot sur une musique de Christine Verger.

Mélodrame bouffon. Un p'tit narrateur que Barbara interprète avec une voix de nez raconte sa destinée pathétique. Ton *forte*. Le piano en prend un coup, l'auditoire aussi. C'est à peine supportable. Mérite le nom de « zinzin » dont elle qualifiait ses chansons.

« La Promenade »

Paroles de Claude Sluys sur une musique d'Andrée Olga.

Seconde création maison, donc. Belle modernité aux accents jazz. Un homme suit une inconnue dans l'avenue de la Provocation. *J'avais peur et le désirais, avenue des Intentions Mauvaises*... Osé, érotique, très réussi. Ce jeu de séduction en forme de plan urbain s'achève fatalement dans une impasse.

« Monsieur William »

Paroles de Jean-Roger Caussimon sur une musique de Léo Ferré.

Tango surréaliste, splendide morceau d'anthologie, peut-être politique, écrit par le grand Caussimon. Il fut créé en 1950 par le duo Marc et André qui n'était autre que Marc Chevalier et André Schlesser, deux des quatre patrons de L'Écluse. Reprendre ce titre valut à Léo Ferré son premier succès d'estime. À New York City, Monsieur William, un employé modèle arrivé à la quarantaine, va par un beau soir d'août flâner jusqu'à la 13e Avenue. À *une fille bien jeunette*, il paye un bouquet de violettes avant de l'entraîner à *l'hôtel de la pègre. Un nègre* veut lui ravir la petite belle, Monsieur William lui assène des coups de parapluie…

Oui, mais le nègre dans le noir
Lui a coupé le cou en deux coups de rasoir...
Il a senti que c'est irrémédiable, Monsieur William
Il entendit déjà crier le diable, Monsieur William
Aux alentours, il n'y avait personne, qu'un trombone...

De cette chanson qui a suscité tant d'interrogations, Serge Gainsbourg fera une reprise jerk détonante en Mai 68. Barbara la donne avec une langueur qui ajoute au trouble, à la canicule… à la Mort, qui semble un peu sa copine.

ENTRACTE

— Un esquimau Motta ?
— Plutôt un Perrier, pour pétiller un peu.
— Elle est bien, hein… Un peu tristouille.
— C'est le chic.
— Elle ne chantait pas dans la troupe de Jo Dekmine ?
— Non, au Cheval Blanc
— Ah oui, c'est ça !

FIN DE L'ENTRACTE

« Le Grand Frisé »
Paroles de Léo Daniderff sur une musique d'Émile Ron.

Un « tabac » début de siècle, immortalisé par Damia : *J'en perds la tête, j'suis comme une bête, j'l'ai dans le sang, quoi, c'est mon chéri !* Barbara convolera avec ce Grand Frisé jusque dans ses tournées des années 80. Les pauvresses victimes de l'amour l'inspirent.

« La Vie d'artiste »

Paroles de Francis Claude sur une musique de Léo Ferré.

Chef-d'œuvre. Dix coudées au-dessus du lot. Claude et Barbara ont du flair et ne manquent pas de courage. La violence du réel ne les effraie pas. Eux la connaissent cette vie d'artiste, sa bohème, sa saloperie aussi : *se rencontrer par hasard, s'aimer sans se connaître, la fin du mois qui revient sept fois par semaine*... Chaque vers parle d'eux, qui se quitteront bientôt. Comme dans la chanson, l'un deviendra vedette, l'autre renoncera (Claude Sluys finira antiquaire). À écouter cette férocité, on comprend pourquoi Barbara pouvait considérer Léo « méchant ».

« Le Couteau »

Paroles et musique Michel de Neuillac.

Écrit pour Barbara – donc pas gai gai. En ce 1er octobre 1954, elle l'interprète pour la première fois. Une femme attend son amant infidèle pour le trucider : *Donnez-moi un couteau pour l'enfoncer dans son dos, donnez-moi un râteau pour lui arracher la peau*... À force d'attendre, elle change d'avis. *Donnez-moi un couteau, je lui couperais son pain... Donnez-moi un râteau, je lui nettoierai son jardin.* Au finish, elle l'étouffe de baisers. Lent et minant.

« Les Cloches de Notre-Dame »

Paroles et musique de Léo Ferré.

Dans un ânonnement de messe solennelle, la récitante reproche aux cloches de Notre-Dame de sonner pour la mort d'un évêque, pas *pour ceux qui n'auront jamais de bonheur à Aubervilliers et aux Lilas*... Un De profundis subversif qui a rencontré peu d'écho. Cette idée de dire une chanson comme la messe séduira régulièrement Barbara, jusqu'à « Chanson pour une absente » en 73, dédiée à sa mère, psalmodiée sans paroles ni accompagnement.

« Mon pote le gitan »

Paroles de Jacques Verrières sur une musique de Marc Heyral.

Hommage à Django Reinhardt, mort au printemps 53.

Célèbre bossa-nova écrite pour Yves Montand. Marcel Mouloudji, Francis Lemarque, Jacques Pills la reprendront[1]. Barbara en fait un fleuron en clôture du programme, d'une voix parfaitement placée, ce qui n'est pas toujours le cas.

Bon... Récapitulons : une louchée d'homicides, autant d'abandons, un tiers de prostituées, un autre de cinglé(e)s, deux trois suicidaires autour d'une taularde sous un

1. Jusqu'à la fin des années 50, lorsqu'une chanson « marchait », elle pouvait être reprise par d'autres interprètes. A contrario, un morceau passé inaperçu pouvait se relancer grâce à une nouvelle version. Du coup, auteurs, compositeurs, interprètes ne cessaient de se croiser, de se solliciter. Barbara elle-même entrera bientôt dans ce marché, proposant des chansons à Gréco, Colette Renard, Montand ou même Dalida.

bourdon lugubre… C'est encore la guerre ou quoi ? À se demander si seuls le trottoir, le crime, les tares inspirent la chanson des années 50, époque où la morale exige que la marge et le sexe se confondent à la fange. Piaf a disparu, ce qui semble confirmer que Claude Sluys a la main sur le répertoire. L'ensemble est d'un noir de suie quand tout le monde bénéficie de l'électricité. La mode est au drame, certes, mais en 1954, à Memphis, le 45-tours d'une nouvelle idole au déhanché luciférien provoque une émeute de filles pas tristes, Jujube défie l'Amérique raciste au bras de Miles Davis, quand Barbara, à vingt-quatre ans, mime les gouailles d'antan, la voix pincée en lorgnon. Tout ça pour ça. Pourquoi tu chantes ? Que veux-tu exprimer ? Dès ce premier concert, la question taraude Barbara autant que ses auditeurs. Aspire-t-elle à devenir une boutique d'antiquités caustiques ? Malgré cette faille, à L'Atelier, les professionnels de la variété applaudissent. Angèle Guller, directrice de la *Revue des disques* l'invite à rebondir en participant à sa grande émission radiophonique « La Vitrine aux chansons » et le représentant du label DECCA lui offre d'enregistrer un premier disque de deux titres[1]. « L'Œillet blanc » de Brigitte Sabouraud et

1. Disque que Barbara détestera, orchestré avec dix musiciens, sans piano, « si mauvais » qu'elle hésitera beaucoup à l'inclure dans les coffrets anthologiques de sa fin de carrière. La répétition de son tour de chant à L'Atelier a été enregistré par l'ingénieur du son Jacques Vynckier, constituant la première trace sonore de son œuvre. Selon lui, Barbara maîtrisait son trac grâce à un truc : « Elle était très myope et ne voyait pas de loin… Les réactions de la salle, elle ne les voyait pas. Et ça lui facilitait la vie. » En 2007, sous la direction artistique de Karine Le Bail et Philippe Tétart de France Musique, avec l'association des Amis de Barbara et l'autorisation

« Mon pote le gitan » de Jacques Vessières sortiront l'année suivante.

Un petit drame personnel gâche la fête : sa photo, sa photo sur le programme.

— Je suis moche.

— Mais non.

— Ne dis pas le contraire, Bébé, j'ai l'air d'une sorcière !

— Cette photo est toute petite, mal imprimée !

— Ah, tu vois, tu reconnais que je suis moche !…

Barbara a malheureusement raison. En gros plan, la chanteuse frise l'épouvante, comme disloquée, la lippe brillante, loucheuse sous des sourcils arqués, on dirait Quasimodo. Ça fiche mal au ventre d'être aussi laide.

Il se dira vite qu'elle détestait les photographes. Ce n'est pas tout à fait exact. À L'Atelier, devant ce vilain cliché noir et blanc, elle comprend que les photographes sont des bouchers auxquels son image de femme publique appartient. Si les bons te donnent ta beauté, les autres s'en foutent et te balancent à l'étal. Surtout elle, qui d'un instant l'autre peut s'avérer superbe ou effrayante. Le portrait de L'Atelier est un des pires connus de Barbara ; par la suite, avec une fébrilité maniaque, elle déchirera tous ceux qui ne lui conviendront pas, exigeant de biffer les planches-contacts, la destruction des négatifs « horribles ». Elle hait tellement cette sorcière

des héritiers, ces bandes remastérisées par Django Hartlap sont devenues un CD richement documenté, avec un livret de 32 pages signé Marie Avilès et Bernard Merle, « Barbara à L'Atelier – Bruxelles 1954 » (Le Chant du Monde).

charnue qu'elle va se couper les cheveux et la faim. Sa guerre de l'image ne cessera plus.

Sinon, pour le reste, bingo.

Le couple savoure son trophée. Elle va chanter au Palais des beaux-arts de Bruxelles, animer un bal des services sociaux… L'année 55 passe en allers-retours Paris-Bruxelles, avec quelques opportunités mais ces succès éphémères demeurent sans suite. Barbara et son mentor piétinent.

À Paris, un matin, sur le trottoir, tous les deux s'engueulent encore à propos de ce fichu répertoire. Selon Barbara, Claude voudrait la cantonner au vieux catalogue dont elle désire s'échapper. Claude, lui, jurera du contraire : il la presse d'abandonner son style suranné. Quoi qu'il en soit, le couple s'écharpe. Elle n'est pas My Fair Lady. Sluys l'a certes modelée mais son tour de main n'ira pas plus loin. Une seconde suffit à tirer un trait.

— Si nous ne sommes plus d'accord, pas la peine de continuer ensemble.

Barbara le plante là, en pleine rue. Son mari ne lui court pas après. Sans doute se sont-ils dit tout le mal qu'on peut se faire lorsque après s'être aimé dans la foulée de la jeunesse, les semelles se plombent. Elle rompt, refusant de dépendre de qui que ce soit. Outré par tant d'ingratitude, Claude ne la rattrape pas. En un mot, elle fait trop chier. Madame Sluys, c'est fini.

En 1956, la revoilà seule, libre, de nouveau à Paname. Marchant, marchant, auditionnant d'estaminet en cabaret. Engagée quelques soirs à La Rose Rouge… Toujours, elle revient passer une tête à L'Écluse. Peu à peu, les quatre patrons ouvrent leur scène à cette groupie constante, discrète, étrange. Lors des auditions d'après-midi, Barbara se faufile quai des Grands-Augustins, sort ses lunettes, ses aiguilles, près des fenêtres, et tricote en écoutant les postulants. Pour apprendre. Pour ne pas être seule, aussi. Jour après jour, L'Écluse devient son abri. Elle aime rejoindre la bande, nicher dans la loge en attendant son passage en scène, boire des coups, souper en troupe après minuit à La Boule d'Or – le vin dissout l'anxiété. Son cachet est si maigre qu'il faut choisir entre aller manger ou rentrer en taxi. Elle dort ici ou là, quittant un petit hôtel pour être hébergée chez une camarade, bohème qui lui donne enfin le sentiment d'être à sa place, en orbite de L'Écluse. Dans le sérail, famille ardente, ludique, parfois vacharde, elle creuse un trou qui devient son cocon. Très proche de Brigitte Sabouraud, très appréciée de Marc Chevalier, d'André Schlesser, dit Dadet. Dadet lui en écrit une belle, « Souvenance », ballade romantique qui lui va comme un gant, elle aime évoquer chimères, serment d'amour, entre bouquet de lilas et d'immortelles. Brigitte Sabouraud lui passe aussi des textes.

Une bonne nouvelle lui fait voir la vie en rose. À l'hiver 56, elle monte sur scène, au théâtre, à l'affiche de *Hi-Fi* avec Francis Lemarque, Pierre Dac et Raymond Devos qu'elle retrouvera souvent à L'Écluse.

Un coup dur la fracasse. Jacques Brel lui a obtenu une audition face au tout-puissant Jacques Canetti, patron des Trois Baudets, directeur chez Philips, mais Canetti la repousse d'un soupir, totalement hermétique à son talent. Il la juge sinistre, limite ringarde.

En 57, un cabaret minuscule, Chez Moineau, rue Guénégaud, l'embauche pour la saison entière, assurant gîte et couvert avec son contrat. Drôle de vieux couple que les Moineau, sonore de disputes. La nuit, Monsieur Moineau toque à la porte de sa chambre… pour taper une belote. Un soir que Maurice Chevalier est dans la salle, Barbara se permet de lui demander d'être son parrain de métier. Rieur, Chevalier lui répond avoir déjà du mal à veiller sur lui-même, alors les autres, ma poule ! Perdre à la belote et la pingrerie de la mère Moineau l'exaspèrent. Un peintre fortuné, en partance pour le Mexique, lui propose les clefs de son pied-à-terre chic, rue de Seine, sous les toits. L'aubaine. Elle y fait entrer un piano en location. Bonheur fou. Chaque soir, elle va chanter rue Guénégaud en laissant la veilleuse d'une lampe allumée. Comme tous les êtres traumatisés, en plus de redouter l'endormissement, Barbara n'aime pas retrouver son appartement plongé dans les ténèbres. Dans le noir flottent les démons de l'inconscient. Pendant son absence, un court-circuit enflamme l'abat-jour d'osier. La moitié de l'appartement part en cendres, épargnant miraculeusement le piano. Réfugiée à l'Hôtel de Seine, juste en face, la fautive tremble à l'idée du retour du propriétaire. Celui-ci se contentera de hausser les épaules, navré, sans même demander la cause de l'incendie. Barbara n'en revient pas de tant de détachement, de bonté.

À la fin de la saison chez les Moineau, elle retourne à L'Écluse, petit navire amiral. À chacun de ses engagements, son nom progresse dans le tour de chant et sur l'ardoise du programme à l'entrée où l'artiste vedette passe juste avant minuit, pour huit à dix chansons. Cran à cran, doucement, sans bruit, Barbara se rapproche des douze coups prestigieux.

L'impétueuse timide s'épanouit dans cette compagnie tendre, exigeante, obsédée de poésie. Les mousquetaires de L'Écluse commencent à lui trouver un réel talent. Sa place n'est plus discutée. Son chant suscite une écoute où plane la grâce. Des habitués reviennent pour elle. Barbara ne reste pas longtemps seule, la nuit est mieux à deux. Tout en campant sur scène des amoureuses malheureuses d'avoir dans la peau Johnny-fais-moi-mal ou le Grand Frisé, elle se choisit à la ville un bon garçon loyal. Jean Poissonnier ressemble à un personnage des romans de Paul Nizan, gueule d'enfant à grosses lunettes rondes, un air d'innocence prête à tout risquer. On le surnomme Toto. Le jeune homme court le ciel des cabarets, avide de création, et voit en Barbara son étoile. De ce premier admirateur, elle fait son fiancé. Jean Poissonnier, alias Toto, étudiant en droit, passionné de photo, auteur en herbe, reprend le fardeau qu'a laissé choir Claude Sluys, alias Bébé. Lui aussi ne va plus cesser d'œuvrer pour la Barbara & Co.

Et le temps file, partout pareil.

Barbara passe à l'acte en écrivant secrètement ses premiers textes, chansons de baptême. Un couple d'amants magnifiques entrevus dans la rue lui inspire « Chapeau bas », hymne à la Vie, hommage à l'Amour. Et elle écrit « J'ai troqué », chant de putain – qui s'en étonnerait ? Tout y est. Le paquet qu'elle se traîne, la collision du sexe avec l'enfance, ce qu'elle a appris, enduré, adoré, ce qu'elle s'est pris dans la gueule aussi, en mélodie crantée au demi-soupir, chantée à la perfection. Avec cette fluidité, cette métrique digne d'une montre de précision à force de travail. « J'ai troqué » est sa façon d'envoyer paître définitivement les Tante Jeanne, les Sluys, les mentors et la norme… Une môme en socquettes blanches (Objet Bouleversant du surréalisme belge) enfile les bas de soie de la fille de joie pour choisir la rue, *sa grande famille*, riche du besoin d'amour universel que hurlera bientôt Brel. Fini *les vieux domaines où les rêves agonisaient*, elle balance sa première-née, droite au piano, mutine, sans excès d'effets, comme le lui ont conseillé Ethery et Claude. L'animal sans collier s'invente un pedigree de châtelaine quittant son manoir pour le trottoir. Le rythme baguette bien, sans chercher la *high note*, elle accepte le grain mezzo-soprano d'un timbre singulier – le sien. D'admirables paroles ciselées à la Paul Nougé. Sous ses piquants brille le marron d'Inde, talisman d'enfance, poli par sa voix apaisante. Sans renoncer à la provoc, clin d'œil à Monsieur Victor, à Prudence, ses amis des lupanars. Tout y est, mixé. Messieurs-dames, ne vous déplaise, moi je préfère le pavé populo et d'ailleurs je vous emmerde, avec le phrasé distingué des paradoxes sur un air à trois temps qui entête.

Bambi est devenue biche.

*

Je commence à comprendre pourquoi je l'aime. Je passe mes nuits le nez dans des textes à la retrouver ou à explorer des blogs, des sites, cavernes d'anonymes éperdument admirateurs qui y entassent leur trésor, traces, photos, images, des commentaires démentiels : « Ses chansons étaient déjà dans mon sang », « Elle m'a sauvé », « Tu es toujours là, ma Pilgrim ». La page Facebook de François Laffeychine, collectionneur passionné, annonce tous les événements liés à la commémoration des vingt ans de sa mort, illustrée d'iconographies inédites. Sur un site est indiqué : « Voyez ce blog », avec un lien renvoyant à un compte YouTube tenu par radelozen. Je clique, je sens que je vais prendre une claque. Des documents audio, rares. Une trentaine de vidéos, référencées par des chiffres, des codes afin de ne pas attirer par son nom et ses titres le censeur qui les bloque pour raisons commerciales de droits d'auteur. Ces partages s'opèrent pourtant mieux dans la gratuité, en clandestinité presque, à la faveur d'un moment, d'une insomnie à surfer sur la Toile. Tous les posts de radelozen, sans commentaires, datent de 2006 à 2007, ensuite plus rien. Radelozen a passé un temps fou à mettre ce florilège en ligne – pour quoi, pour qui, quel chagrin ? – avant de passer à autre chose. Une vidéo, neuf minutes cinquante-quatre secondes, sans provenance, titrée VTS 02 1 CUT, que je n'ai jamais vue, même après avoir retourné toutes les archives de l'INA. Visionnée seulement six cent cinquante fois. Plus moi : six cent cinquante et une.

Vieille image de L'Écluse. J'ai connu L'Écluse à vingt-cinq ans, ma meilleure amie habitait juste au-dessus, en fond de cour, sa fenêtre ne donnait pas sur la Seine. Aujourd'hui, la carte des vins est renommée mais les artistes n'y sont plus.

Sur la vidéo, l'argentique d'un film en extérieur dans les années 50. Les lampadaires trouent l'obscurité du quai sans éclairer Paris. Sphères blanches, bitume scintillant de pluie. Sur l'ardoise de L'Écluse, avec ses rideaux vichy, est inscrit à la craie en lettres capitales le nom des deux vedettes du soir : BARBARA/MAURICE

BAQUET. En minuscules, celui d'un monsieur Bob Gouge, tombé au champ d'honneur du music-hall sans laisser de souvenir. Tout en bas, le nom de Liliane Benelli, la fiancée de Serge Lama, pianiste de Barbara, dont la mort accidentelle lui inspirera « Une Petite Cantate ». En voix off défile une de ses premières chansons :

J'ai troqué mes chaussettes blanches...
Et mon sarrau du dimanche
Contre de la moire...
Et ce besoin de tendresse
Que je trimballais
L'ai changé pour des caresses...

Surgissant de la nuit, des amateurs tirent la porte. Ce couple d'amoureux enlacés pourrait être mon père avec ma mère. Un musicien en canadienne s'engouffre d'un pas pressé, sa guitare à la main, dans un étui de gros grain.

Soudain, sans le son, au fond de l'étroite salle comble, la tête de Barbara oscille en cadence dans un rond de lumière, l'air d'un page. La clientèle se partage les banquettes, les derniers arrivés debout. Hommes en col blanc, femmes en chignon. Sur l'estrade, trois mètres cinquante sur un mètre vingt, Barbara porte le même costume qu'à Pantin trente ans plus tard. Lampes de pêche, scaphandres électrifiés servent de veilleuses. Avant d'être magasin de musique, bouquiniste, cabaret, L'Écluse aurait été ouverte par un homme-grenouille qui plongeait récupérer les cadavres au fond de la Seine. À force de boire, il a coulé son bistrot.

Les spectateurs applaudissent sobrement, on n'est pas à Medrano ni à Bobino. Aucun tintement de verres, ni brouhaha, ce silence quand elle chante, je l'ai découvert en 1981 à Pantin sous un immense chapiteau. Elle demande *Dis, quand reviendras-tu ?*, en gros plan, l'accroche-cœur indiscret sur sa tempe, fardée comme à Mogador, Violettes impériales, poudre de riz Granny. Au coin de ses paupières, le khôl lui donne un regard faune.

Sur le Scopitone, ses mains courent le clavier. Pas si longues, aux phalanges épaisses. Elle en avait honte et se rongeait les ongles. Je cherche au fond du cadre son petit doigt crochu par la maladie d'enfance. Le gauche, au premier plan, porte un anneau, la petite alliance de Claude Sluys ?

Ne se rattrape…
Ne se rattrape…
Ne seeee rattrape plus.

Le triplement du verbe final, le trébuchement, me font toujours l'effet d'un souffle au cœur.

Sur la flûte d'« Une petite cantate », Barbara avance dans la cour d'un vieil atelier, face caméra. Paris secret, derrière les portes cochères. Dans un intérieur tout blanc, un jeune photographe des années 60 se met à la shooter, elle qui n'aime pas les séances photo s'y adonne avec équivoque, épaulée au mur blanc. Son boa en duvet de cygne frissonne. En vamp, elle se roule carrément par terre sous l'objectif. Le photographe ressemble à Roger Vadim, c'est Just Jaeckin à ses débuts, l'air gamin, play-boy charmant qui deviendra le réalisateur d'*Emmanuelle*. Dans quelques années, ses photos de Barbara sereine à la quarantaine seront considérées comme les plus beaux portraits de la chanteuse, elles illustrent la couverture des biographies de Valérie Lehoux et David Lelait-Helo[1], du hors-série de *Télérama* de 2007.

Barbara chante sa « Cantate », immobile à son piano, sauf les lèvres, les cils. Sous sa mèche aile de corbeau, le cerne est plus accusé. Ça ne plaisante plus, les kikis, les cocos ; la Cantate vers Dieu le Père pour Liliane, *si mi la ré sol do fa*. Elle n'est plus à L'Écluse, sûrement à Bobino, vaste scène partagée avec l'accordéoniste et le contrebassiste – instrument découvert à L'Écluse d'entendre chaque soir Maurice Baquet faire le pitre en doigtant les cordes – *pom, pom…*

L'intro de « Göttingen » après la « Cantate » – *pom, pom*. Elle était toquée de contrebasse, d'accordéon aussi.

Séquence chez un costumier, à essayer capelines, sombreros et mantilles dans un bougé d'oiseau.

Séquence balade sur les quais de Seine, rive gauche, en jupe longue et manteau d'astrakan noir sous un soleil radieux. On dirait Belphégor en vacances. Le Théâtre du Châtelet se devine à l'horizon, surexposé par l'aveuglante belle journée. À la pointe de l'île de la Cité, les deux ormes se prenaient déjà pour des saules. Elle marche comme à Pantin en 81, habillée comme au Châtelet en 93, ombre chinoise sur fond d'été, comme au Cheval Blanc d'Ixelles derrière le drap avec Ethery.

Fin des neuf minutes cinquante-quatre secondes. Un chagrin qui n'est pas du chagrin fait monter les larmes. En même temps, tu souris.

C'est fini, ça recommence.

---

1. Valérie Lehoux, *Barbara, portrait en clair-obscur*, *op. cit.* ; David Lelait-Helo, *Barbara*, Payot, 2007.

IX

Les garçons dans leurs rêves
Les filles dans leurs frissons...
Jacques Brel, « Les Bergers »

Barbara n'eut qu'un maître : Jacques Brel. Brel aurait pu dire « Va me chercher une cartouche de Gitanes » qu'elle aurait couru au bureau de tabac[1]. Entre la Chanteuse de Minuit et le Grand Jacques est né d'emblée un de ces liens indéfectibles par essence mystérieux. Juliette Gréco en parle bien dans le salon blanc de sa maison de l'Oise, nonagénaire gourmande, assise à côté de son musicien de mari, Gérard Jouannest. Au bout de trois quarts de siècle d'intense spectacle, l'autre Dame brune déclare : « Brel et Barbara, c'est difficile à dire. Je crois qu'on n'y a pas eu droit. Ils ne nous ont pas laissé le droit d'en parler. Je pense qu'ils ont gardé cela

1. Brel pouvait fumer jusqu'à cinq paquets par jour. Dans son film *Franz*, en 1971, il a demandé bien pire à Barbara dans le rôle de Léonie, la lâchant sur un vélo qui la terrorisait ou entrant avec elle dans les vagues de la mer du Nord à bord d'un char à voile.

pour eux... Dans la boîte à bijoux fermée à clef. Et c'est bien[1]... »

Claude Lelouch, qui a dirigé Jacques Brel au cinéma, dresse un constat semblable : « Ces deux-là étaient vraiment faits pour se rencontrer. Même rigueur, même folie, même trac. Ça ferait un film formidable, Barbara et Brel... Encore faudrait-il connaître la vérité[2]... »

La vérité sur une amitié qui remonte si loin que nul ne l'a vue naître. Une des filles du chanteur, France Brel, récuse d'ailleurs entre eux le mot d'amitié sans en trouver vraiment d'autre. Elle parle de « complicité » – trop faible.

Disons une passion à vie et au-delà.

Lors de leur première rencontre en Belgique, restée inexpliquée, Barbara chevauchait son Cheval Blanc à Ixelles quand Brel effeuillait La Rose Noire sur la Grand-Place, à la fois déjà proches et séparés. Elle va ramer longtemps, Brel également, mais Jacques Canetti, agent surpuissant, n'aura de cesse, contre les réserves de son entourage, d'imposer ce type au talent éclatant, jusqu'à le programmer six fois d'affilée aux Trois Baudets. Brel fut un Don Quichotte triomphant, figure assez rare de la culture. Devant lui, tout le monde se leva plus vite que pour Barbara.

Nous sommes donc à L'Écluse où soir après soir, elle gagne une audience, unique sociétaire du petit théâtre bondé, entre la Casserole et le filet de pêche. Depuis son

1. Extrait du remarquable documentaire de Jacques Lévy *Tu sauras qui je suis. Brel, Barbara et* Franz, 2011.

2. *Ibid.*

podium, la chatte berce et griffe un parterre d'habitués, à l'heure où le grand public dort. Malgré cette confidentialité se trouve toujours un professionnel prêt à s'engager pour son talent, empêcher le doute de devenir toxique. En 57, c'est Pierre Hiegel, excellent directeur artistique chez Pathé-Marconi qui la remarque et envisage un disque. Pas loin de la trentaine, Barbara pourrait s'aligner sur la discrétion de Cora Vaucaire ou d'Anne Sylvestre, ne pas chercher la vague, la bagarre. Ce serait mal la connaître. Trop ambitieuse pour ronronner dans le spleen douillet devant soixante-dix intellos, elle aimerait connaître le frisson d'une vaste salle. Sur le quai, quand elle déboule de la loge, trébuchant contre le pied du tabouret, elle entend parfois murmurer « Oh, qu'elle est laide ! » Être myope ne rend pas sourd. En chantant « Souvenance », elle peut ouïr un type à la table près du piano déglutir sa bière. Cette promiscuité devient sa geôle.

Brel réapparaît à ce moment-là. Avant, on l'a perdu de vue. Après, on ne le verra pas sur les mille clichés des premières où Barbara claque la bise à tout Paris. Il n'existe que de rares photographies d'eux au détour d'un couloir de théâtre, toujours seuls, elle en velours noir, lui dans sa gabardine, comme en coup de vent. Leur lien se noue ailleurs que dans les coulisses du music-hall, mais où ?

Jean-Jacques Debout, jeune espoir de L'Écluse, livre un indice : « … Devant une soupe à l'oignon. »

Brel continue de progresser de son côté, à L'Échelle de Jacob notamment. Cabaret sur deux niveaux : quand la salle du bas est bondée, les arrivants grimpent par l'échelle en mezzanine où un jeu de glaces permet de suivre les artistes. Léo Ferré et Catherine Sauvage, Guy Béart, Charles Aznavour s'y sont lancés. Une nouvelle génération piaffe déjà, prête à amorcer l'explosion des années 60 – Pierre Perret, Hugues Aufray ou Boby Lapointe. Dix minutes à pied séparent L'Échelle de Jacob de L'Écluse par la rue Saint-André-des-Arts.

Tête dans le col, Brel passe chercher Barbara sur le coup d'1 heure du mat.

— T'as ton sac, la grande ?

— Oui, mais je cherche mes lunettes ! Où ont-elles fichu le camp, lunettes ! Lunettes !

Tous les deux se fondent à la nuit, aimant marcher. De Jacques, Barbara chante à présent « Litanies pour un retour », petit opus que son auteur n'aime pas vraiment, un truc de bonne femme où l'amour possessif défile en métaphores : *Mon ciel, mon feu, ma flamme/Mon corps, ma chair, mon bien... Et voilà que tu reviens*. Barbara s'éclate avec ça, le thème de l'attente est sa marotte, son marronnier.

— Hein, la grande !

Brel et Barbara arpentent Paris sous la lune. Lui aime la boxe, l'aviation, la vitesse... Elle ne sait pas conduire et n'a jamais quitté le plancher des vaches. Voir deux gars se cogner pendant douze rounds lui paraît « insensé, enfin ! ». Il aime se faire peur, elle n'en voit pas l'utilité, ayant eu assez de frayeurs comme ça. Brel est l'archétype du bonhomme, cogneur, tête brûlée, miné de lucidité. Barbara, une caricature de la féminité : toupie évaporée, poudrier, houppette et battements de cils... En se fréquentant, lui explore le continent noir, elle, l'horizon mâle. Grosso modo, pour Brel, être homme signifie avoir des couilles, être femme n'en avoir pas –

il le dit à peine mieux, d'une hyper-misogynie assumée. Sa définition du sexe fort et du sexe faible tient en une parabole : « En voyant la tour de Pise pour la première fois, je suis persuadé que les hommes se disent c'est beau et les femmes… qu'elle va tomber. » Craindre la tuile, s'inquiéter, gémir, c'est plus fort qu'elles. Le long du quai de l'Académie française, Barbara, rajustant ses lunettes sur son nez en suçant un bout de Zan, écoute Brel déblatérer ses théories.

— Sinon, t'es en forme, la grande ? Viens, on va chez Paulo.

Paulo mitonne les meilleures soupes à l'oignon des Halles. Et Brel adore bouffer. Tout ce qui est gratiné, il l'engloutit.

— Tu viens !

— J'arrive, j'arrive.

Barbara dit j'arrive mais ne vient pas. Elle cherche ses gants, ayant toujours froid quelque part, comme les bonnes femmes.

Leurs pas résonnent dans la capitale déserte où ils se sentent un peu étrangers, partageant le souvenir de leurs débuts bruxellois. En traversant la Seine, bien après minuit, on se dit des choses qu'on ne dirait pas ailleurs, à une autre heure. « Dans la vie sociale, chacun doute tellement de soi sous le regard des autres[1]. »

Tous les deux sont sortis des années 50 en rupture de ban. Lui, fils d'industriel flamand dans la cartonnerie, monde médiocre dont il chante pis que pendre. Barbara, idem, a tourné le dos à sa condition, sans la brutalité de Jacques. Normal, un homme s'affirme par ses ruptures

1. Dans le « Radioscopie » de Brel avec Jacques Chancel.

quand une femme essaie toujours de recoller les pots cassés, t'es pas d'accord, la grande ?

La grande est comme Marlene découvrant Gabin : il est parfois borné celui-là, mais jamais con. Au fond, ce sont deux blessés de guerre, la mondiale, comme beaucoup d'autres, et celle que certains doivent livrer à leur hantise, leur fantôme. Deux Dormeurs du val couverts de plaies, mais debout.

« Pourquoi n'avez-vous pas été comme tout le monde ? » demanda un jour la remarquable journaliste Dominique Arban à Jacques Brel[1]. Lui qui avait réponse à tout, souvent fulgurant, eut soudain du mal à trouver ses mots.

Avec un an d'écart, Brel et Barbara étaient âgés d'une dizaine d'années lorsqu'Hitler envahit la Pologne. Jacques résidait dans un immeuble cossu moderne style de Bruxelles. Barbara dans une modeste pension du Vésinet.

Elle est juive. Brel flaire cette horreur, médusé que cette poupée ait traversé l'enfer du siècle pendant qu'il mangeait le waterzoï, plat national du dimanche.

Dans la rupture avec leur milieu, par contre, ils se rejoignent. Chacun exprimera par une chanson éponyme son enfance incurable, désignée d'un mot fétiche. Brel : Far West – terme de garçon. Barbara : Perlimpinpin – terme unisexe.

En traversant le pont des Arts, ils en parlent. Jacques conserve de ce temps-là le souvenir que « Tous les adultes sont des Indiens », sous-entendu des méchants.

1. Entretien de Jacques Brel avec Dominique Arban sur France Culture en juillet 1967.

Pour Barbara, Perlimpinpin n'a rien à voir avec l'affrontement. De son enfance sanctifiée, avant la nuit noire de Tarbes, elle ne garde qu'émerveillement ; sa main serrée sur quelques centimes donnés par Maman pour acheter chez la marchande de bonbons des roudoudous ou ces sachets de poudre acidulée qu'elle finissait en léchant le creux de sa paume.

— Tu t'en souviens, la poudre de Perlimpinpin, t'as jamais eu ça, toi ?

Barbara se lèche la main. Sur le pont des Arts, soudain, elle s'arrête, détourne la tête, ses beaux yeux sombres au bord des larmes. Brel fronce les sourcils. Avec les femmes, impossible d'aller bien loin sans qu'elles se foutent à chialer.

— Excuse-moi ma grande, viens, on va chez Paulo.

— Oh pas grave, c'est moi qui suis cruche…

Le rimmel brûle ses yeux. Où est son mouchoir ? Elle fouille son sac comme si elle cherchait sa vie. Brel la fixe.

— Pourquoi tu pleures ?

— Parce que… J'en sais rien.

— Si, tu sais. Mais on peut parler des bateaux-mouches, si tu préfères.

Qu'il est con. Avec lui, pourtant, tout ce qui est très compliqué, très douloureux, le devient moins. Les gens que tu aimes ont ce don. Jacques déteste la danse macabre des non-dits. Barbara est fascinée par sa franchise aux grandes dents. D'habitude il se livre peu aux femmes, méfiant et pudique. Celle-ci est différente. En marchant vers les Halles, ils se confient davantage que d'ordinaire, avec d'autres, même proches. Le long du

Louvre, l'esplanade, la colonnade, l'église Saint-Germain-l'Auxerrois sont belles à s'oublier.

— L'étoile jaune, tu l'as portée ?

— Ah non alors !

Ils en viennent à se raconter comment a pu arriver qu'ils soient à ce point différents des autres. Pas héritiers, pas affiliés, si seuls. Se parler vraiment a pris du temps, plusieurs nuits à marcher avant de s'attabler devant une soupe à l'oignon gratinée. Brel ne peut pas discuter peinture ou littérature, Barbara n'y connaît rien. Ils se parlent, se quittent à pas d'heure. Elle est déjà insomniaque, lui aime se sentir crevé. L'épuisement est même l'état dans lequel Jacques se sent le mieux.

— Ah bon… Pourquoi ?

— Pour écrire.

Elle baisse le nez dans sa soupe. La poésie appartient à Claude Sluys, Paul Nougé, Mac Orlan, pas à elle qui n'écrit jamais une lettre et ne retient rien d'un livre, gribouillant de temps en temps, difficilement, un « zinzin », dont elle n'ose s'avouer l'auteure. Brel écrit depuis ses quinze ans, depuis Jules Verne et Jack London.

— Arrête d'avoir peur, la peur c'est de la mauvaise graisse. Écris ! Écrire ce qu'on rate, ça soulage. Et puis ça peut être beau[1].

Ces promenades nocturnes se renouvellent jusqu'au rituel, un peu comme une cure freudienne à laquelle ni l'un ni l'autre n'auront recours malgré leurs souffrances.

---

1. Pour Brel, la peur constituait le fléau du genre humain, juste avant la bêtise, « petite sœur de la peur ». « Écrire ce qu'on rate » était son axiome.

En analystes mutuels, jumeaux si différents d'apparence, ils se retrouvent pour se dire.

Comme Nougé, Brel – qui admire le surréalisme belge – est un radical, théoricien iconoclaste de tout, face à Barbara inculte. Mais leurs chemins parallèles convergent vers la gloire, dont Jacques se méfie déjà. Dans dix ans, tous deux seront grande dame et grand monsieur de leur art, si c'en est un – ce qu'ils récusent. Avec qui un monstre sacré peut-il parler librement sinon un autre ? D'instinct, ils se reconnaissent et se choisissent. Leur discussion va durer des années.

Quand Jean-Jacques Debout participera à la première tournée de Barbara au Canada en 1970, il raconte qu'elle écourtait encore un dîner « parce que Jacques allait l'appeler ». Des heures à s'échanger ce qu'ils éprouvaient, s'entretenir de leurs projets, leur création, en confraternité. Lorsque la Chanteuse de Minuit connaîtra enfin le succès, que le Grand Jacques sera réclamé partout, leur promenade continuera d'un point à l'autre du globe, sur le fil du téléphone.

Bien des choses que va vivre Brel, Barbara y sera confrontée juste après lui – le brusque dégoût de se produire en public, par exemple. Il a la main, elle l'écoute, soumise mais autonome avec une oreille, une délicatesse qu'il n'a pas. Brel est une tête ; Barbara, une âme. Chacun maître sur son navire ne cessera plus d'adresser à l'autre des signaux.

Une paire est-elle fatalement un couple ? En sortant de chez Paulo, sont-ils allés à l'hôtel ? Sans doute non. Une autre camisole de flammes les unit : la certitude d'être deux laiderons. De cette peine aussi, elle et lui se reposent, sûrement platoniques, abandonnés, tendres causeurs passionnés. En êtres désirants, s'ils ont tenté l'affaire, cela n'a pas dû être concluant. S'ils étaient devenus amants, ça se serait vu, su. Le désir ne se dissimule pas. Entre Brel et Barbara, il s'agit d'un peu moins et d'un peu plus qu'une histoire d'amour. Comme Montaigne et La Boétie.

« Barbara, c'est mon frère », dira Brel à Canetti.

À l'aube, elle retrouve Jean Poissonnier dans leur studio, rue de la Huchette.

— T'étais où ?

— Avec Jacques.

Toto n'est pas jaloux de Brel, laid, comme déjà très vieux. Jean, qui est beau, lui ouvre ses bras dans la chaleur du lit.

— Vous avez parlé de quoi ?

— Oh… tout et rien.

Les contrats ne courent pas les rues en dehors de L'Écluse.

— Je t'emmène. Faut que tu te requinques. Y en a marre du bitume.

— M'emmener où ?

Jean ne répond pas, se contentant de son sourire qui donne envie de pleurer. Jean l'aime, alors il va faire d'elle une châtelaine, le temps d'un long, très long été.

Le bel été 57.

X

Stay with me tonight, dont'go.
Anna Magnani dans *La Rose Tatouée*,
Oscar de la meilleure actrice 1956

Depuis Préaux et la plaine sous la mitraille des Stukas allemands, le cours du temps ne l'a jamais ramenée vers les forêts du Berry. Ses lèvres ont dû se pincer en découvrant qu'à l'été 57 Jean l'entraîne aux environs de Châteauroux, théâtre de ses premières frayeurs d'enfant dans la guerre. Mais Barbara ne pipe pas.

La bonne famille de son fiancé possède une maison dans cette région, Jean y connaît un couple accueillant sur un beau domaine, château néo-Renaissance à l'orée des bois, bâti par monsieur Huart du Boisrenault. Toiture de conte de fées, parquets craquants, piano à chandeliers, cheminées chantantes. Au début, l'invitée se montre réservée. Yves et Sylvie du Boisrenault, les châtelains, la voient aller et venir, le piano résonne sans déranger personne, assourdi par les volumes de leur demeure. Le jeune couple se rend utile ; Barbara adore les enfants, égaie les soirées… Jean débite du bois, surveille les silos, garde la propriété lorsque les propriétaires s'absentent.

Toto avait raison, un poids quitte sa poitrine. Il observe assez sa fiancée pour avoir compris que tant d'années à se chercher l'ont rendue fragile, au bord d'un vague à l'âme qui peut tourner mal. Quand ses yeux en amande s'étrécissent, que ses gestes, son débit deviennent saccadés, elle boit trop et boulotte en douce des cachets. Ces vacances devraient lui permettre d'achever sa mue, d'éprouver enfin une sécurité – puisqu'ils s'aiment. Flattée par le cadre aristocratique, Barbara se plaît, dort comme un loir, mange comme quatre, raffole de viande rouge, pâtisse, compose, écrit.

Le temps s'arrête, la nature te cueille. Souris des villes devient rat des champs. La voyant sans grand-chose à se mettre sur le dos, Sylvie du Boisrenault la laisse piquer dans sa garde-robe. Elle témoignera d'une jeune femme aussi intelligente que sensible, attachante, pleine d'humour qui ne parle jamais d'elle. Les semaines passent, heureuses au point de se retrouver à table comme en famille.

La chanteuse manque sa rentrée à L'Écluse.

Jean et Barbara ne regagnent pas Paris parce qu'ils sont fatigués de se battre. Barbara se reconnecte à son enfance, doucement, au soleil, retrouve les rêveries d'une promeneuse solitaire, le monstre en moins. Parfois une question la traverse : où est-il, son père ? Puis elle n'y pense plus. À chaque repas, elle se ressert en viande saignante, une vraie ogresse.

Sa halte chez les Boisrenault a beaucoup compté, c'est de ce couple dont Barbara parlera, dans quinze ans, à l'accordeur berrichon du théâtre de Châteauroux dans le documentaire de Gérard Vergez.

L'odeur des foins succède aux moissons avant les noix fraîches de septembre. Barbara et Jean ne rentrent toujours pas. Festins d'entrecôtes, cueillettes, longues marches, font mincir. Elle ne picole plus. Jean se consacre à ses photos, ses poèmes. De Boisrenault émane une légèreté qu'elle ne connaîtra plus ensuite, avant longtemps.

Vers Linières s'étend un bois de grands arbres qui lui rappellent le gros noyer de Saint-Marcellin à la fin de la guerre. Les derniers soirs d'un été indien passent à jouer en plein air. Quand Jean l'attrape, il la serre fort.

— Toto, tu m'aimes vraiment ?… Sûr ?

On évoque L'Écluse. Les Boisrenault paient la confection par une couturière du bourg d'un costume de scène, noir, un elfe, maintenant qu'elle a minci.

Lorsque son passé commencera à nourrir ses chansons, le bois de Linières prendra le nom de ce qu'y furent Barbara et Jean : Saint-Amand. Dans ces forêts, Barbara a vécu une sorte de réconciliation, mais la tranquillité, la demeure et la famille, la répétition de bons moments ne sont pas son destin. La tarte aux framboises et le gigot, ça va. L'heure du retour sonne. Au fond de sa conscience, Barbara enfouit le vert, calme des arbres, son pacte avec la nature. Un jour, la citadine interlope retrouvera un jardin pour y jeter l'ancre.

On s'embrasse, on s'oubliera sans s'oublier jamais.

Sur le livre d'or du château du Boisrenault, qui accueille aujourd'hui des hôtes, l'historique précise que Barbara et Jean Poissonnier sont restés six mois ! Arrivés en juin, ils repartent donc en novembre, mois fétiche de Barbara. À juste titre. Paris les accueille la fleur aux dents. L'Écluse la rembauche sur-le-champ, attendue et désirée. Après les fêtes, en février 58, elle devient *la* vedette de 23 h 40, en majuscules sur l'ardoise. La presse en parle un peu. Henri Magnan dans *Combat* la baptise « Chanteuse de Minuit », surnom qui va rester. Première caricature de Nejac, dans *Le Canard enchaîné*, qui enchante Barbara, plus flattée par le trait de crayon que par l'objectif. En avril 58, enfin, Pierre Hiegel a décidé le patron de La Voix de son maître/Pathé-Marconi à sortir son premier disque : « La Chanteuse de Minuit », 45-tours, quatre titres.

Face A : « L'Homme en habit », de Dominico Modugno – une splendeur, féérique déambulation funeste – et « J'ai troqué », sa chanson de baptême et de catin, assez scandaleuse, qu'elle déclare à la Sacem sous le pseudonyme de Rawson.

Face B : « La Joconde » de Paul Braffort et « J'ai tué l'amour », qu'elle assume sous son nom.

Aucune promo.

Aucun écho.

Dans la capitale toujours effervescente, Postif, le fameux disquaire jazzman, leur a laissé « une crèche » dans son immeuble à Saint-Michel. Ceux qui peuvent paient, sinon nous verrons plus tard. Au premier étage, son vaste studio réunit chaque week-end des bœufs « hilaro-tonitruants ». À L'Écluse, Barbara touche 30 francs par soir, l'équivalent de deux trois consommations, maigre solde mais place de roi : de plus en plus coté, le cabaret attire une foule invraisemblable de talentueux saltimbanques, qu'elle consigne dans son autobiographie avec une précision d'archiviste. Météores, tombés du train ou monstres sacrés, sans distinction. De Pauline Julien, Québécoise féministe, à Giani Esposito qui chante « Le Clown »… Bip – le mime Marceau… Un régiment d'humoristes : Jacques Fabri, Jacques Dufilho, Monique Tarbès, Henri Garcin, Romain Bouteille, Bernard Haller, Les Frères ennemis, Pierre Richard et Victor Lanoux… Pia Colombo, son amie, qui chante « Le Che », compagne de l'auteur-compositeur Maurice Fanon, mobilisé en Algérie d'où il dénoncera bientôt la torture. Colette Magny, pour sa sublime interprétation des « Tuileries » de Victor Hugo (et l'inoubliable « Melocoton » en 63). Francesca Solleville l'activiste, Christine Sèvres, grand amour de Jean Ferrat, le Canadien Raymond Lévesque, mort d'alcool après avoir écrit « Quand les hommes vivront d'amour », ou encore Agnès Capri, au Théâtre de la Gaîté-Montparnasse, qui avec Marianne Oswald a marqué de son empreinte toute la rive gauche, avant d'être complètement oubliée, etc. etc.

Une liste longue de six années d'Écluse.

« Tous les soirs, la chair de poule », elle dit.

Ce chœur de gauche vomit la rive droite, jugée bourge. Si elle veut les citer en 97, malgré sa mémoire défaillante, c'est par fierté d'avoir été de cette rive gauche, belle de nuit de la culture française, et parce que tracer un nom répare l'oubli.

Avec Toto, ils sont de mille et une nuits blanches, à s'ébattre, débattre, se battre, de bœufs en coups de gueule, de bouffes en gueules de bois. Ils sont studieux aussi, bûcheurs. De chez les Boisrenault Jean a rapporté un texte qu'ils travailleront longtemps. Sur les monuments aux morts des campagnes de France, la Seconde Guerre a ajouté à ceux de 14-18 tant de patronymes, encore frais sur les stèles. Le jeune littéraire – qui lui aussi mourra brutalement – s'est inspiré de cette saignée pour déposer aux pieds de sa fiancé un poème : « Le Verger en Lorraine ».

Tout le sang qu'ont versé les hommes dans la plaine
Tous ceux qui ont crié que leur mort était vaine
Tous ceux qui ont pleuré le front dans la verveine
Tous ces désarçonnés qui n'eurent le temps même
De dire émerveillés ce sont tes yeux que j'aime...

Les mots de Jean et les notes de Barbara sont une nouvelle pierre blanche. Les amants sentent que s'aimer venge la vie, les bonheurs qui n'ont pas pu. Elle avance sur son chemin de sainte Rita, à chanter comme les bonnes sœurs accompagnent au Ciel les âmes perdues. Au fond de L'Écluse, nez à nez avec le scaphandre posé sur la Casserole, elle s'attelle à l'autre figure majeure de son œuvre : mourir.

« On ne peut pas faire cui-cui toute sa vie », elle dit.

S'exprimer artistiquement oblige à lutter contre le trou, le néant. Si Jean a ramené de province l'ombre des Gueules cassées, *tous les trépassés des causes incertaines*, il est troublant de constater l'absence du martyr juif dans son énumération. À la fin des années 50, l'Holocauste n'est encore dans aucun esprit sinon ceux qui se taisent d'en être revenus. Mais il est probable que l'extermination des Juifs d'Europe soit moins étrangère à l'inconscient de Barbara qu'elle ne le semble en apparence.

À quoi bon le nier, la mort l'inspire. Drôle de genre. « Le Verger en Lorraine » est le premier Styx où glisse sa barque de sphinge. Barbara peinera beaucoup sur cette chanson, Jean la raturera à l'infini, elle jugera ses rimes, lui ses accords. Tous les deux se surpassent pour évoquer autrui plutôt qu'eux-mêmes, jusqu'à parfaire cette élégie qui annonce la grande Barbara. Sur ce fleuve plus solennel lui reste à franchir un écueil : « Je pleure tout le temps », elle dit. Sa bulle, sa myopie, la protège de l'extérieur, du public, pas des forces qu'elle déchaîne. L'arène de L'Écluse lui enseigne à maîtriser le trop d'émotion qui gâche tout, altérant sa voix, ruinant le maquillage. Sa sensibilité extrême explique sa lenteur de tortue à saisir la plume, quitter sa coquille. Ces années-là sont une lutte pour ne pas pleurer en scène comme sanglotent les analysés sur les divans.

Avec deux heures d'avance dans le cagibi-loge commune, passant et repassant du noir sur ses paupières, tassée afin de ne pas gêner les collègues qui entrent et sortent, Barbara attend son tour, aussi apeurée qu'au premier soir, multipliant grigris et rituels pour garder le contrôle (qui avec le succès deviendront des tocs). Raymond Devos l'encourage, oubliant son propre trac de jongleur sémantique à force de rassurer la Chanteuse de Minuit, pourtant vétérante de L'Écluse. Jamais Barbara n'évoque la moindre jalousie dans ce manège où les femmes sont certes rares. Ne trouver que des textes d'homme est une des raisons qui l'ont incitée à s'exprimer. Vers 23 h 40, Dadet l'annonce. Plâtrée, en armure de velours, elle entre…

En octobre 59, second 45-tours chez Pathé-Marconi. Pierre Hiegel ne lâche pas l'affaire. Quatre titres, aucun d'elle. « Les Amis de Monsieur », cocasserie 1900 de Fragson, assez commercial a priori, et « Veuve de guerre », écrit pour elle par le comédien Marcel Cuvelier. Rien d'un brûlot à première vue : une veuve joyeuse, le jour de la mort de son mari sous les drapeaux, prend trois amants, et encore trois autres le lendemain.

Il faut bien qu'on vive
Il faut bien qu'on boive
Il faut bien qu'on aime
Il faut bien qu'on meure.

Mais tous les bonshommes tombent à la guerre.

Mais quand un seul restera
J'épouserai c'lui-là
On s'ra enfin tranquilles
Jusqu'au jour où nos filles
En s'ront aussi au moment
De prendre des amants
Comme leur pauvre maman.

La chansonnette est interdite d'antenne. L'État ne plaisante pas avec la question militaire. Les plaies de 39-45 sont à peine recousues que la France coloniale se teinte de sang. Ça s'envenime en Algérie.

Pas de promo. Peu d'écho. Même faute, même punition : cinquante ventes.

Le patron de chez Pathé-Marconi, monsieur Glotz, la convoque.

— Savez-vous combien vous avez vendu de disques ?
— Non.
— Vous savez combien en vend Tino Rossi ?
— Non, pourquoi ?

Monsieur Glotz l'exhorte à rafraîchir son style, éviter la calembredaine triste ou source d'emmerdes, et à montrer ses jambes puisqu'elles sont jolies ! Pourrait-elle opter pour une tenue de spectacle plus… plus pimpante ?
— Non.
— Bon…

Les pochettes de ses deux 45-tours ne la prédisposent pas au sex-appeal. Sur celle de 58, dodelinant, Barbara paraît s'être brisé la nuque. Sur celle de l'automne 59, yeux clos, bouche tombante, on ne voit que son nez.

Toutefois, d'une année l'autre, son tour de chant à L'Écluse ne désemplit pas, au contraire, nombreux sont les fidèles ponctuels à revenir pour elle entre 11 heures et minuit. D'autant qu'après discussions, les patrons de L'Écluse ont décidé de condamner la porte quand se produit un interprète, les retardataires doivent patienter avant de se faufiler entre deux morceaux. Malgré quelques indignations à l'entrée, cette petite réforme devient la règle. Barbara y voit une grande victoire. En cette fin des années 50, une frénésie discrète la légitime, entrant sur un bonsoir plus péremptoire, la bouche vermeille d'un beau rouge à lèvres qu'elle peine à se payer, pas tout à fait réfractaire aux conseils du pédégé de sa maison de disques.

Un soir, Léo Noël, un des patrons, « tout excité », vient en loge lui annoncer qu'une admiratrice tient à la rencontrer.

— Denise Glaser, ma petite… *The* Denise Glaser !

Les deux femmes vont griller une cigarette sous le porche voisin, en tête à tête. Avant d'ouvrir la bouche, Denise Glaser observe un artiste de ses doux yeux graves. A priori, une reine des silences devrait bien s'entendre avec une Chanteuse de Minuit. Barbara comprend, tout de suite, Léo, Dadet, les confrères ne s'excitaient pas en vain. Glaser n'est pas vingt lignes dans *Combat*, un crobard dans *Le Canard*… C'est la pythie de la variété, habillée de crêpe moulant avec le sourire d'Aphrodite. Mieux que respectée : aimée. L'animatrice de « Discorama », nouveau programme phare de la télévision, te fait sortir des mots que tu es fier d'avoir prononcés. Avec Glaser, en vingt minutes, tu passes de l'obscurité à la lumière. Ses interviews sont belles.

— Vous viendriez à « Discorama » ?

Barbara rougit sous le fard. La pythie lui tend la main. Elles ne se la lâcheront plus[1].

Rue Vitruve où vit toujours Esther, la fratrie Serf a bien grandi. Régine et Jean se sont mariés, reste Claude, dont les dix-sept ans donnent du fil à retordre à leur mère. Malgré sa liaison avec Toto, un matin, sans doute lasse de partager une studette chez Postif, en quête d'un lieu où s'adonner à l'inspiration, Barbara décide de réemménager dans le XXe, colocataire de sa mère. Madame Serf s'y sent seule, épuisée, toujours

1. Denise Glaser fut écartée de la télévision par le pouvoir giscardien en 1975 pour son gauchisme, puis oubliée, ruinée… Lors de ses obsèques en 1983, les seules personnalités du spectacle à se déplacer jusqu'à Valenciennes furent Catherine Lara, Pierre Bellemare… et Barbara. Aujourd'hui, elle est culte.

représentante en lingerie. Parfois, le téléphone sonne sans personne au bout, ces appels anonymes effraient Esther qui vieillit avec ses fantômes. Trois pièces, la chambre parentale, celle de Claude ; Barbara couche donc au salon. En s'épargnant l'argent d'un loyer, sans doute apprécie-t-elle de dépenser en chaussures, foulards, cols roulés noirs et tubes de rouge, de plus en plus coquette. Mais surtout, rue Vitruve réapparaît un piano, en location-vente, interrompue par la faillite paternelle à la fin des années 40. Elle dort souvent chez Toto pour revenir au matin à son crapaud, un Pleyel, laqué noir, dans ce logement si ordinaire que les livreurs sont montés s'assurer que l'adresse était bien la bonne. Chaque soir, tirant un matelas sous les trois pattes de l'instrument, le piano est son ciel de lit.

Il l'accompagnera toujours, jusqu'à Précy.

Le 21 décembre 59, le téléphone sonne. Barbara est seule rue Vitruve. Ses années d'apprentissage s'achèvent. Son chant atteint la rondeur, la limpidité, le naturel qui s'obtiennent par l'acharnement. Bientôt elle se lèvera prendre la scène. Pour l'instant, elle se lève pour répondre au téléphone.

L'Amour, la Mort, qu'elle chante sans tout à fait les connaître, vont frapper ensemble.

XI

Non madura.
(Je ne changerai jamais)
Devise de la duchesse Anne de Bretagne,
née à Nantes en 1477

On la connaît l'histoire.

Rue Vitruve, le téléphone sonne.

— Allô, qui est à l'appareil ?

Avant décembre 59, sans doute n'a-t-elle jamais dévisagé un mort. À Saint-Marcellin en 44, le résistant du Vercors ne fut pas fusillé sous ses yeux. Depuis l'hôpital Saint-Jacques de Nantes, une voix de femme la presse de venir au chevet de son père accidenté, mourant. Le sésame « Il a demandé à vous voir » est-il véridique ? Non. Jacques Serf est déjà décédé. L'interlocutrice raccroche. Suffoquée, Barbara rappelle l'hôpital. Au bout du fil, le standard recherche le nom, la date d'admission avant de finir par lui passer… la morgue. Son père n'est plus. L'administration préférait ne pas annoncer un décès au téléphone par décence autant que pour obliger les familles à se déplacer.

« Je grimpe dans un train pour Nantes, somnambulique », elle dit.

Quelle force l'anime ? Que subsiste-t-il de Jacques Serf ? Le passé. Un titre inaliénable de père. Elle reste sa fille, chez Barbara, l'espérance, l'humanité l'emportent sur toutes les blessures. Souffrir n'anéantit jamais sa miséricorde. Et la mort n'effraie pas Bambi, qui court vers Barbe-Bleue. Instantanément, la douleur réapparaît au creux de ses reins. Au nom des siens, elle veut savoir où avait disparu Jacques. Dix ans auparavant, les recherches entreprises par Esther sont restées vaines, le chef de famille, génie déchu de son enfance, s'est volatilisé sans donner depuis aucune nouvelle.

À la morgue, Monique reste paralysée devant une porte. Un employé la questionne. Elle s'entend répondre d'une voix méconnaissable, « coupante comme un fil d'acier ». On la conduit chambre C. Sur le seuil, Barbara évoque une petite musique entêtante, comme les enfants attrapent un grigri contre l'effroi.

La religieuse qui entrouvre lui reproche de venir « bien tard ».

« Je ne savais pas », elle dit.

Jacques Serf a gardé conscience jusqu'au bout mais refusé que l'on prévienne quiconque. Une autre religieuse, sœur Jeanne, s'est chargée de l'assister. Dans le lit, son père, son bourreau initiateur, semble sommeiller. Elle se retrouve à la croisée des chemins : l'abus et le dégoût, le lien, la fureur et la désolation, aux bornes du monde d'avant, la mort véritable a rattrapé la mort symbolique. Tout de suite, sa main se pose sur le front cireux – le lien l'emporte. Elle perd connaissance, sans tomber, revient à la réalité en serrant une tasse de café devant sœur Jeanne, qui a reçu de son père en confession un secret. Jacques Serf a-t-il lui aussi été victime d'atteintes durant son enfance, qu'a-t-il avoué ? La sœur, bienveillante, ne trahit rien, emplie de respect envers cette âme. Un ami, monsieur Paul, a également veillé l'agonie. Sœur Jeanne lui donne l'adresse de l'ami ultime. Suivent les formalités d'inhumation face à une petite dame à lunettes qui vend ses cercueils sur catalogue. La bière bon marché est formellement déconseillée.

— Le bois n'est pas très bon, à la moindre occasion, « il » prendra l'eau.

Les obsèques sont prévues le lendemain, de la morgue à la chapelle. Barbara se souvient que son père n'avait aucune religion mais se tait. Elle n'a pas l'argent nécessaire sur elle, en fait pas d'argent du tout. L'hôpital fait crédit en décalant l'enterrement de quarante-huit heures, le temps d'un aller-retour à Paris. Faute de livret de famille, le greffe ne l'autorise pas à retirer une montre, seul objet paternel de valeur.

« Sa montre doit y être encore », elle dit.

Elle se rend chez monsieur Paul en taxi, l'adresse d'un café où son père entretenait ses habitudes de joueur. Quatre hommes se lèvent d'une table. Vous êtes la fille de Monseigneur ? Ainsi surnommait-on son père, grande gueule déchue baroque. Pour un sans-abri, on peut y voir de l'ironie. Les inconnus évoquent leur compagnon dont ils ignoraient tout sinon que sa famille l'avait repoussé, père de quatre enfants dont une dans la chanson qu'il évoquait fièrement, quelquefois.

Barbara s'insurge, crie que c'est lui qui les a abandonnés. Calmée, elle s'excuse.

La rue de l'Échelle inscrite sur ses papiers est révolue, sa profession de « meunier », fantaisiste. Docker ou manœuvre, Monseigneur couchait régulièrement à la rue, sans se plaindre. Celle de la Grange-au-Loup, dans la chanson, n'existe pas, « loup » assurera la rime à « rendez-vous ». Une grange, un loup, commémorent peut-être d'autres souvenirs.

Gai, généreux, gueulard… « Il n'espérait plus rien », elle dit.

Monsieur Paul remet à l'orpheline un portefeuille, des lunettes aux verres rayés. Un soir de biture, Monseigneur lui avait avoué avoir déconné, une fois, qu'il était saoul. D'autres témoins corroboreront cet aveu aux accents de regret. Monique écoute, muette.

Quand ça le prenait, Monseigneur téléphonait chez lui, à Paris. Il écoutait une voix répéter « Allô, allô ? » avant de raccrocher.

« La musique revient dans ma tête », elle dit.

S'il avait pu imaginer ainsi sa fille, monsieur Paul affirme qu'il l'aurait prévenue malgré l'interdiction de Jacques Serf. La douleur l'a pris aux reins pendant une partie de cartes. Puisqu'il était sans domicile, Paul l'a hébergé. La douleur augmentant, l'hospitalisation s'est imposée. Quand les infirmières ont demandé au malade où aller faire chercher ses effets, Monseigneur a répondu en rigolant posséder en tout et pour tout ce qu'il portait. Une tumeur cérébro-spinale l'a achevé en quelques semaines. Il a refusé la morphine qui aurait atténué ses « grandes souffrances » – il a donc voulu expier.

L'expiation salvatrice.

Monique est foudroyée.

À Paris, elle remue ciel et terre pour couvrir les frais d'enterrement. Une relation, Pablo, patron du cabaret L'Amiral, la dépanne. Rue Vitruve, elle croise son petit frère. Claude veut retourner à Nantes avec elle.

Tous deux s'épaulent devant la fosse commune, le prêt de Pablo n'ayant permis que le strict minimum. Une femme pleure, des hommes se recueillent devant une tombe sans gerbe.

Durant le trajet du retour, la musique revient l'entêter. Elle pianote l'accoudoir, palpe le cuir usé du portefeuille, les montures opaques du contact acide avec la peau. Si elle avait pu devancer la fin, elle aurait pardonné. Monique regrette, enrage, que ni lui ni elle n'ait eu droit au pardon. Le trépas rend chacun, mort ou vif, à la miséricorde universelle.

Gare Montparnasse, Claude refuse de retourner rue Vitruve – on se demande pourquoi.

Barbara y va raconter les obsèques à Esther et se met à la vouvoyer. Tout en éprouvant de la compassion, ses lèvres prononcent « vous », au lieu de « tu ». La bulle s'est refermée jusqu'à exclure sa mère. « Je l'ai toujours adorée », elle dit, pourtant. À partir de ce jour, les rôles s'inverseront : Barbara couvrira Esther de son grand caractère, protectrice, elle accomplira pour sa mère ce que madame Serf n'a pas su lui donner. « Vous n'aurez bientôt plus à travailler », promet Monique. Esther ne répond rien. Au fond, durant toutes ces années, qu'a-t-elle été sinon une femme complètement dépassée ?

Le 28 décembre, Barbara chante à L'Écluse, toujours somnambulique. De son Noël de funérailles subsiste une musique et quatre vers venus dans le train du retour, lancinants, qui mettront trois ans à advenir en chanson :

Il pleut sur Nantes
Donne-moi la main
Le ciel de Nantes
Rend mon cœur chagrin.

Voici sa vérité.

Il s'en trouve une autre, légèrement différente. Dans l'affolement du 21 décembre, elle ne s'est pas rendue seule en Bretagne par la SNCF. Elle a déboulé quai des Grands-Augustins pour demander une voiture. Les horaires, les tarifs ne lui permettaient peut-être pas d'attraper un train. Personne ne l'avait jamais vue toucher un volant. La pianiste Yvonne Schmitt, heureuse propriétaire d'une 4-chevaux neuve, ne se sentait pas de lui confier ses clefs. C'est Jean Poissonnier qui, toutes affaires cessantes et féru de course automobile, les a emmenés à Nantes, Claude, Monique et lui, si vite que Toto a fini par quitter la route. Ils étaient trois, Claude déjà présent. À la biographe Valérie Lehoux, le frère cadet a confié : « Jean Poissonnier était fou amoureux de ma sœur et a voulu faire le mariole, nous avons eu un accident[1]. » La sœur et le frère ont laissé l'infortuné pilote pour continuer jusqu'à Nantes en train. Yvonne Schmitt ne s'est pas plaint de l'état dans lequel est revenue sa 4-chevaux. Jean était bien un gars épatant.

Dans ses Mémoires pourtant, quand Barbara raconte son pèlerinage, Jean Poissonnier n'est jamais cité, pas

1. In *Barbara, portrait en clair-obscur*, *op. cit.*

plus que Claude Serf. Elle n'était pas seule à la morgue. En 97, il semble que Nantes soit tout entier passé à l'actif de l'artiste. Jusque dans son autobiographie, son chant l'emporte sur la réalité au point de gommer d'autres présences, même chères. On sent combien a progressé son impérieuse solitude, sa tendance à supprimer ce qu'il faut bien appeler « les autres ». Barbara sculpte seule son mausolée. Souvent, elle arguera ne pas souhaiter exposer ses proches, justification qui ne tient pas en la circonstance : quelques pages plus loin, elle s'épanche à propos de son petit frère Claude. Après « Nantes », le succès, la gloire vont faire d'elle un monstre sacré au côté duquel il est difficile d'exister. Comme il est impossible aux *enfants-papillons* déracinés d'eux-mêmes d'accepter dans leur intimité la constance de qui que ce soit.

Quelque temps plus tard, les anciens de Charleroi organisent une nouba où ils espèrent revoir Barbara, qui porte haut le flambeau de la bande, une des rares à avoir fait profession de sa vocation. La chanteuse a bien sûr promis d'être présente mais ne viendra finalement pas, s'excusant d'un mot. D'autres, beaucoup d'autres, au lieu des retrouvailles attendues verront la porte de sa loge rester sourde. Barbara commence à dévorer Monique, de cela aussi elle souffrira et fera souffrir.

XII

Pourquoi voulez-vous que je loge ici, Lady ?
Marlon Brando, *L'Homme à la Peau de Serpent*, 1959[1]

Un soir, quai des Grands-Augustins, entre un homme. Forte gueule, arrogant, copain des patrons, de tant de gens, qu'il se sent à L'Écluse et partout chez lui. S'il se prétend diplomate, il n'en a ni l'âge ni les manières – trente et un ans. Mais bon Dieu qu'il est beau, une beauté mâle à la Brando. Le visiteur césarien jette un regard sur la chanteuse, au fond.

— Bizarre, cette nénette, non ?

Ainsi la décrit-il : « Grande, un long nez, de beaux nichons… Un peu maigrichonne et un peu grasse, ça dépend des endroits et de la façon dont on la regarde… Une grande bringue à la belle voix. »[2]

1. Film de Sidney Lumet. Scénario de Tennessee Williams. Brando y joue un guitariste errant, homme fatal.

2. Témoignage de Hubert Ballay dans le documentaire radiophonique en neuf chapitres d'une heure du Québécois Francis Legault, « Barbara en noir et blanc », coproduit par les radios fran-

Un enchantement, une catastrophe, un bonhomme viennent d'envahir L'Écluse.

Il se nomme Hubert, Hubert Ballay.

H., pour les intimes.

Il reste à Barbara une expérience à vivre. Avec Sluys ou Poissonnier, « Bébé » et « Toto », bon nombre d'amants occasionnels, elle a éprouvé l'amour, tendre ou rapide. Pas l'épreuve d'être dominée, surmenée par qui l'on désire au point de se détraquer le palpitant. Barbara chantait la passion sans vraiment la connaître. L'heure de ce soleil, de ce fléau, est arrivée. Puisqu'elle ne fait rien à moitié, ils seront africains et mémorables.

Hubert Ballay déclare avoir remarqué cette « nénette aux beaux nichons » fin 59 à L'Écluse, collée au piano. Sans qu'elle lui tape dans l'œil, il a assez d'oreille pour apprécier l'artiste. Puis H. s'en est allé, happé par ses affaires. Puis H. est reparu… André Schlesser, « l'âme de L'Écluse », lui a présenté la chanteuse à laquelle il prodigue une cour expéditive, se sentant aussi sûr de lui que Barbara peu farouche devant un prétendant séduisant. H. est effectivement séducteur. Dans ses souvenirs, il se targuera d'avoir conquis huit cents femmes, sans avoir vraiment compté, un harem orné de quelques trophées : Jackie Kennedy, la princesse Margaret… Barbara a dû être à la fois flattée et déroutée par ce catalogue à la Don Giovanni. Autant l'annoncer, dans la hiérarchie de l'Amoureuse, Hubert va incarner sa grande passion.

---

cophones publiques, Radio Canada, Radio France, la Radio-Télévision suisse et la RTBF belge, diffusé en 2012 pour les quinze ans de la mort de la chanteuse.

« Mon seul amour », elle dit. Absolu contre lequel toutes les explications se brisent.

Ce sera *Lui*.

Hubert Ballay incarne ce que l'ère gaulliste créa de meilleur et de pire. De Gaulle règne à l'Élysée, appelé au pouvoir au printemps 58, fondateur d'une Ve République qui le fait roi contre la zizanie des partis et un peuple de « veaux ». Les affaires africaines sont dures. En pleine décolonisation, la France veut rester à la manœuvre dans ses anciens territoires, du Maroc au Rwanda jusqu'en Côte d'Ivoire. L'Algérie, toujours française, s'insurge sous le joug : le terme d'« événements algériens » masque une sale guerre d'indépendance. Hubert n'est pas de cette partie terrible, plus au sud-ouest, à Abidjan. La Côte d'Ivoire vient d'acquérir sa souveraineté par référendum, le francophile Félix Houphouët-Boigny est président. Paris a accompagné le processus d'émancipation sans renoncer à ses intérêts. Loin d'un fonctionnaire traditionnel du Quai d'Orsay, Hubert Ballay « conseille » Houphouët-Boigny en figure de l'ombre influente dans les réseaux tentaculaires de la Françafrique.

L'homme que voit s'approcher Barbara est un affranchi, un brave. Très jeune, il a sauvé des Juifs, s'est engagé dans la Résistance, cité à seize ans à l'ordre de la Nation pour son courage lors de la Libération. S'exposer et combattre lui sont familiers. Héros de droite, cette droite ardente qui a répondu à l'appel du 18 Juin, à la fois patriote, baroudeur individualiste, homme d'action et d'affaires. En Côte d'Ivoire, le conseiller Ballay réside entre le palais présidentiel et sa villa avec boys et chauffeur. Le genre de personnage à garder son arme chargée sur la table de chevet. H. est également titillé par le monde du spectacle vers lequel il se tournera en devenant plus tard directeur de la compagnie Barclays, à tu et à toi avec le show-biz. La chanson ne lui est pas étrangère.

À Paris, il scrute cette fille en noir, lui offre un martini dry, allume sa cigarette et tombe sous son charme. Monsieur Ballay est beaucoup plus empressé qu'un amoureux de Peynet.

Au réveil, Barbara, qui aimait à diriger des fiancés tendres ou passagers, se retrouve avec un homme plus à même de satisfaire son désir que ses caprices.

— Hubert chéri, je veux du Zan, apporte-moi mon sac.

Courtois la première fois, Hubert est d'un caractère à vite la prier de garder son sac à portée de main. Je suis galant mais ne me prends pour ton larbin, *darling*. C'est pas une bouffeuse de Zan qui va faire la loi.

Voilà celui par lequel la chanteuse libertaire se sent irrésistiblement attirée. Si H. adore les artistes et leurs zinzins, il a plus important à faire. Le réel n'est pas une boîte à musique, chérie. À Abidjan, le conseiller s'active au centre d'un guêpier. Pour la France, au bord de perdre l'Algérie, la Côte d'Ivoire constitue un enjeu stratégique nécessitant du doigté autoritaire. Malgré son tempérament chaud, H. n'a semble-t-il jamais déplu à sa hiérarchie, tutoyant les ministres et vénérant le Grand Charles. Marginal africanisé, il agit au sein des cabinets noirs de la Ve. Lorsque H. repart pour Abidjan, Barbara se sent déboussolée, incomplète. Elle qui interprète si bien l'espoir amoureux se met à attendre son retour dans sa chair. Ce qui sert son répertoire s'avère pénible au quotidien. La dépendance distille le poison d'Eros.

Entre les bras d'Hubert, il semble qu'elle soit devenue femme comblée. Quand elle écrit que son existence après son père fut une lente tentative pour retrouver du plaisir entre les bras d'autres hommes, H. fut sûrement le premier de ceux-là. La chatte solitaire vient de tomber sur son Grand Frisé. Elle l'a dans la peau. La suite va donc crépiter d'étincelles et feux de Saint-Jean.

À Paris, elle n'est pourtant pas désœuvrée, éperdue mais au bord d'être heureuse. Monsieur Glotz de chez Pathé-Marconi lui tapant sur le système à force de vouloir la transformer en pom-pom girl, elle a signé avec le label Odéon un disque de reprises, « Barbara chante Brassens », tout en restant proche de Pierre Hiegel. L'Académie Charles-Cros la couronne prix du Disque 1960 de l'interprétation. Mieux encore, Félix Marten lui propose Bobino – Bobino ! – en première partie, l'opportunité majeure de ses dix ans de parcours. Félix Marten, acteur-chanteur, attire les foules. Allemand d'origine, il a fui les nazis pour conquérir Paris. Édith Piaf l'a lancé, jusque dans sa chambre à coucher. De films en 45-tours innombrables, Félix réussit l'exploit d'être à la fois yéyé et zazou. Ses titres, « Doucement mon p'tit gars », « La Rigolade », n'ont pas laissé de trace dans le marbre mais son hit, « T'es moche », vaut encore le détour :

T'es moche, t'es moche
Mais je t'aime
T'es triste, sinistre
Mais je t'aime
T'es sotte, très sotte

Tu me griffes
J'me rebiffe
Et je pardonne
[...]
T'as rien, j'ai rien
Et c'est bête
Y a que pour l'amour
Que t'es chouette
Que c'est chouette.

Pas du Paul Nougé mais ça vend comme des petits pains. En première partie, la Chanteuse de Minuit offrira un contraste sans lui faire d'ombre. Une sacrée surprise, en effet.

Rue de la Gaîté, Les Folies Bobino ont connu leurs plus belles heures au début du siècle, à deux pas des Montparnos. Lénine, pourtant pas folichon, adorait y passer une soirée durant son exil parisien. Bruno Coquatrix s'est porté acquéreur de ce théâtre à l'italienne de mille places. Fernand Raynaud – que Barbara adore – y a soulevé les rires mais Coquatrix a lâché l'affaire, happé par l'Olympia rive droite. Son associé, Félix Vitry, vient de rénover la salle, l'acoustique, en gardant bien sûr Georges Brassens en tête d'affiche, grosse vedette pilier du lieu. Les Folies-Bobino se rebaptisent Bobino[1].

1. Du nom de son premier occupant, Bobino, amuseur forain du XIXe siècle, époque où théâtre et spectacle fusionnaient en cortèges de rue, tableaux vivants, cracheurs de feu, acrobates, tout un cirque dont Barbara se disait volontiers l'héritière, au point qu'elle voudra, un jour, se produire sous… un chapiteau.

Fini le clair-obscur des quais, Barbara tremble, répète, s'affûte, précédée d'une rumeur flatteuse, prête à brûler les planches, dompter un public qui ne vient pas boire un drink. Elle commet l'erreur de trop se protéger, n'osant pas présenter ses textes ; son tour de chant paraît ampoulé aux admirateurs de Marten. Ses reprises de Brel et Brassens, « Les Flamandes », « La Marche nuptiale », n'apportent rien. Elle ne donne qu'une chanson personnelle : « Chapeau bas ». Et reprend « Liberté », ode d'Aznavour et Vidalin racontant la pendaison de deux malheureux chouans. Ce genre de curiosité enchante Barbara qui a l'audace de l'interpréter sans autre accompagnement que de tambouriner le couvercle de son piano, avec une voix de gorge aussi méchante que les bourreaux. Les premiers rangs sursautent sous ce martèlement d'échafaud, d'autant qu'elle semble vouloir les mordre. Sans enthousiasme, le public suit la prestation de cette perche trempée dans le goudron pour l'oublier dès qu'apparaît enfin Félix. Barbara boucle ses dates, ramasse ses fards et rentre à L'Écluse.

L'échec, sans un cri. Hubert la console à moitié en lui expédiant d'Abidjan un bracelet nuptial de cheville Senufo (qu'elle porte au poignet, pas en esclave). Le métier murmure que minuit est forcément l'heure de la confidentialité. Bruno Coquatrix, chez qui Marcel Amont et Les Frères Jacques font carton plein, jure que cette fille « trop intellectuelle pour être populaire » ne passera jamais rive droite, berceau du new-music-hall. Dans sa bouche, le terme d'« intellectuelle » vaut une insulte qui revient aux oreilles de la chanteuse, si vexée qu'elle ne cessera plus de ruer contre cette appellation soporifique. Les portes de son rêve se referment. Avec ses alexandrins, son air diablesse, ses tambourinements lugubres, on dirait aujourd'hui qu'elle est clivante. Éternel dilemme entre la culture et le marché. Dans ses conversations avec Brel, qui devient une idole, Barbara s'avoue au bord de renoncer, ne se voyant plus d'avenir. La chanteuse pèche par snobisme aussi, raide, guimpée, dans un répertoire satirico-poétique. Son phrasé de couvent des Oiseaux pour balancer des rondes coquines en fatigue plus d'un.

À L'Écluse, beaucoup la pressent de se révéler, chanter ses textes. À l'abri de la scène lilliputienne dont elle connaît chaque brûlure de cigarette, elle se risque davantage et passe commande à quelques nouveaux auteurs. Le jeune Moustaki, si doué, si moderne, lui écrit « De Shanghai à Bangkok », qu'elle interprète debout, laissant Liliane Benelli l'accompagner au piano. Jean Poissonnier lui donne « La Belle amour » – un peu datée, certes.

D'ailleurs, les deux amants ont rompu, sur un coup de tête elle a jeté Toto pour le béguin d'un soir, bien avant l'apparition d'Hubert Ballay. Malheureux à crever, Jean s'est réfugié chez des amis où il mettra longtemps à s'en remettre. Barbara continue son travail d'approche d'elle-même, seule. Même ses chansons sont orphelines : sur scène, si elle annonce solennellement compositeur et parolier, pour ses propres créations elle ne cite… personne. Motus. Dans cette brume va pourtant poindre un fameux trois-mâts, chant d'amour et de voyage, hymne de ce que l'empêchement, le manque ajoutent à l'Amour, jusqu'au crève-cœur. Un cri sur la carte du Tendre qu'elle sillonne de long en large avec Hubert l'Abidjanais : « Dis, quand reviendras-tu ? », chant dont Denise Glaser dira un jour, encore éblouie, qu'il est devenu « l'hymne des prisons de France et d'Outre-mer[1] ».

En vérité, Barbara craque. L'appel de la sirène Hubert l'oblige à prendre congé de L'Écluse sans prévoir de retour précis. À l'été 61, les patrons, estomaqués, la laissent filer à regret. Les années 60 démarrent en trombe, la Chanteuse de Minuit n'est pas du train. Les yéyés naissants veulent enterrer les vieilles pantomimes de la rive gauche et elle s'est cassé la gueule à Bobino. Autant partir loin voir si j'y suis avec mon homme.

Vole, vole vers Abidjan.

Le mode d'existence des expatriés, souvent morfondu, ne manque pas de comique de situation. Sa peau de lait craint le soleil – elle cloque, c'est malheureux. Un négrillon pourrait la suivre en tenant une ombrelle. Ah oui ? Mais non ! Une gauchiste ne débarque pas en Afrique noire pour entretenir des clichés esclavagistes. Une servante est pratique, certes, en avoir cinq ou six est abusif, un p'tit porteur de parasol serait carrément lamentable. Les enfants sont faits pour s'ébattre dans les chemins rouges qu'elle arpente donc sous une capeline aussi large qu'une roue de vélo. Autre tracas, les insectes équatoriaux sont plus envahissants que dans le XXe arrondissement. Derrière le rideau de la baignoire, elle tombe sur des bestioles pleines d'antennes, de pattes, de pinces. Ses cris d'horreur mettent Hubert en vrac, furax de l'entendre hurler pour quoi ? Des bébêtes, trois fois rien… T'es en Haute-Volta, chou, pas aux Batignolles ! En

1. Au Journal de France 3, face à Henry Chapier, en 1976.

prenant son bain, elle entend un scarabée faire des claquettes sur le carrelage quand ce n'est pas un scorpion *imperator* de vingt centimètres. Même si son indice de toxicité n'est que de un sur quatre, ça fout les chocottes. Jamais elle ne se couche sans inspection complète de la moustiquaire. Depuis qu'on l'a prévenue que des araignées pas plus grosses qu'un cachou pouvaient pondre sous ta peau, elle plombe les pans du voilage avec les bouquins de Charles de Gaulle, qui au moins lui sert à ça. Elle qui circulait nu-pieds ne quitte plus d'épaisses chaussettes. Enfin, sa voix souffre de la climatisation abrupte, à se geler dans les fumoirs, suffoquer sous les vérandas, avec des écarts d'amplitude allant jusqu'à 20°. On l'imagine comme si on y était, entre migraines, chiasses, piqûres… En Côte d'Ivoire, les parcs résidentiels s'ouvrent sur la brousse, des guépards enchaînés feulent en guise de chiens de garde. Dès cinq six ans, les enfants de maîtres ont deux boys, placides, qui les suivent sur leurs tricycles. Un personnel nombreux repeint sans cesse les façades, les portails, tout, en vain. Aux premiers vents, la poussière pourpre s'infiltre, sans parler des ouragans qui foutent le monde par terre. Le Golfe de Guinée n'a rien d'une Riviera, ses rouleaux brunâtres emporteraient un éléphant. De toute façon, Barbara ne se baigne pas, même en piscine. Décalée au possible, elle développe ce style Marie-Chantal de Moscovie (qui s'accentuera gravement dans ses futures péripéties cinématographiques). Hubert compatit mais travaille. En guise de repos, les *bwanas* sillonnent la savane avec leurs fusils à pompe pour taper du gros gibier. Les expatriés boivent comme des trous, les femmes sont idiotes entre neurasthénie, cancans, adultères, rires nerveux entrecoupés de propos indignés contre leurs domestiques. Car ici, ma chère, le personnel est toujours mauvais…

Barbara va et vient là-dedans, pas assez sotte pour adhérer à cette fausse aristocratie. Elle prend ce qu'offre le continent des origines. Chaque jour y est recommencement, dévorant. La terre de lumière rend obsolète la nostalgie face à une flore dont elle s'éprend à vie. Hubert rentre ventre à terre lui ouvrir ses bras embaumant de Cologne-sueur-havane.

Les deux oiseaux rares sont fous l'un de l'autre.

Avant sa disparition en 2013, dans quelques interviews, Hubert Ballay s'est avéré si fanfaron, à se donner le premier rôle en tout, qu'on peut légitimement douter du moindre de ses propos. Mais sur leurs semaines d'*Avventura*[1] subsaharienne, aucun doute : l'amour tape aussi fort que le soleil.

Barbara semble prête à s'ancrer en Afrique. Ballay affirme même l'avoir aidée à se produire à Abidjan où ils sont loin d'être seuls. Parmi les figures locales règne Jo Attia, truand majeur, surnommé « le roi du non-lieu », venu se mettre au vert sous ces tropiques. Après avoir sévi dans le fameux gang des Tractions, il a rejoint les voyous de la rue Lauriston à la solde des nazis, lieutenant de Henri Lafont, chef de la Gestapo française… La lie de l'humanité. Beaucoup de ceux qui l'ont croisé prétendent

1. Le film culte de Michelangelo Antonioni a reçu le Prix du Jury au Festival de Cannes en 1960, malgré les huées qui saluèrent sa projection.

cependant qu'Attia avait du charme, incapables de le jeter aux gémonies du XXe siècle. Barbara trouve aussi Jo impayable, ignorant son parcours sous l'occupant dont il ne se vante pas. De sombres arcanes ont permis à Attia de tirer son épingle des jeux d'après-guerre. À Abidjan, il rend service à la République française via son cabaret-planque-plaque tournante : Le Refuge[1].

Qui dit baltringue dit chanteuse. Hubert aurait eu l'idée de produire Barbara dans ce lieu qui à l'entendre semble autant le sien que celui de Jo – les deux compères sont copains comme cochons. À en croire Barbara, c'est elle qui aurait trouvé en madame Attia une alliée. Parmi le gynécée des expatriés, Barbara se plaît avec cette femme qui va la pousser auprès de son mari. Elle entame un tour de chant dans une atmosphère plus proche du bordel bruxellois de Prudence que de L'Écluse. La boîte n'est pas vraiment select. Sous la sonnette est punaisé un bristol :

Le Refuge,
cabaret dans le genre de Pigalle

Ses zinzins plaisent, cette gonze fout les poils. Jo Attia, qui l'a à la bonne, la soutient à fond. Entre Faiza, danseuse du ventre, et Minouchette la strip-teaseuse,

1. Hubert Ballay révèle d'ailleurs dans ses Mémoires que Le Refuge abrita les assassins de Mehdi Ben Barka, principal opposant au roi Hassan II, chef de file du courant tiers-mondiste, enlevé à la sortie de la brasserie Lipp en 65, avant d'être liquidé. Le Refuge servait bien de base arrière aux exécuteurs des plus basses besognes du pouvoir gaullien.

quand vient le tour de la poule à H., Jo se tourne vers la salle en sortant carrément son calibre 7.65.

— Fermez vos gueules, maintenant c'est moi qui parle… La belle va chanter, alors le premier qui moufte, je le bute.

Morte de frousse au piano, Barbara n'en demandait pas tant. D'un signe blasé, Hubert la conjure de ne pas se biler, Jo est comme ça. Attia pose son flingue et ordonne :

— Zique !

Au fil de ses chansons, la salle n'en revient pas d'apercevoir de grosses larmes couler sur les joues du caïd. Autant dire qu'on n'entend pas un cafard-volant voler. Hubert, affairé, n'a même plus à passer assurer la claque. Il s'avoue possessif mais pas jaloux. Après avoir chronométré son tour de chant et ajouté le temps du trajet jusqu'à sa maison du quartier de Treichville, dès minuit tapant, il tourne tel un lion en cage, guettant le moteur de la vieille Chambord. Sans batifoler aux tables, Barbara n'est pas femme à se presser pour complaire à son geôlier. Quand le chauffeur, Emman, fonce le long de la lagune, elle lui commande de ralentir afin de humer par le carreau baissé les parfums qu'exhale la nuit équatoriale. Dans les cris indignés de H., sûrement se plaît-elle à entendre la preuve d'en être aimée.

Elle a dû goûter intensément tant de beautés, profiter du temps du lilas dans un massif de boules-de-feux avant de commencer à tourner en rond aussi. Ces petits Blancs l'exaspèrent. On se demande même comment l'égérie de L'Écluse rouge coco a pu tenir le choc. Si les annales prêtent à Hubert Ballay un rôle déterminant dans de nombreux programmes sociaux en Côte d'Ivoire, le comportement des expatriés, la corruption, la violence du pouvoir, le racisme insupportent Barbara. Elle s'est même révoltée contre Jo Attia, surpris à maltraiter une serveuse noire. Le taulier a reconnu ses torts, sans broncher. Cette clique est grotesque. Dans ses souvenirs, elle mentionne un énième cocktail en robe Dior où les convives s'extasient sur du Vivaldi sans s'apercevoir que le disque 33-tours tourne en 45. La maîtresse de maison préfère aller discuter avec les boys en cuisine. Et ne se gêne pas pour balancer ce qu'elle pense à H., qui tord le nez.

— Tes invités sont de la merde, Hubert... Mais je reconnais que, sur ce point, ils ont l'excuse du climat. Et sache, s'il te plaît, que je ne suis pas ici pour faire des ronds de jambe avec toutes les jolies femmes que monsieur le directeur de la Caisse des prestations sociales a eu la bonté de baiser[1].

Si H. la presse de s'asseoir au piano afin de distraire la société, Barbara le foudroie d'une œillade assassine. Pourtant têtu, H. n'insiste pas. Barbara patiente encore, captive de ses bras, des soleils couchants sur Grand Bassam. L'Afrique est hypnotique, l'Amour idem. Quand arrive un télégramme de L'Écluse : « OÙ ES-TU ?... », elle n'y tient plus. Le quatuor la rappelle au chant d'honneur. Entre son homme et sa guerre, elle n'hésite pas longtemps et demande à Emman de la reconduire à l'aéroport.

---

1. Hubert Ballay, avec Alain Le Meur, *Dis, quand reviendras-tu ?*, L'Archipel, 2014. Jean-Daniel Belfond, barbarophile émérite à la tête des éditions de l'Archipel, lui-même un des premiers biographes de Barbara, a publié beaucoup d'ouvrages sur elle, dont *L'Intégrale*, en 2012, qui regroupe les textes de ses cent soixante chansons, dont cent vingt signées de la Dame brune.

L'amant tire la gueule mais l'attendra à Abidjan.

L'amante verse des pleurs mais l'espérera à Paname.

Le couple s'embrasse avec fougue. Chacun attend la reddition de l'autre.

Avant la révolution numérique, les couples contraints de se séparer s'écrivent de se manquer, naturellement. Ballay a toujours prétendu, sans avoir pu la produire, avoir reçu peu après son départ une lettre où Barbara le prévenait : « Je n'ai pas la vertu des femmes de marins », suivi de la sempiternelle question : « Quand reviendras-tu ? ». Leur correspondance amoureuse (qui lui aurait été volée) le distrayait de la diplomatie et d'Houphouët-Boigny. À ce courrier solennel, il aurait répondu en vers et en la priant de lui accorder « un dernier voyage ». La chanson évoque bien un dialogue.

Tu m'as dit cette fois,
c'est le dernier voyage
Pour nos cœurs déchirés,
c'est le dernier naufrage...

Et Pénélope de répondre à Ulysse, d'une plainte :

Je vais, je viens, je vire,
je tourne et je me traîne
Ton image me hante,
je te parle tout bas
Et j'ai le mal d'amour
et j'ai le mal de toi.

Rue Vitruve, elle va et vient, la lettre de H. à la main. Elle qui ne se prend pas pour Verlaine ou Rimbaud tout en tricotant d'admirables huitains en alexandrins, les mots d'Hubert ne sont-ils pas du bon bois pour flamber sa complainte ? Crânement, Ballay assure lui avoir expédié un texte « qu'elle n'a eu qu'à recopier ». Certainement pas. Barbara ciselait trop sa prose pour cet in extenso. Mais effectivement, certains proches se rappellent l'avoir entendue évoquer une collaboration avec le fameux H.

Une année d'écart sépare « Dis, quand reviendras-tu ? », grand amour de 60-61, et « Nantes », grand deuil de 59. Ces deux merveilles voisinent un moment, coude à coude, dans sa géniale caboche. « Dis… » naît le premier. Superbe lamento d'une femme qui dit non avec du chien et dont Barbara ne fait… rien.

Dalida affirma qu'à Beyrouth, lors d'une tournée pour la Francophonie, Barbara lui proposa ce titre. À Cora Vaucaire aussi, qui se rappelle avoir piqué une colère en lui ordonnant de l'interpréter elle-même. À un long cheveu blond vénitien près, « Dis, quand reviendras-tu ? » a donc failli être créé par Dalida. Et Jean-Jacques Debout se rappelle le soir à L'Écluse où Jacques Brel, en pétard, l'a carrément engueulée.

— Pourquoi tu ne chantes pas tes textes ? Enfin, t'es pas plus bête qu'une autre !

Rien à faire, elle bloque, s'esquive en prétendant que le zinzin est encore imparfait.

Barbara appelle Hubert à Abidjan.

— J'ai presque fini notre chanson… Je te la joue…

En l'écoutant au téléphone, le regard perdu sur la lagune dorée d'Ebrié, Hubert comprend qu'il a fait une connerie de laisser partir une femme pareille. Qui résisterait à « Dis, quand reviendras-tu » ? Dare-dare, il atterrit à Orly avec une surprise, un cadeau, un gros.

— C'est quoi ?

Face à Barbara, narquois, Hubert n'a pas un paquet, un écrin, pas même une fleur à la main.

— …T'en as pas marre de vivre avec ta mère ? Je ne peux pas être installé en pacha à Abidjan et te laisser ici dans un boui-boui. La rue de Rémusat, tu connais ?

— Non.

— Le XVIe arrondissement, tu connais ?

— Jamais vu.

— Tu vas connaître. On visite demain matin. Ce sera notre maison. Te bile pas pour le loyer. Si ça te plaît, c'est chez nous. Mais seulement si ça te plaît.

Sous le choc, Barbara frissonne.

— Arrête…

— Quoi ? Tu ne m'aimes plus, t'es pas ma femme ?

— Si.

— Oh ! Pourquoi tu pleures, chou ?

XIII

Et leurs baisers au loin les suivent.
Le ciel était gris de nuages
Il y volait des oies sauvages.

Louis Aragon, « Est-ce ainsi que les hommes vivent », Chanson créée par Léo Ferré à L'Alhambra en 1961

La voilà au septième ciel, aux sens propre et figuré. On imagine Barbara dans de l'hôtel particulier, du fond de cour à réverbère… Pas du tout. Le 14, rue de Rémusat, c'est de la barre, immeuble ultra-moderne perpendiculaire à la Seine au niveau du pont Mirabeau – *Les jours s'en vont je demeure*. Septième et avant-dernier étage, trois pièces coquille d'œuf, aveuglant d'ensoleillement avec terrasse sur le ciel canaille. Jamais elle n'a niché si haut. Ravie, artiste entretenue dans le XVIe par son baron de Françafrique, Barbara découvre l'altitude.

Hubert a repéré ce logement, sans souci du style, pour le panorama. Elle a visité, enthousiaste. Oui, de suite. Le F3 cogne aux nuages. Électro-ménager du dernier cri, Hubert n'a aucun souci d'argent – comme les porteurs de valises ? Sans se poser de questions, Barbara s'émerveille de leurs réveils à vue infinie sur les toits, le zinc, tour Eiffel et Cognacq-Jay. Hubert repart à Abidjan, sa fée du logis change de standing. Michel Souillac, ami antiquaire – « chineur de génie » – l'entraîne dans les magasins d'antiquités, à la salle des ventes rue Drouot, repérer l'encan qui sera adjugé l'après-midi. L'emménageuse n'y acquiert rien de *fifties*, quelques meubles 40, un miroir ovale, des lampes, poudriers ou tour de cou en geai qui lui font un port de reine. Au milieu des vitrines, des paniers bourrés de paille, elle remarque une dame âgée – silhouette qui deviendra l'héroïne de « Drouot ». Savourer l'instant, rire, renchérir, ne l'empêchent pas d'anticiper la suite, quand tout sera révolu, fané. Avoir trente ans, joyeusement, ne la rend pas insensible à « la vieille star déchue des années 30 » dont le commissaire-priseur bazarde les souvenances. Une âme slave, sous le tic-tac des bons moments, entend toujours vibrer la faux.

Barbara est heureuse dans une baignoire digne de Bette Davis – mais ne chante jamais dans sa salle de bains. Pour la première fois, la nomade est chez elle, même si le bail est au nom de Ballay. Les murs de sa chambre vireront du gris-bleu au bleu nuit, le crapaud Pleyel trône dans la loggia au bout du living-room blanc cassé. En tournant sa clef dans la serrure, elle frémit de retrouver son *home sweet home*, la Casserole, l'horizon, la joie d'avoir l'azur pour compagnie. « Je cliquette mon trousseau de clefs », elle dit, toujours musicale. À peine les rideaux ouverts, elle retourne se jeter entre ses draps tièdes pour admirer le ciel qui passe. Fait livrer des bouquets, des luxes, des riens. À ses poignets, les bracelets tintant deviennent d'argent – Hubert n'est pas rapiat. Elle cabriole sur la moquette, regarde la pluie battre la terrasse. Dans sa cage dorée, chaque heure, chaque minute appelle à écrire, source d'angoisse. Mais l'appréhension ne l'empêche pas d'aller de l'avant, l'angoisse mène au public. « J'ai toujours peur mais j'y vais quand même », elle dit. Sous cette bonne latitude, elle compose, versifie à mi-voix, en gamine qui remonte sa marelle. Comme prient les bonnes sœurs, aussi. Dans la chambre à coucher pend un crucifix parce que Jésus est sexy en croix. Les mots viennent au bout de ses doigts, aiguisés par l'état amoureux ; lilas mauve, clavier blanc, toujours d'oreille. *Sol ré do* : « Tu m'as dit... », *Sol mi fa ré la* : « La ville avait ce teint blafard... » La mise en forme est laborieuse. Absorbée par le travail acharné de la création, elle file sa laine en Pénélope.

Hubert ne se montre pas souvent, hélas. Avoir tout pour être bien, si bien, et se retrouver là, à se ronger les ongles, il y a de quoi rager, après lui avoir raccroché au nez.

— Tu exagères, tu m'avais dit, tu...

Elle raccroche parce que cette orgueilleuse qui chante l'absence ne supporte pas celle d'Hubert. Que sa carrure, son front, sa bouche, la présence de cet homme, enfin, dans l'encadrement de la porte, la comblent à ce point est révoltant.

— Où tu es, encore ?

— À Yamoussoukro. T'as qu'à venir, toi, je t'envoie un billet Paris-Abidjan.

— Je chante, Hubert ! Tu ne comprends pas que je chaaaaaante !

— T'as qu'à chanter moins, si tu m'aimes tellement.

Crétin, gorille, couillon. La mégère dans son F3-terrasse. À astiquer les vitres pour passer ses nerfs, son insomnie, sa peine. Et si Hubert ne m'aimait pas comme je l'aime, s'il ne me désirait plus ? Avec mon nez, comment veux-tu ? Sur la photo du *Figaro*, ce que j'ai l'air moche, encore… Patatras, le doute est lâché. Après les vitres, elle s'attaque aux cuivres, à les faire briller comme de l'or. Trois jours plus tard arrivent par lettre express des baisers, sa promesse qu'*il* sera là le 15.

Finalement non, H. ne sera pas à Paris le 15.

Si Hubert Ballay ne rentre pas, d'autres viennent passer un coucou. Ouvrant sa porte un matin, elle trouve sur son paillasson un inconnu – le tout premier d'une file interminable qui se confond aujourd'hui à sa légende. Un gars de vingt ans, brun, myope, en duffle-coat, le regard embué sur sa chanteuse.

— Qu'est-ce que vous faites comme ça dans le noir ? Vous m'avez fait une peur !

— Bonjour madame. Je vous admire beaucoup, je voulais que vous me signiez votre photo.

— … Oui, bien sûr… Mais vous avez passé la nuit là, comme ça ?

— Non, je suis arrivé par le premier métro. J'ai vu l'étage sur la boîte aux lettres. J'attendais que vous sortiez, je voulais pas vous louper.

— Depuis 6 heures du matin, vous ne risquiez pas !

À ce premier venu, elle a dû offrir un café. En le dévisageant, presque aussi effarée que lui, a-t-elle une seconde soupçonné en cet admirateur anonyme la tête de pont d'un public écrasant ? Quinze jours plus tard, c'est au tour d'une fille fiévreuse, avec une grosse écharpe, le 45-tours de « Chapeau bas » à la main. Et puis un couple, baragouinant d'émotion, avec le disque « Barbara chante Brel », sorti juste avant qu'elle ne parte pour Abidjan... Au 14, rue de Rémusat, des inconnus commencent à se manifester, d'aimer ses zinzins à la folie.

Hubert et Barbara se retrouvent enivrés, se séparent fâchés, entre le lit, le piano, la terrasse et les côtelettes saignantes qu'elle poêle en se croyant cordon-bleu quand elle cuisine comme une Cosaque. Habitué à la viande recuite des antipodes, Hubert est horrifié. Ses Weston à 300 sacs laissent des traces sur la moquette épaisse, il s'en fout, disposant à Abidjan d'autant de boys que de doigts aux pieds.

— Je ne suis pas revenu pour que tu me parles moquette, chérie.

— Non, non... Mais enfin, c'est du beige, Hubert, très salissant, fais attention, tu vois bien.

— On n'a qu'à mettre du marbre, je vais te payer du carrare.

Le feu, la braise, jamais la cendre. À l'être qui vous manque, difficile de ne pas sans cesse adresser un reproche.

H. est reparti.

En attendant son retour, l'heure de L'Écluse vers 20 heures, elle fait les boutiques, enchantée de voir le bottier Heyraud inventer l'escarpin sans talon. Et depuis que Roger Vivier a chaussé mademoiselle Catherine Deneuve dans *Belle de jour*, sa ballerine « Belle », à grosse boucle carrée, s'arrache. Barbara aime autant farfouiller chez les fripiers à 10 ou 20 francs, des guipures, des dentelles, ottoman, astrakan, toque, chapka… Minijupe et orange pop la laissent perplexe mais les bottes montantes à gros zip l'électrisent. Sur ses vêtements sombres, frileuse, elle commence à poser quelques coloris, oser un corsage clair avant de retourner rue de Rémusat avec ses sacs, dans des chaussures neuves qui lui font un mal de chien. Le noir gagne toujours : panne de velours, gilet de chaisière, col cheminée. Au petit matin, lorsqu'elle rentre encore fardée d'une nuit blanche à souper, bringuer ou marcher avec Brel jusqu'au carreau des Halles, elle croise parfois le chemin des écoliers. Les gosses du quatrième étage trouvent qu'elle ressemble à la Fée Maléfique de *La Belle au bois dormant*[1]. Devant l'ascenseur, avec ses longs sourcils, ses longs pieds, sa cape corbeau, ils en ont peur. Que c'est con, les mômes. Leurs parents se plaignent de l'entendre parfois passer l'aspirateur à 5 heures du matin. Mais bon, mademoiselle Serf est artiste, polie, discrète, son piano n'est pas pire que les marteaux-piqueurs et elle offre aux enfants des bonbecs qu'ils attrapent du bout des doigts avant de se sauver comme s'ils craignaient qu'elle ne les emporte, à tire-d'aile, dans son donjon.

Là-haut, mademoiselle Serf a mis la touche définitive à son élixir. Plus une virgule ne bougera dans « Dis, quand reviendras-tu ? ». C'est vrai qu'elle pourrait le chanter. Faudrait le tester. Claude Sluys, ex-mari belge qui semblait oublié, est invité d'urgence à Paris pour

1. Le film de Walt Disney, sorti pour Noël 1959, en France n'a pas bien marché, tant cette mauvaise fée y était inquiétante dans des décors gothiques, les familles préféraient Mickey.

« entendre un zinzin ». Le couple n'a toujours pas divorcé, serait temps d'y penser. Claude inspecte l'appartement, les fleurs, le piano demi-queue. Rien d'une roulotte. Barbara a changé, amincie, radieuse, tendue.

— Tu t'embourgeoises, ma parole !

— Tu plaisantes, Bébé ! Je suis entretenue.

Elle attaque :

Voilà combien de jours,
Voilà combien de nuits...

Claude Sluys en reste comme deux ronds de flan.

« J'ai cru que c'était du Brassens[1]. »

C'est du Barbara, mon coco lapin !

Elle fait le coup à toute L'Écluse. Peut-être multiplie-t-elle les avis par plaisir de susciter l'enthousiasme – *fishing for compliments*, disent les Anglais. Un enjeu capital se devine sur cette chanson qui lui apprend à puiser l'inspiration en elle-même, intime. Chaque auditeur, en privé, lui permet de s'éprouver, maîtriser l'interprétation de ses errances sans craquer – son cauchemar. Tous, sans exception, saluent le coup de maître dans son coup d'essai. Barbara finit par se convaincre de la mettre au programme de L'Écluse.

Verdict : mieux qu'un tabac, un silence de cathédrale.

Quand le label Odéon sortira le 45-tours en 62, un public beaucoup plus large réagira à sa question. « Dis... » sera même diffusé en radio. Et Bernard Lavilliers gardera

1. Interview dans *La Gazette de Bruxelles*, 2012.

à jamais le souvenir d'avoir découvert Barbara en glissant une pièce dans un juke-box.

Pour l'instant, en 61, la « pacification » en Algérie a viré depuis longtemps en effroyable guerre civile. Des appelés sont retenus sous les drapeaux vingt-huit, trente mois. Maurice Fanon, le mari de Pia Colombo, rentré du Constantinois, a raconté la réalité du conflit à toute L'Écluse. Il fréquente Sartre et les comités d'insoumis, les « soldats du refus » qui dénoncent la torture, la gégène, les seringues pleines de sang de porc qui épouvantent les musulmans. Les fellagas se vengent en castrant des cadavres de Français, découverts le sexe dans leur bouche. Maurice Fanon se bat pour le statut d'objecteur, la paix par l'indépendance, seule issue à l'horreur. « Dis, quand reviendras-tu ? » touche particulièrement les mères, les sœurs, les épouses des militaires partis en Algérie. Elles y reconnaissent leurs battements de cœur, l'encre de leurs lettres. Ce public grave, si ému d'être concerné, bouleverse Barbara. Si mille chansons évoquent les charmes des créatures féminines, peu font entendre la voix des femmes. Alors elle persévère, retravaillant « Nantes », en fille d'un père, d'un double deuil, d'un regret qui la brise au-dessus du Pleyel à Rémusat, pleine de doutes, incapable de broder les mots aux notes, de transcender sa pudeur en quatre minutes perfection. De toute façon, à se chanter autant, elle risquerait de s'écrouler en direct.

Et puis Hubert la blesse. Leur histoire rappelle l'adage balzacien qu'« en amour, il y en a toujours un qui s'ennuie et l'autre qui souffre ». Même si aimer est mieux que plaire, Barbara n'a pas tiré le bon numéro. Dans le documentaire radiophonique de Francis Legault en 2012, Hubert Ballay-Grand Amour, à un an de décéder, laisse un précieux témoignage sur cette période charnière. À la question de savoir si Barbara et lui partagèrent une passion, après un instant de réflexion, il répond :

— … Oui, une très grande passion. Souvent la plupart des couples sont comme des cons à toujours être collés l'un à l'autre, ils finissent tellement par se lasser qu'ils ne s'aiment plus. Nous, c'était un coup j'te vois, un coup j'te vois pas. J'étais un peu sa garantie contre la solitude. Parce qu'elle était seule et ce n'était pas dans sa nature d'être seule à ce point de vue-là (physiquement). Elle était seule et elle était amoureuse de moi.

La faille s'entrouvre, il faut écouter attentivement la suite, avec cet accent à la Gabin des bonshommes à qui « les nénettes » pompent l'air facilement.

— Barbara était sollicitée en permanence par des hommes mais elle était amoureuse de moi… Il y avait surtout énormément de… d'affection. Et cette affection était réciproque. C'était un amour convenable, je vais l'appeler convenable, bien qu'elle soit toujours un peu excessive dans ses approches, disons… Elle ne me disait pas bonjour comme une bonne sœur embrasse un évêque, elle me sautait au cou, presque à me faire tomber par terre.

Que veut dire Hubert par convenable ? Fleur bleue, moyen, peu érotique ?… Il va assener le coup de grâce.

— … Elle était plus amoureuse que moi, ça c'est sûr.

Brusquement ému, sa voix devient plus rauque.

— … Son plus grand défaut est de m'avoir aimé parce qu'elle n'a pas su me garder. C'était logique qu'elle reste à Paris pour chanter. C'était logique que je me déplace puisque j'étais dans la diplomatie.

Rideau.

En évoquant leur passion, Barbara avouera son paradoxe le plus secret : « J'ai besoin d'être dominée. » Et Hubert ajoutera qu'une femme qui passe son temps à demander « Est-ce que tu m'aimes ? » finit par te coller le doute. Le grand amour à moitié. Hubert ne l'aimait donc pas comme elle l'aimait. L'amoureuse a perçu cette trahison, cette plaie, d'adorer un homme qui s'écarte sans l'assumer vraiment, lâchant « oui, oui… » en pensant non. Pour Hubert, Barbara est une rencontre exceptionnelle, une fille qu'il a adorée, qui l'a ébloui, pas la femme de sa vie. Et il l'a signifié, moins goujat que sincère, aux journalistes curieux venus récolter sa parole, malgré une postérité le pressant de contresigner la légende.

Quant à l'argument selon Barbara qu'Hubert, jaloux, exigeait qu'elle renonce à sa carrière, motif premier de leur rupture et seyant à la mythologie de la femme qui chante, H. hausse les épaules.

— Chanter était sa vie. Je n'ai jamais voulu l'en empêcher.

Barbara ne s'en est jamais relevée. Sa solitude s'est définitivement figée à attendre Hubert, qui a fini par ne plus revenir. Comme son père. Après lui, Bambi n'y croira plus, ne voudra plus souffrir, à quelques brèves exceptions près. Les hommes, si difficiles à traverser, ne mènent nulle part.

La France est comme elle, à cran. Le 8 février 1962 Barbara est dans la rue et n'y est pas seule – Hubert de Françafrique en serait vert de rage. Les renseignements généraux prévoyaient moins de dix mille personnes, ils sont plus de soixante mille à ce rendez-vous de 18 h 30 à la Bastille. La veille, l'Organisation armée secrète, la sinistre OAS, a encore frappé : une série d'explosions a secoué les domiciles de plusieurs personnalités, journalistes, professeurs, et André Malraux, ministre de la Culture du Général – Françoise Sagan y aura droit aussi. L'écrivain Vladimir Pozner et une petite fille sont grièvement blessés. Le Parti communiste, la CGT, plusieurs organisations de gauche et estudiantines ont appelé à manifester, pacifiquement et statiquement, contre les fascistes, pour la paix en Algérie malgré l'état d'urgence qui interdit tout attroupement depuis le putsch d'Alger.

Barbara en est, dans le froid, le noir. Les gens sont calmes. Avec eux, elle scande : « OAS, assassins ! » Certains agents de police portent encore la capeline, mais la nouvelle brigade anti-émeutes s'est équipée du sinistre « bidule », manche de pioche d'un mètre vingt percé d'un trou pour enfiler la dragonne. Très dense, la foule s'est étoilée en plusieurs points de rendez-vous le long des boulevards autour de la Bastille. Le matin même, une délégation est allée tenter de passer un accord avec le préfet de police de la Seine, Maurice Papon les a congédiés, glacial. Dans ses Mémoires, Papon affirme avoir suggéré au ministre de l'Intérieur Roger Frey de tolérer ce rassemblement. Le ministre en a référé à de Gaulle qui aurait répondu : « Mais qu'est-ce qui prend à Papon ? »… La consigne a donc été donnée de disperser les attroupements « très activement ». On ignore qui a ordonné l'assaut, en fin de manifestation, criminel contre une si grosse foule.

Au carrefour Voltaire-Charonne, les cortèges commencent à se disperser quand quelques éléments s'en prennent aux cars de police. Les forces de l'ordre chargent, hurlantes. Certains gueulent « Algérie française » ! Tous les témoins attestent d'une sauvagerie inouïe. La panique, la fuite provoquent une cohue apocalyptique à l'entrée de la bouche du métro Charonne. Des policiers jettent des grilles d'arbre et des tables de café sur ces gauchos dont les corps s'entassent, comprimés de la première marche jusqu'au plafond de la bouche de métro, en vrac meurtrier. Huit manifestants meurent étouffés, un neuvième le crâne fracassé, plus de cent cinquante blessés. L'affaire du métro Charonne sera la dernière page sanglante de l'histoire coloniale à Paris[1]. Perdue dans cet enfer, Barbara rompt un peu plus avec le conseiller Ballay. Jamais elle n'en parlera mais à la Bastille, ce soir du 8 février 1962, son divorce avec l'autorité de l'État est consommé, sa rage, sa révolte à fleur de peau ne la quitteront plus.

---

1. Cinq mois plus tôt, la manifestation du 17 octobre 1961 des Algériens contre le couvre-feu avait tourné à la ratonnade et au massacre. Près de dix mille personnes furent arrêtées. Le bilan officiel dénombra trois morts, on en évoque aujourd'hui entre cent et deux cents. La police précipita à la Seine des Algériens bloqués contre les berges, les parapets des ponts, leurs cadavres retrouvés au fil de l'eau furent déclarés « noyés accidentellement ». La répression d'état du 17 octobre « est la plus violente qu'ait jamais provoquée une manifestation de rue en Europe occidentale dans l'histoire contemporaine » selon les historiens britanniques Jim House et Neil MacMaster, auteurs en 2008 chez Tallandier de *Paris 1961* : Les Algériens, la terreur d'État et la mémoire. Les victimes de ce massacre occulté n'ont jamais été reconnues officiellement.

Le pays n'en peut plus, le pouvoir renonce au colonialisme. Les accords d'Évian, dès le mois suivant, en mars, aboutissent à l'indépendance de l'Algérie. Cessez-le-feu immédiat. Les derniers appelés regagnent la métropole. La jeunesse reprend ses droits, en musique… Et Barbara reçoit quelques lauriers. Le 45-tours de « Dis, quand reviendras-tu ? » est son premier succès, pas populaire, mais presque. Même si Denise Glaser, la productrice de « Discorama », la chouchoute, il semble que ce soit à la Télévision suisse romande qu'elle l'étrenne dans « Barbara… nous dit bonsoir », émission animée par Colette Jean. Des saynètes préludent chaque chanson. Assise dans son salon, madame Jean tricote, en bonne ménagère de moins de cinquante ans, déjà, quand le téléphone grelin-grelin sur le guéridon.

« Allô, ah c'est toi ! Oui, je suis prête… (L'animatrice prend une voix dépitée.) Ah, mais quand, quand reviendras-tu ?… Non, j'écoute la radio, Barbara… »

La magie de la télévision est d'offrir l'image. La caméra panote sur un piano. Première interprétation filmée de « Dis… »

Gros plan fixe. Hypnotique à son clavier pendant l'intro, Barbara lève les yeux sans redresser la tête. Un halo palpite autour d'elle, son col est liseré d'un biais de cuir. Elle roule encore les *r*. À l'instant où elle prononce *et j'ai le mal de toi*, ses yeux brillent d'une larme contenue.

Revenue face à la speakerine, ses lunettes à la main (c'est-à-dire ne distinguant du visage de Colette Jean qu'une pâle olive floue), Barbara affirme son amour du music-hall et reconnaît son erreur d'être allée à Bobino avec un répertoire trop cabaretier. Colette Jean trouve injuste que la censure marginalise Barbara, au point que les radios ne la passent pas. Même si « Dis… » réussit une petite percée sur les ondes, l'animatrice suisse a raison. Le patron d'Europe 1, Lucien Morisse, ne s'est pas gêné pour déclarer qu'on ne l'entendrait jamais sur son antenne. La Chanteuse de Minuit est jugée trop sulfureuse, vénéneuse, oiseau de nuit et de lupanar, fichée gauchiste en prime, pas bonne pour la norme. (L'interdiction de diffusion d'une chanson – en l'occurrence « Veuve de guerre » – plaçait un artiste plus ou moins à l'index.)

L'invitée se défend d'être auteur-compositeur.

— Ferez-vous d'autres chansons ?

— Je ne sais pas. Moi, je ne sais pas écrire, c'est trop difficile, j'ai beaucoup de mal d'ailleurs, je ne m'intitule pas du tout auteur-compositeur, j'ai ce mot-là en horreur.

Colette Jean aborde la question du registre commercial ou culturel. Barbara ne s'y attarde guère, sans chapelle, trouvant du bon dans le populaire, des fadaises dans la chanson d'auteur. Elle est drôle, faisant preuve de beaucoup de charme.

— La moutarde n'était peut-être pas commerciale avant qu'on en fasse la moutarde de Dijon, voyez-vous, enfin je ne sais pas, vous comprenez ?

Métaphore insolite mais pertinente. L'émission se termine sur son malaise de devoir répondre aux « questionnaires » – les gens de radio n'emploient pas l'affreux anglicisme d'*interview*.

— Je n'aime pas beaucoup, non, je suis là pour chanter. Le reste ne regarde que moi. Je ne suis pas plus intéressante qu'une femme qui passe dans la rue. Mon jardin de silence, je le garde pour moi.

Le Paris des années 30 (1932). Monique Serf, âgée de deux ans, fait un tour en calèche avec son frère aîné, Jean. Elle restera voyageuse saltimbanque longtemps.

Les premiers portraits de l'artiste Barbara Brody, en 1950, à Bruxelles, par Joseph Calvet. Cette jeune fille encore mineure a fui le domicile familial parisien pour se lancer dans la chanson. En petit page médiéval ou en entraîneuse délurée, elle reçoit des trognons de pomme et même des cendriers…
Un jour, ça changera.

En 1955, les débuts au cabaret L'Écluse, 15, quai des Grands-Augustins. Une soixantaine de spectateurs… La « Dame de Minuit » y restera six ans, timide, traqueuse, acharnée… et de plus en plus aimée.

1937. La fameuse photographie, par René Magritte, du poète Paul Nougé, fondateur du surréalisme et du Parti communiste belges. Paul Nougé fut le grand homme des débuts en Belgique de Barbara Brody. Le vieux poète énigmatique était amoureux d'elle.

À « Discorama » en compagnie de Denise Glaser, le 11 novembre 1968. Entre l'animatrice télévisuelle, grande pythie de la variété, et Barbara, l'amitié fut immédiate et indéfectible. Denise appelle Barbara « Cocotte » et Barbara appelle Denise « Mon lapin ».

Toujours L'Écluse, en 1958. Avec gouaille, sans peur de rien malgré le trac. C'est pour sa pianiste, Liliane Benelli, décédée dans un accident de la route à l'été 65, que Barbara écrira « Une petite cantate ».

63, 64, 65, ses années de consécration. Le 5 novembre 1963, elle crée « Nantes » devant mille personnes au Théâtre des Capucines – le choc… – avant de retourner chanter en Belgique et à Göttingen. Partout, un triomphe. Et ses premières cures de sommeil, aussi.

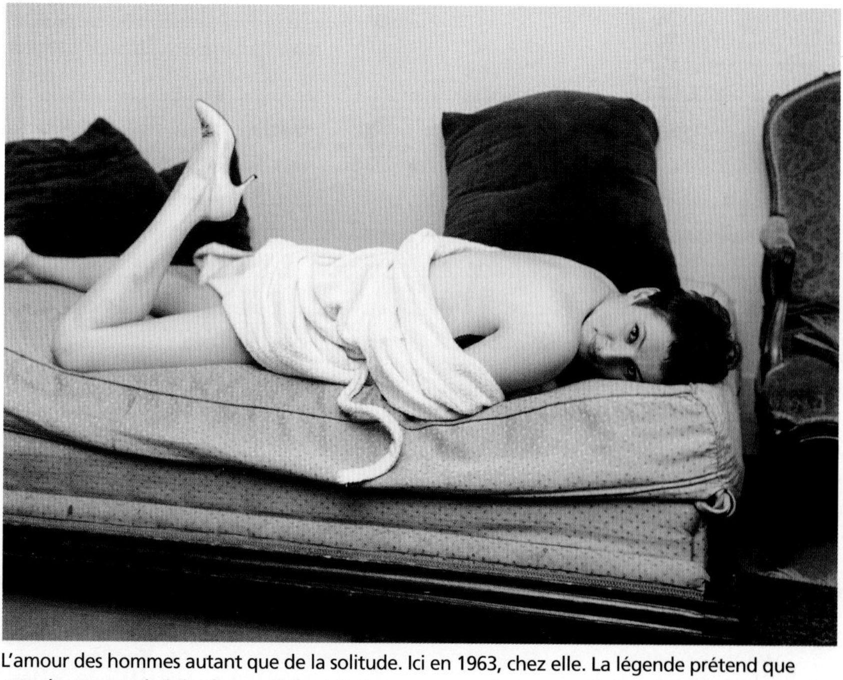

L'amour des hommes autant que de la solitude. Ici en 1963, chez elle. La légende prétend que cette image aurait été prise par Hubert Ballay, son « grand amour », dédicataire de « Dis, quand reviendras-tu ? ».

Luc Simon, peintre flamboyant, pour qui elle écrivit en 1962 « Je ne sais pas dire je t'aime ».

Avec Jo, Georges Moustaki, immense auteur, entre autres de « La Dame brune » mais aussi de la terrible « Madame Nostalgie », pamphlet anti-Barbara interprété par Reggiani.

Roland Romanelli, le compagnon accompagnateur, accordéoniste embauché sans même avoir été auditionné. Barbara se fâcha avec lui en 1985, durant les répétitions de *Lily Passion*. Depardieu était entré dans sa vie. Ils ne se revirent hélas jamais.

Avec Serge Reggiani, qu'elle forme et lance comme chanteur. La tête de « L'Italien » donne une idée de ce que pouvait éprouver, malgré les beaux moments, un homme en couple avec la diva Barbara.

À une générale de Françoise Sagan au Théâtre de l'Atelier, en 1970. Toutes les deux s'étaient croisées sans se rencontrer pendant la guerre ; Françoise, enfant chérie de bonne famille, Monique-Barbara, dévastée par l'inceste et la chasse aux Juifs…

Avec Brel, l'ami, le frère, le maître, sur le tournage de son film *Franz*, en 1971. Les deux vedettes ont renoncé aux tours de chant… mais Barbara reviendra vite vers son public.

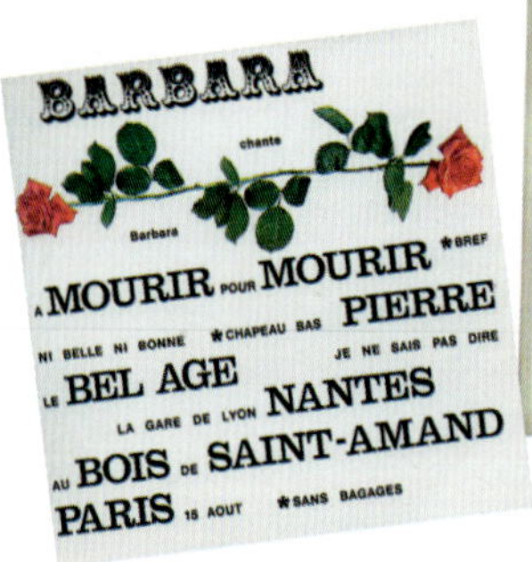

Les trois disques cultes.
« Barbara chante Barbara », l'album à la rose, enregistré avec son directeur artistique fétiche, Claude Dejacques (Philips, octobre 64).
« Une soirée avec Barbara », double album live de son Olympia 69, où elle crée « Ma plus belle histoire d'amour » (Philips, mars 69).
« Pantin », le live du récital, avec tous les chorus du public (Philips, décembre 81).

Le 16 octobre 1968, aux J.O. de Mexico, les sprinteurs Tommy Smith et John Carlos gravent à jamais l'image de la lutte pour l'égalité en affichant le Black Power. Barbara s'indigna de les voir exclus de la compétition.

Hiver 1969, le photographe Jean-Pierre Leloir grave à jamais l'image de la « femme qui chante ». Malgré son apolitisme, Barbara demeure une femme de rupture, de révolte et d'espérance.

© Benjamin Auger/Paris Match/Scoop

À Précy-sur-Marne, juste avant les concerts à Pantin en 81, avec les chiens, les chats, les fleurs… Sans la prévenir, au début des années 70, son agent Charley Marouani acquit pour elle cette ancienne ferme qui devint son jardin d'Éden.

Lily Passion, comédie musicale de 1986, se fit avec et pour Gérard Depardieu, fasciné par le récital à Pantin. Comme avec Jacques Brel, Barbara partagea avec lui une intense amitié amoureuse. Lors de sa mort en novembre 1997, elle préparait une vidéo sur leur spectacle.

© Jean-Pierre Leloir/Gamma-Rapho

En novembre et décembre 1993, son dernier récital à Paris, au Châtelet. On y voit voler une rose rouge. Elle entrait toujours bras tendus, paumes tournées vers le public. L'ultime concert eut lieu l'année suivante, le 26 mars 1994, au Théâtre Vinci de Tours. En 1981, sous le chapiteau de l'hippodrome de Pantin, elle avait exigé que les places les plus chères soient à 85 francs (15 euros). Partout, chaque soir, une foule en liesse, une ferveur jamais revue depuis. L'éternel Barbara.

— Si je vous posais une question embarrassante, Barbara, que feriez-vous ?

— Eh bien, voilà…

Barbara se lève et plante Colette devant sa chaise vide – un scénario convenu. Elle n'a pourtant pas eu l'air de passer un mauvais moment, lorgnant l'animatrice d'un air mutin. Mais cette défiance à l'encontre des journalistes va lui coller aux basques pendant trente-cinq ans.

Sur le plateau décoré de serpentins et cotillons, elle conclut par une autre de ses créations, « Le Temps du lilas », bien rythmée mais au fond aussi spleenique que « Dis… » :

On en sourit du coin de l'œil,
Mais on en rêve, du grand amour
Je l'ai connu, j'en porte le deuil
Ça ne peut pas durer toujours
Je l'ai valsé au grand soleil,
La valse qui vous fait la peau douce…

Son soleil d'Afrique, en fait. Le dernier baiser d'Hubert avait un goût de cendre. Meurent les boules-de-feu et le lilas. Jolie marche où H. s'estompe, en quatre temps. Barbara n'est pas douée pour recoller les petits morceaux. Autant les balancer, hop là, par-dessus son épaule avant d'aller vomir et pas dormir. La rupture s'inscrit dans son caractère, elle préfère la douleur d'être rompue aux non-dits à deux. Pas du genre Sartre-Beauvoir à « pactiser » pour sauver son couple. Et quoi qu'elle dise à Colette Jean, si début 62 elle va passer avec succès son examen d'entrée à la Sacem, ce n'est pas pour aller pêcher la crevette. Elle continue d'écrire.

L'enjeu panique un créateur autant qu'il le stimule – l'use aussi. Gilles Sommier, producteur amateur de talents neufs, profite de la paix recouvrée pour lancer des soirées au Théâtre des Capucines, face à l'Olympia – ancienne salle lyrique où Serge Lama venait écouter son papa baryton. Un concept d'art et d'essai pour la chanson. Si des têtes d'affiche y attirent le grand public, ses « mardis », jour de relâche, s'ouvrent aux nouveaux venus – case où Barbara s'enlise à trente-trois ans. Échaudée par l'échec avec Félix Marten, elle hésite. Après tout, peut-être est-elle taillée pour le petit format de minuit. Son frémissement de succès, l'insistance de Gilles Sommier finissent par la convaincre. En petits bataillons, les artistes se produisent trois mardis consécutifs. Début octobre 63, Serge Gainsbourg a essuyé les plâtres avec Anne Sylvestre, Boby Lapointe, Brigitte Fontaine… Et les spectateurs affluent. Des hommes-sandwiches sillonnent bientôt le boulevard pour annoncer le programme. Au numéro 39, le théâtre des Capucines n'a pas de façade, sis à l'intérieur d'un passage Second Empire. La presse relaie l'initiative, la maison Philips offre de la publicité à ce vivier. Chaque soir, Sylvie Vartan fait un tabac en blonde yéyé, sauf le mardi : cabaret nouveau et variété rare[1].

Barbara peaufine fiévreusement « Nantes », sans en parler ni chercher l'approbation dont elle a eu besoin

1. Aujourd'hui, le 39, boulevard des Capucines abrite le musée-boutique du parfumeur Léonard.

pour « Dis… ». À remettre cent fois l'ouvrage sur son piano, peser des mots qui la racontent à un point tel qu'elle facette un diamant noir.

Ce mardi-là, au fond de la loge commune des Capucines, « dans sa bulle », elle ne copine pas, occupée à raturer, recopier une énième version. Sa mère, sa sœur, ses frères sont dans la salle. Sur scène, une fille châtain, déterminée, sympathique, Sophie Makhno (qui se fait encore appeler Françoise Lo) présente les talents, marquant chaque intermède d'un petit texte, accompagnée d'un guitariste. Sophie a repéré cette chanteuse isolée qui griffonnait en loge et l'annonce avec conviction. Chancelante, Barbara hésite, double, triple l'intro. Et sa plainte commence…

Il pleut sur Nantes…

Badaboum. Deuxième vague après « Dis… ». Sophie Makhno s'en souviendra toute sa vie, le public des Capucines aussi. Et Louis Hazan, directeur de Philips. Et Denise Glaser, qui retourne son sac à la recherche de l'agenda pour la programmer en toute urgence à « Discorama ». Après le spectacle, la reine du jour semble ailleurs, inquiète de connaître la réaction d'Esther. Un peu pâle, sa mère « aime » « Nantes »… dont elle est la seule à comprendre vraiment la clef.

Barbara demande à Sophie Makhno son téléphone avant de filer à L'Écluse.

Quai des Grands-Augustins, les fidèles assistent également à l'envol du papillon hors de sa chrysalide en trois minutes surnaturelles. Marc Chevalier se pétrifie, comme toute la salle. « C'était un moment splendide absolument inoubliable, j'étais en coulisses et elle s'est mise à chanter, on est tous restés à écouter comme ça, suspendus… Il y avait une atmosphère d'écoute remarquable[1]. » Selon lui, ce fut un des temps les plus forts de L'Écluse. Si « Dis… » a bouleversé des couples séparés par la guerre d'Algérie, avec « Nantes », un auditoire plus vaste encore retrouve un parent disparu. Le singulier rejoint l'universel. Mieux : le populaire. Aux Capucines, Gilles Sommier lui demande de prolonger. Une prolongation vaut dix mille bravos.

Mort aux vaches et à Coquatrix dans son Olympia à la con !

Avide de reconnaissance, Barbara veut s'épanouir encore. Mille personnes l'ont applaudie à tout rompre, dans un rêve éveillé. Le milieu retourne sa veste, la presse redouble d'éloges, les lauriers tombent sur son front. On ne demande plus : « C'est ki ? », on dit : « Ah oui, Barbara ! »

Des cabarets qui lui claquaient leur porte l'accueillent : à La Villa d'Este, L'Amiral, La Tête de l'Art. Elle pose de fréquents congés à L'Écluse. Denise Glaser ne jure plus que par elle : « La Barbara se casserait une guibole, persifle l'humoriste Jean-Marie Proslier, que la Glaser l'inviterait pour montrer son plâtre ! » Le 45-tours de « Nantes » n'est même pas encore pressé, le cahier des charges de « Discorama » stipule de présenter uniquement des chansons disponibles dans « les bacs »… Qu'importe, l'équipe trafique une pochette bidon. Comparée à la radio, la télé est une flibuste de pionniers, surtout avec la liberté d'esprit de Denise. Si un téléspec-

1. In *Barbara, une vie*, *op. cit.*

tateur écrit pour se plaindre, on lui enverra une boîte de chocolats Mon Chéri.

Barbara rigole, rencontre, savoure. Un homme capital se dirige vers elle – il l'a vue aux Mardis des Capucines. Celui-là incarne le système, agent artistique réputé qui a débuté avec Boris Vian, Montand, avant de veiller sur Michel Legrand ou Claude Nougaro – lequel explose avec « Cécile, ma fille ». Un soir, après son passage à L'Écluse, ce professionnel vient à sa rencontre.

— Bonjour, je suis Claude Dejacques de chez Philips. C'était beau, c'était bien. Merci, Barbara… J'aimerais bien pouvoir réécouter vos chansons, quelques-unes, vos préférées, tout simplement au piano, sur une petite bande où vous les aurez enregistrées[1].

De quoi ? L'idée de lui soumettre ses zinzins en éprouvette déplaît souverainement à la Chanteuse de Minuit qui à la vue de n'importe quel thuriféraire institutionnel sent un pot de moutarde lui monter au nez. Le visiteur insiste en lui offrant d'enregistrer une maquette, quitte à arracher au service administratif de Philips un contrat en prévision d'un disque. Lui aussi a du nez, un regard pénétrant malgré son air vanné. Presseur avant de passer au service commercial chez Philips, il connaît tout du métier du disque. Dejacques lui propose un 33-tours, exclusivement de chansons à elle. Comment

1. Dans sa remarquable autobiographie, *Piégée la chanson ?*, parue en 1994 aux éditions Entente. Claude Dejacques a écrit de nombreux livres, d'une belle plume, tout en suivant d'innombrables artistes et autant d'aventures. C'est lui, par exemple, qui mettra en boîte le phénoménal duo Bardot-Gainsbourg « Je t'aime moi non plus », encore une chanson interdite. Il a quitté le show-biz en 86 pour « se saouler d'éternité » et s'est éteint en 1998.

refuser ? Même si elle est chez CBS. Barbara trouve en lui son premier « mur » : un auditeur aguerri, sobre, contre lequel projeter ses tentatives. Avec son flegme d'ancien d'Indochine (où il a subi une dure captivité), Claude Dejacques s'est construit sur le tas, idéal pour Barbara qui redoute les intellos mais peut accepter d'être encadrée par qui elle juge légitime. Selon lui, le rôle d'un directeur artistique consiste à « écouter, recevoir et choisir » – le dernier terme a de quoi heurter la recrue.

Tout au long de l'année 64, de février à septembre, Dejacques et Barbara se retrouvent pour leur 33-tours en chantier. Elle ne fait que travailler. Il l'entraîne dans un studio de la rue Saussier-Leroy, ancien garage au fond duquel a été plantée une cabine d'enregistrement. Cette ambiance d'arrière-salle clandestine plaît à la chanteuse. Le jour du premier rendez-vous, le « mur » la trouve à la fois disponible et réservée, arrivée (très) en avance. Dejacques l'observe allumer une seule lampe, délier longuement ses doigts en arpèges sous cette pénombre. Depuis leur rencontre, il est venu chaque soir à L'Écluse. Le plus urgent est de la débarrasser de ses tics de cabaretière, l'empêcher de rouler les *r* même lorsqu'un mot en contient deux. Le tout balancé avec un sourire placide. Le pro passionné ne va rien laisser passer.

Elle pince les lèvres.

Après « Le Bel âge », elle chante « Pierre », déjà. Autre chanson de désir, comblé cette fois. Selon Dejacques, Michel Portal au saxo ajouterait à la sensualité. Le saxo, elle n'est pas contre, ça lui rappelle La Mansarde et Le Vent Vert, les copains jazzmen de ses vingt ans.

— Je connais le saxophone, vous savez, je ne suis pas une vieille chanteuse réaliste.

Arrive « Nantes », qui laisse l'équipe sans voix. Celle-là ne nécessitera qu'une prise : *la* prise. Une grande chanson se reconnaît à son écho qui te poursuit dans le silence. Dejacques sait, comme Barbara, que ce miracle tient aussi de l'arrangeur, des musiciens – une Famille. Il valide le toucher ferme de François Rabbath à la contrebasse, affine un arrangement, propose un instrumental auquel elle n'aurait pas songé : Claude entend, alors Barbara l'écoute.

« Elle savait vous sécher la gorge et vous mouiller les yeux en une seule syllabe[1]. »

Charmeuse plus que séductrice, avec son besoin viscéral d'être aimée, elle adresse à tel ou tel musicien un clin d'œil, un aparté pour établir une électricité complice. Par-delà *la prima*, Dejacques capte la femme qui se vit perpétuellement en représentation : « Noyant la vie ordinaire, ses rapports avec autrui dans une approche scénique rituelle dont l'apogée culminait une heure avant d'entrer en scène ou en arrivant au studio d'enregistrement. Cernée par le trac, elle ne savait plus très bien si elle avait rendez-vous avec l'amour, la vie, la mort[2]. »

Qui a dit mieux Barbara ?

Barbara signe avec lui et Louis Hazan chez Philips. Sa maison de disque CBS, ne voyant en elle qu'une artiste confidentielle, la lâche sans difficulté, gardant toutefois les droits pour « Nantes ». Le 33-tours s'achève, Dejacques y croit, tant de beautés ne peuvent que s'imposer, mais le public est parfois « sourd comme un cochon ».

1. *Ibid.*
2. *Ibid.*

Doucement, la Chanteuse de Minuit s'est évadée de L'Écluse où elle vient de passer sa dernière année. On l'a vue à un gala sur la Croisette, au festival de Montreux… Un soir, quai des Grands-Augustins, un gars blond s'est détaché des clients pour l'aborder. Il s'appelle Hans-Günther Klein et l'a invitée à chanter en Allemagne. Pas emballée, elle a répondu non merci.

Hans est beau, elle a fini par dire d'accord.

L'été approche.

De juillet 64 restera gravé le nom d'une chanson nouvelle parmi les plus belles, encore.

XIV

La princesse attrapa la grenouille et la jeta contre le mur.

Le Prince Grenouille,
conte des frères Grimm

Sur le banc, la fatigue qui commence de lui coller à la peau se fait plus lourde qu'à Paris. Que fabrique-t-elle ici, dans un jardin public, parmi des rosiers, des têtes blondes qui interpellent d'une langue incompréhensible leurs mères, occupées à tricoter sur les bancs voisins : « *Mutti... Mutti !* » ?

Cette charmante ville médiévale est un berceau de l'enfance européenne, les frères Grimm y ont longtemps vécu. D'une ruelle à colombages pourrait surgir *Le Joueur de flûte*, entraînant derrière lui tous les rats, tous les enfants hors de la cité. Le nazisme a été cette flûte.

Autour de la maison Grimm, des statues figurent certains personnages de leurs contes et légendes : Cendrillon, le Vaillant Petit Tailleur, Le Roi Grenouille... Savants linguistes du XIXe siècle, Wilhem et Jacob Grimm se sont consacrés par passion et distraction à collecter les contes populaires de Germanie.

Barbara ôte ses chaussures pour fouler le sol tiède. Une dame s'approche.

— *Assoeir mich dann neben dir ?*

Désolée, je ne parle pas l'allemand. Cette langue sourde lui semble charrier les morts sous la terre. De bibliothèques en musées, comment tant de haine a-t-elle pu jaillir d'un cadre si enchanteur ? Qu'est-ce que ces gens, ce square, ont encore à voir avec Adolf Hitler ? Blanche-Neige, Hansel et Gretel auraient-ils été nazis aussi ?

Sur son banc, Barbara ne peut pas effacer l'histoire tragique.

Elle ne voulait pas venir en Allemagne. Mais Hans-Günther Klein, ce grand étudiant barbu, a tant insisté.

— Je m'occupe d'un théâtre en Saxe, à Göttingen…

— Comment vous dites ?

— Göttingen.

— Quel joli nom.

Son Junges Theater, Théâtre de la Jeunesse, contient cent quarante places, « toute petit », a-t-il ajouté avec son sourire. Modestie qui n'empêche pas Göttingen d'être une illustre cité universitaire où ont enseigné plus de cinquante Prix Nobel – tant de prestige, de *Kultur* ne motive guère Barbara. Pourquoi tenait-il tant à la convier dans son auditorium miniature ? De guerre lasse, elle a fini par accepter avant de débouler en juillet avec une exigence stipulée par contrat : un piano de concert. Chanter de biais finit par lui coller le torticolis. Dans le train, Barbara s'en voulait encore d'avoir cédé. Qu'est-ce que les Boches comprendront à ses zinzins ?

Sur le banc, pieds nus, elle fouille son sac à la recherche de son bloc et d'un crayon, entre le poudrier, le rouge à lèvres, les tablettes de Zan. En fait, elle a honte. Le jour de son arrivée, à peine si elle a desserré les dents, oppressée. Au théâtre, la coupe a débordé.

— Qu'est-ce que c'est que ça ?

Les jeunes gens imaginaient lui plaire avec ce piano droit cossu à candélabres.

— Nous avions dit à queue, de concert !

Hans-Günther a répondu qu'ils n'en avaient pas.

— Alors je ne chante pas.

Une ombre a traversé les yeux du jeune homme.

— … Nous en avons un mais les déménageurs de piano sont en grève.

Des déménageurs de piano grévistes en plein été ? Hans-Günther la prend pour une dinde ?

— Moi aussi je suis en grève, voilà. C'est non.

Hans-Günther a trouvé qu'elle exagérait, sans perdre son calme. C'était comme dans le conte des Grimm quand Grenouille cogne à la porte du palais mais que la fille du roi ne veut pas laisser entrer cette vilaine bête.

Son Altesse s'est repliée dans un coin, excédée. À la descente du train, les bourgeois de la ville ne lui ont pas plu non plus, à saluer dans sa venue une des premières pierres de la nouvelle amitié franco-allemande fraîchement signée entre le général de Gaulle et le chancelier Adenauer.

Est-ce que j'ai un nez de relation franco-allemande ?

Au crépuscule, un barouf est monté de la porte. Dix gaillards ont fait leur entrée. Depuis l'autre bout de la ville, ils ramenaient à bout de bras un énorme Steinway au ventre poussiéreux, prêté par la mère de l'un d'entre eux. Hans-Günther Klein s'est retourné et l'a fixée, triomphant.

Dans le jardin de roses de Göttingen, Barbara commence à jeter quelques mots, fredonne, tapote son crayon contre le bois du banc.

Le premier soir, une fois le Steinway installé, son récital a pu enfin commencer vers 22 h 30, soit avec une heure et demie de retard.

— Je n'ai pas pu répéter, Hans !

— À la guerre comme à la guerre, on dit chez toi !

La jeunesse s'en fout, elle a le temps… Et la jeunesse de Göttingen a tout compris des chants de Barbara de Paris. Presque tous sont francophones, amateurs de textes, de musique. Comment connaissent-ils ses chansons ? Ils fument, passent leurs mains dans leurs cheveux, à la fois gais et graves. Eux aussi ont beaucoup à pardonner à leurs parents. Crevée, elle a plutôt bien chanté. Brel a raison, l'extrême fatigue facilite l'expression. Tant de bravos l'ont stupéfaite.

— Reste un peu plus, lui a soufflé Hans-Günther. Plein d'autres n'ont pas pu entrer.

Elle est donc ici depuis huit jours au lieu des deux concerts prévus. Ceci dit, cent quarante places ça part vite. Elle s'est excusée auprès de l'organisateur pour son attitude du premier jour.

— Je suis fatiguée en fin de saison et puis, vous comprenez, votre pays, l'Allemagne, tout ça… C'était difficile pour moi.

Hans-Günther Klein ne l'a pas bien pris.

— Tu as vu un nazi ici ? Est-ce que je suis nazi ? Qu'est-ce que tu sais de nous ?

Chaque matin, elle revient sur le banc du square. En se baladant dans Göttingen, envahie de vélos, elle n'a trouvé qu'un canal, le canal de Leine — oh, ce n'est pas la Seine. Elle raye la première phrase : *Il était une fois à Göttingen…* Horst Wattenberg, qui codirige le Junges Theater, s'est aperçu qu'elle cherchait du papier et lui en a rapporté une rame entière.

— Vous écrivez ?

— Un petit bout de truc.

Le dernier soir, en confiance, elle improvise son petit truc, inachevé, la mélodie pas tout à fait en place.

Et que personne ne s'offense
Mais les contes de notre enfance…

Faire rimer Hans avec France n'est pas plus germaniste que de prononcer Göttingenneu… Et c'est bouleversant. Bis. Bis. Au fur et à mesure que se déroulent les paroles, la jeunesse rengaine avec elle, moins sage que les spectateurs de L'Écluse.

Hermann, Peter, Helga, Hans et les autres sont son premier chorus.

Nuque inclinée, paupières mi-closes, elle s'abandonne. Presque dix années après Bruxelles, la chanteuse de personne a la clef d'une bonne chambre, un théâtre, un accueil. La nuit, elle dort avec Hans-Günther Klein, la grenouille est devenue son prince, comme dans Grimm.

La, la la, la la la…

Avant de reprendre le train pour Paris, Horst Wattenberg s'est vu offrir le brouillon de sa chanson vite faite dans le square.

Aujourd'hui, le rosier de ce jardin public porte le nom de Barbara, la rue qui mène au Junges Theater s'appelle Barbarastrasse. Le manuscrit original offert à Horst est sous vitrine au musée municipal. En 1981, François Mitterrand entra dans certains meetings de sa campagne présidentielle sur cette chanson qui devint ensuite un hymne en faveur du oui lors du référendum pour le traité de Maastricht. En 1988, Barbara reçut le prix de la Ville et la *Bundesverdienstkreuz*, plus haute distinction allemande. Depuis 2002, sa chanson est inscrite au programme des classes de primaire allemandes. Peut-être parce que Gerhard Schröder, chancelier fédéral d'Allemagne, était étudiant à Göttingen au milieu des années 60. Et chaque 24 novembre, la mairie de Göttingen fleurit sa tombe d'une gerbe de roses rouges au cimetière de Bagneux.

En 64, la paix n'était pas encore l'amitié. Ces couplets dérangèrent en France. Comme souvent les signes précurseurs, la chanson resta à la marge.

Qu'est-ce qui se passe ? Partir de soi, de rien, et soulever les salles de L'Écluse, des Capucines, d'une ville de Saxe… Comme le haricot magique de la fable, d'une graine jaillit un arbre qui crève le plafond, les frontières, les nuages. Dans le train du retour, la voyageuse n'a aucune idée de ce que signifie cette force.

C'est sa gloire qui s'élance.

Bobino se profile de nouveau à l'horizon : Brassens, le grand Brassens, lui offre une seconde chance, en première partie. Ce geste la surprend, à peine s'ils se connaissent, jamais Brassens n'a commenté ses reprises – auxquelles Barbara n'ajoute pas grand-chose sauf pour « La Femme d'Hector ». Son public lui est plus proche que ne l'était celui de Félix Marten. En vérité, Gilles Sommier, producteur des Mardis des Capucines, omnipotent, fournit aussi par contrat les premières parties de Georges Brassens. Sommier propose ; Brassens dispose et a validé son choix. Le réseau sert enfin Barbara[1].

Le 23 octobre 64, Bobino II : vaste salle, un trac plus béant que trois ans auparavant. Claude Dejacques rôde en coulisses. Et le destin donne un coup de pouce. Anarchiste tranquille, pourfendeur de gradés et curetons, Georges Brassens y va fort contre les valeurs d'une société cravatée. Les anciens combattants hurlent contre son irrespect, *Le Figaro* l'assassine sur cinq colonnes. La guerre d'Algérie a laissé beaucoup d'esprits à vif, l'OAS ne s'est pas entièrement dissoute dans les accords d'Évian. Brassens ne sert pas la Patrie. Dans la presse conservatrice, à l'ORTF aux ordres du ministère de l'Information, les journalistes relaient les critiques.

1. Les premières parties, qui avaient le mérite de promouvoir les nouvelles voix, ne se limitaient pas à un seul artiste invité, quatre ou cinq se partageaient le début de soirée.

Débutant à L'Écluse, Serge Lama a été témoin de ce tournant – Barbara et Serge s'admirent déjà, il file le parfait amour avec Liliane Benelli, pianiste du cabaret. Selon lui, la cabale anti-Brassens a joué en faveur de Barbara-la-Poétique, sans étendard que son noir mélancolie.

À Bobino, cette fois, elle se jette.

La chanteuse entre sans écarter les bras comme si c'était la première fois. Son biographe David Lelait-Helo écrit qu'« elle s'est déchirée dans le rideau de scène[1] ». Son engagement va si loin, si près, comme jamais elle n'aurait imaginé pouvoir « s'exhiber », sublimant ses zinzins de grains noirs, de folie, de Zan. Barbara naît face à un bonhomme étrange, mille regards convergeant en un seul, une masse, une attente, un millier d'égards auxquels il faut répondre. Dans un tel silence se déploie sa vraie vie ? Les gens qui n'ont jamais bougé pour elle, même pas sa mère ni les gendarmes de Trégastel, se lèvent, d'un coup, jusqu'au dernier rang. Myope, elle les distingue mal, comprend à peine.

Elle emporte le public, le public la transporte. Ovation.

Les journaux la couvrent de fleurs, Brassens tire la tronche. Même *L'Humanité* écrit : « Un faux pas de Brassens, une prouesse de Barbara. » Après sa révélation en première partie, il fait presque figure d'académicien à guitare. Ne sachant que dire, Barbara lui offre des jus d'orange « bourrés de vitamines », Georges ne desserre pas les moustaches. Elle ne sait pas et sait pertinemment ce qui est en train d'advenir : le succès.

1. *Barbara*, *op. cit.*

Début novembre à Bobino, un soir proche de sa dernière date, fuyant les bravos, des sanglots la secouent, elle pense ne pas être en mesure de revenir saluer. Dos à la porte de sa loge, elle inspire avant de s'asseoir. Le miroir aux néons lui renvoie une tête de clown blanc défigurée. Mécanique, elle s'apaise en se remaquillant. Que se passe-t-il ? Être excessivement, excessivement apeurée, excessivement comblée, trop heureuse : est-ce le bonheur ? Ce qu'elle vient de toucher, cette vibration entre elle et Eux qui dégage un accord si intime, si général, est-ce une forme possible de l'Amour ? Ce que H. ne lui a pas donné, la certitude des sentiments, tous ces gens qu'elle n'imaginait même pas, debout au-delà des rideaux rouges, l'incarneraient-ils ?

Quelqu'un toque à sa porte. Elle sursaute.

— On vous réclame !

La femme, la cancre, la Juive, l'abusée, qui a toujours dit non, répond oui.

En balade après son triomphe, tard dans la nuit, dans Paris qui leur appartient, à égalité pure, Jacques Brel la fixe de son regard brun animal.

— Tu vois, la grande, qu'est-ce que je t'avais dit !

XV

I Want to Hold Your Hand
(Je veux tenir ta main)
Tube des Beatles qui lance la Beatlemania planétaire, 1963-1964

Hubert Ballay n'a pas quitté la scène sans un beau geste. Avec lui, la vie d'artiste ne s'achève pas comme chez Léo Ferré : toi le piano, moi le phono. Au contraire. Pour l'appartement, si t'es gênée, je continue de payer le loyer… H. lui a laissé aussi les meubles, y compris le rocking-chair qu'il prétend avoir fait livrer, un jour. Sur tous les tréteaux de France, ce fauteuil noir à bascule deviendra un totem, « l'objet-bulle » où se lovera la vedette qu'il a vue naître.

Barbara peut tout garder, sauf Bibi.

Assez sensible pour savoir que sa grande bringue l'est dangereusement, Hubert s'inquiète des conséquences de leur rupture, de ses montagnes russes mélancolia, faudrait pas qu'elle fasse une connerie… Sans se représenter rue de Rémusat afin de ne pas attiser les braises, Hubert va envoyer un émissaire officialiser leur séparation et lui rendre sa clef, tout en prenant des nouvelles. Et il ne choisit pas n'importe qui.

Dans la France néocoloniale, toute une faune suivait les expatriés : gigolos, aventuriers, bandits… Et des artistes trouvant à s'employer. Luc Simon, qui sillonnait l'Afrique sur les traces de Rimbaud, déboule à Abidjan pour décorer une boîte de nuit. Hubert, forcément lié au patron, convoque ce décorateur globe-trotter pour lui demander de mettre un peu de chic à sa villa que Barbara jugeait « naze ». Le type lui plaît. Luc Simon est peintre, fils d'une dynastie de maîtres verriers à la cathédrale de Reims. Un pur. Bonnes épaules, sec, avec du nez, du sourcil. Une gueule noble à faire se retourner Robert Bresson qui le choisira pour incarner Lancelot du Lac dans son film éponyme en 74. Ballay fait entendre à Simon des disques de la Chanteuse de Minuit. Et c'est ce chevalier que le diplomate choisit d'envoyer à Barbara, façon de lui démontrer sans doute qu'il ne fréquente pas que « des connards et des fachos ».

— Va la voir de ma part. Dis-lui que c'est fini mais si tu sens un gros problème, préviens-moi.

Curieuse mission, Hubert était-il plus accroché qu'il ne le prétendit plus tard ?

À Paris, Luc Simon rencontre l'« ex » dans un café. En le voyant entrer, Barbara a dû penser, il est bien, lui. Pas affairiste, barbouze, colon : Artiste. Sous l'épaisse chevelure brune, ses yeux brillent à parler tableaux, vitraux. Cet homme-là crayonne des calepins, taiseux, puis tout à coup volubile, inspiré, fantaisiste. Assez irrésistible, en fait. Ils se revoient au cinéma, dans les parcs. Simon l'emmène contempler les vitraux de l'église

Saint-Séverin. Elle veut visiter son atelier. Il est de six ans plus âgé, la quarantaine. Avec Françoise Gilot, partie avec Picasso, ils ont eu une petite fille fragile. La Ville de Paris vient de lui décerner son prix de la Critique. Ce rêveur a la tête peuplée d'un voluptueux bestiaire sauvage. À l'improviste, Barbara revient à l'atelier et veut passer la nuit sur son canapé, ça lui rappelle sa jeunesse. Le peintre est un peu confus.

— Oh, ne vous gênez surtout pas pour moi, Simon !

Elle se jette à sa tête. Avec les hommes, désormais, elle agira la première, pour les choisir, les aimer, les quitter, les jeter – certains y verront même de la haine.

Le peintre télégraphie à Hubert de rappliquer à Paris, la situation prend une tournure imprévue[1].

Pas de réponse.

Dans ses Mémoires, Ballay avoue que leur liaison l'a scié, Monsieur Françafrique n'avait pas imaginé ce coup de Jarnac. Sacrée réplique de la bergère au berger. Quand les deux amants, celui d'hier, celui d'aujourd'hui, se retrouvent face à face dans la chambre d'Hubert à l'hôtel Lutétia, ils ne se foutent pas sur la gueule.

— Alors comme ça, t'es avec Barbara ?

— Tu m'as demandé de la consoler, pas interdit de l'aimer.

Le plus fort est que Luc et Barbara s'aiment vraiment[2]. Dans le F3 nuageux, quand Barbara met Mozart, elle entend de nouveau son bonheur, l'existence généreuse. Luc est là, il connaît « *Soave sia il vento* », sans

1. Selon Marie Chaix, dans *Barbara*, Calmann-Lévy, 1990.

2. Le début de leur liaison doit tourner autour de l'hiver 1963. Il est possible que ce soit en attendant Luc Simon, un soir, qu'elle écrivit « Pierre ».

la saouler de références, d'art pictural comme Claude Sluys à vingt ans. Lorsque ses mains de peintre la touchent, tachetés de fragments de couleur autour des ongles, le parfum de Cologne-sueur-Havane s'évanouit dans la térébenthine.

Le succès est là, aussi, facile à partager, derrière Dejacques, Denise Glaser, surgissent de nouveaux protagonistes : journalistes, intermédiaires... Et Barbara a rappelé Sophie Makhno dont elle a entendu dire qu'elle assurait le secrétariat de certains artistes.

— Même si tu ne m'aimes pas, tu veux travailler avec moi ? Je te donne jusqu'à demain.

Sophie Makhno répond oui, ahurie. Elle sera secrétaire-manager d'une révélation survoltée, difficile à gérer pendant les deux prochaines années. La tête sur les épaules, la jeune femme doit veiller en priorité sur les comptes car, tête en l'air ou dans le sac, Barbara a besoin d'assistance. Son statut évolue. Hubert n'est plus là pour tenir les rênes, régler les factures. De ses semaines passées en Côte d'Ivoire, elle a gardé le goût du luxe superflu, d'être servie. Elle engage une bonne martiniquaise, Lucienne, dite Nounou, diminutif qui prouve qu'elle est bien davantage. Et installe sa mère à ses côtés dans un studio de l'immeuble à Rémusat. Comme promis, Esther n'a plus à travailler. Sa fille gagne mieux sa vie.

Barbara oublie Hubert, aime Simon – qu'elle refuse d'appeler Luc, travaille avec Claude. Un piano, un lit, une scène. Un disque admirable.

Pour illustrer la pochette, Claude a pensé aux titres de ses chansons dans un jeu de caractères typographiques, mêlé à un jeté de ces roses rouges qui commencent à voler sur scène vers la chanteuse. Le graphiste Pierre Faucheux, si talentueux, s'en est chargé. Barbara a chanté Brel, Barbara a chanté Brassens, maintenant « Barbara chante Barbara ». Leur 33-tours est sorti en septembre juste avant Bobino en première partie de Brassens. Les disquaires l'ont tout de suite baptisé « l'album à la rose ». Et l'ont vendu.

« Barbara chante Barbara » est l'opus le plus mythique de sa discographie avec le live de son premier Olympia 69 et celui de Pantin, en 1981. Douze titres, quatre légendes : « Nantes », « À mourir pour mourir », « Pierre », « Au bois de Saint-Amand »… « Chapeau bas » : chanson originelle. « La Gare de Lyon » : moins renommée mais grand voyage. « Bref » : une insolence de la croqueuse d'hommes. Les paroles de « Sans bagages » sont de Sophie Makhno, son assistante. La musique de « Ni belle ni bonne », de Liliane Benelli, la jolie pianiste de L'Écluse en couple avec Serge Lama – ces deux-là, tout le monde les adore. Sa famille dans la folie du moment.

Après la monophonie en 64, Grand Prix de l'Académie Charles-Cros, l'album à la rose est sorti fin 65 en stéréo. Il a obtenu du succès en Allemagne et au Japon, pas du tout chez les Anglo-Saxons. Pour les collectionneurs, ce rare vinyle qui ne trouva pas de public outre-Manche coûte désormais un bras.

*

C'est notre disque, le premier, dans la chambre d'adolescent des années 70. La pellicule de la pochette, à force, s'écaille. De la pulpe de l'index, nous chassons le mouton de poussière accroché au saphir – ce bruit affreux des baffles n'existe plus. Nous l'écoutons en boucle, par terre, la tête contre l'électrophone, sautant de « Nantes » au « Bois de Saint-Amand » – quatre-vingt-dix secondes. Nous en connaissons jusqu'aux souffles, l'apnée entre *voilà le printemps* et *nos quinze ans qui s'affolent.* La forêt de l'avenir, les yeux bandés. D'infimes battements ressemblent à un bruit de cheveux. Quand c'est fini, le saphir revient sur le bon sillon, ça recommence – quatre-vingt-dix secondes. À la fin du « Bois de Saint-Amand », la dernière syllabe ne se prononce pas : *Saint-A…*

Toutes ces chansons n'en sont qu'une, changeante mais unie, semblable au ciel d'heure en heure. La violence y était mais n'y est plus, comme le loup. Nous aimons aussi ses romans brefs, tenus de A à Z – « Joyeux Noël », « La Gare de Lyon » – comme le temps qui coule autour de nous mais pas à l'intérieur de soi. Gravement heureux, nous embrassons quelqu'un. Ou personne.

Son « Pierre » est plus hermétique. À dix-sept ans, on ignore l'attente. Un soir mouillé à la campagne, *le ciel, le feu et l'ombre*, sous la lune qui projette le toit de la remise, à écouter les bêtes, nous pensons c'est exactement comme « Pierre ».

Dans « À mourir pour mourir », nous ne savons pas très bien ce que veut dire *pour aller se faire lanlaire.* Mais *sur mon cou, la main nue qui se pose*, maintenant nous savons ce que c'est. Pourquoi vouloir quitter la vie ? Désirer mourir n'existe pas chez l'être à l'état naturel. Qu'est-ce qu'elle raconte ? C'est son humour. Elle est drôle aussi. À se tordre.

« Je ne sais pas dire ». *Je ne sais pas dire je t'aime*, trois minutes. Celle-là fut d'abord quelques lignes sur une feuille de papier qu'elle est allée glisser dans la boîte aux lettres de Luc Simon. Si elle n'ose pas, ne sait pas, ne peut pas, *pour un sourire, une larme qui viendraient de toi*, elle finit par dire je t'aime (trois fois).

À la sortie d'Aix-en-Provence, vers Maussane, il y a un mauvais carrefour, écrasé de soleil en été. Liliane Benelli meurt sur le coup, le 2 août 1965. Serge Lama, polytraumatisé, s'en sort par miracle, boiteux à vie. L'un des plus beaux couples de la chanson de Paris se disloque, portant à la bande de L'Écluse le plus rude coup qu'elle ait jamais reçu. Trois notes, trois mots, toujours pareil, son processus. Petite cantate, *si mi la ré sol do fa*. Cent trente secondes, un peu plus qu'« Au bois de Saint-Amand », à l'envers[1]. À la vie ou à la mort, même clarté. Est-ce cela qui la rend si apaisante ?

Un soir de 1974, à la télévision, en paillettes, une pivoine de soie à l'épaule, Barbara interprétera « Une petite cantate » façon air de charme, un peu gypsie, en duo rieur avec le violoniste Ivry Gitlis avant de soudain pincer les lèvres et baisser le regard.

Ça continue, ça s'arrête, ça recommence. Notre vie est ainsi.

---

1. Et Serge écrira pour Liliane « D'Aventures en Aventures ».

XVI

Je suis une poupée de cire, une poupée de son
Mon cœur est gravé dans mes chansons
Mes disques sont un miroir
Dans lequel chacun peut me voir...

France Gall / Serge Gainsbourg,
« Poupée de cire, poupée de son »
Grand Prix du concours Eurovision
de la chanson 1965

Ses pieds ne touchent plus le sol, à cheval sur son balai de sorcière en plumes de paon ou sur le tapis d'Arabie des rideaux de scène. Les concerts Pacra, au Marais, se sont terminés sur un tel succès que dans la foulée le producteur Gilles Sommier la lance sur les routes avec Serge Gainsbourg. Première tournée à l'hiver 65.

Vole. Chante. Tourne.

Barbara et Gainsbourg s'admirent mais ne savent pas s'approcher, encombrés de timidité. Le Poinçonneur des Lilas et la Chanteuse à la Rose partagent les mêmes origines juives russes, un goût subversif, un physique singulier. Si l'appellation de dandy pourrait également leur convenir, Gainsbourg, peintre raté, authentique baudelairien, distille une érudition, une ironie distanciée très étrangères à Barbara. Avec sa gueule de couteau des Pompes funèbres, punchant les mots du bout des lèvres, le génial pianiste jazzy peut servir les yéyés en piquant un thème à Beethoven (« Poupée de cire » est probablement « arrangé » de sa première sonate pour piano). Malgré l'estime réciproque, l'amitié n'a pas lieu. En tournée, Barbara récolte des fleurs derrière Serge qui essuie des sifflets. En mars, lorsque le Grand Prix de l'Académie Charles-Cros l'oblige à remonter recevoir sa distinction dans la capitale, Gainsbourg ne fera plus assez de monde pour prolonger longtemps.

« Complexée par mon ignorance et mon inculture, j'ai souvent refusé de belles rencontres, certaine de ne pas être à ma place, à la hauteur de l'échange », elle dit. Bel aveu tardif[1]. Serge Gainsbourg est sans doute l'un des premiers parmi ceux-là. On regrette les trésors qu'il aurait pu créer pour Barbara.

Radieuse, la lauréate ne fait pas de son prix des confettis mais plusieurs morceaux qu'elle distribue à ses musiciens, ayant moins le respect des diplômes que d'affection pour ses partenaires de magic scène. Des sollicitations l'appellent un peu partout à travers l'Hexagone : festivals, casinos… Denise Glaser n'est plus seule à lui ouvrir la porte des studios, la presse com-

1. Dans ses Mémoires, *Il était un piano noir*, *op. cit.* En 1973, dans « Profil » sur France Culture, elle dit aussi : « Un homme comme Gainsbourg, par exemple, est parfaitement de son siècle, de son époque, lui !… Tandis que moi, qu'est-ce que je fais ? Je radote. Je dis l'amour. »

mence à jouer des coudes autour de la révélation de l'année.

Débordée, Sophie Makhno, son assistante, rejoint le bureau de communication de Nadine Laïk. L'époque génère un nouveau métier : attaché de presse. Si leur officine sur les Champs-Élysées, financée par Philips, représente d'autres vedettes, Sophie Makhno se consacre presque exclusivement à Barbara. Une jeunette, Marie Chaix, vient l'épauler de temps en temps.

Que la baronne Marie-Hélène de Rothschild, si fine, souveraine des élégances huppées, soit une admiratrice n'empêche pas la révélation de se produire au gala annuel du groupe libertaire Louise-Michel en excellente compagnie : Brigitte Fontaine, Maurice Fanon… Et de rester fidèle aux étudiants en donnant un concert à la Mutualité. Serge Reggiani est également à l'affiche. Sous son allure de bedeau, les bras ballants, elle flaire le talent et lui trouve la beauté d'un homme. Sans doute se rappelle-t-elle l'avoir aperçu derrière Casque d'Or à La Fontaine des Quatre Saisons… À l'époque, la chanteuse de personne passait le balai quand l'Italien rencontrait la gloire. Aujourd'hui, Reggiani chanteur indiffère. Lorsqu'ils se retrouvent plus tard dans la saison au Théâtre de l'Est parisien, Barbara se montre plus entreprenante. Ayant subi également une encombrante timidité, elle propose au novice ses conseils. Le don ne peut ignorer la technique. Venez donc chez moi, Serge, je vous montrerai ma Casserole.

Sur la libertaire affranchie, les « sous » se mettent à pleuvoir, ce petit mot d'enfant et de pauvre mute en substantielles rentrées d'argent. Des liasses au fond de son sac, des chèques roses ou bleus provoquent la boulimie de s'offrir tout ce dont la gamine traquée, l'affamée de Bruxelles a manqué, tout ce dont la débutante des quais rêvait : les paires de vernis à brides de la jeune Françoise Quoirez-Sagan, chemisier Cardin, étole de chinchilla dans un décroche-moi ça. Et ci et ça… Une nuisette en dentelle de Calais, trois crayons à paupières chez Carita, des éponges vert pétard dans un Tout à 1 franc aussi bien qu'un sac piqué sellier Hermès comme ceux de Tante Jeanne[1]. Hors de prix, raison pour laquelle Barbara en achète deux.

L'été 65 passe à chanter en province, à enregistrer au studio Blanqui le 33-tours du « Mal de vivre » qui doit précéder sa rentrée à Bobino. Et à surmonter la mort de la pianiste Liliane Benelli.

On sonne, elle sort du lit, enfilant son déshabillé de dentelle pour aller ouvrir aux tapissiers-décorateurs qui viennent tendre l'entrée d'un tissu cachemire à motifs bleus sur fond noir. L'appartement devient écrin. L'argent sert à s'oublier en dépenses, plaisirs faciles qui glissent entre les doigts. Rien de patrimonial surtout, l'inventaire à la Prévert se confond à la ballade consumériste de Vian.

Un après-midi, Nadine Laïk travaille à son bureau sur les Champs. Soudain, un sac et des paquets de grandes marques volent à travers la pièce depuis l'entrée. Une voix coupable s'élève, cachée derrière la porte.

— J'ai pensé à toi. Mais tu vas m'engueuler…

1. Dont elle ne dit plus un mot après la guerre, disparue à jamais, la tante millionnaire.

Barbara exhibe à Nadine Laïk des bas de soie, des foulards, des lunettes noires, un manteau qu'elle lui tend.

— J'ai déjà un manteau, Barbara !

— Celui-ci est plus chaud et si joli, tu ne trouves pas ? Tiens !

Quand sa frénésie d'achats vire en folie furieuse, Nadine Laïk parvient à aller lui faire rendre quelques emplettes. Sans endiguer sa prodigalité. Un jour, Barbara déboulera avec les clefs de deux décapotables offertes à ses collaboratrices.

— Ah ce n'est pas du tout une dépense, non, c'est de l'investissement ! Faut que nous soyons chics, fraîches et rapides, les girls !

Sous cette profusion a recommencé une chasse au cerf dont Bambi est à la fois le chasseur et la proie. Maintenant qu'elle est célèbre, on l'attend au tournant. La dèche te précipite dans un trou, la gloire te pousse vers un gouffre. Ses razzias au fond des boutiques offrent un répit à la pression. Bobino III est prévu le 15 septembre 1965, en vedette cette fois, bien sûr. Le contrat est prêt, y a qu'à signer là. Au bas de la dernière page, Barbara griffonne toujours un oiseau, une fleurette, un p'tit bateau comme si son nom ne la résumait pas, qu'un graffiti la préservait d'être adulte.

Dejacques, agent passionné autant que gardien du système, ne la lâche pas : c'est le jeu. Le marché commande de faire sa rentrée chaque automne avec un disque, de se produire sur une grande scène avant d'attaquer la tournée. Ainsi vont le métier et les carrières longues. Ne serait-il pas dommage que tout s'arrête ?

Que le public se détourne ? À la peur de l'échec succède celle de lasser. Pire : de décevoir. Presse ton magnéto, remets-toi au piano. Le conseil de Brel opère, sa violence à s'accoucher force son talent. Elle a moins de pudeur à trouver en elle ses refrains.

On tape à la porte, un bouquet de chez Lachaume de la part de monsieur Hazan.

Le téléphone sonne. La banquière s'inquiète du compte à sec.

— Zut alors ! Cela va s'arranger je suis sûre, voyez avec Sophie Makhno…

Un coursier porte un pli urgent à propos, l'an prochain, du gala de l'Union des artistes. Un an, autant dire un siècle…

De ses engagements, la chanteuse rentre exténuée pour trouver dans sa cuisine Nounou et tous ses cousins ; l'un remue la marmite, l'autre touille sa lingerie délicate dans l'évier, un troisième arrose les plantes, le quatrième regarde la télé. Morte, Barbara grinche mais s'amuse de cette tribu sans laquelle la maison serait plus triste et son coucher solitaire. Nounou lui sert une soupe poivrée, le cousin lui masse le dos, la cousine fait couler le bain moussant. Puis Nounou la met au lit où M'dame Barbara sombre plutôt qu'elle ne s'endort entre ses draps de satin noir.

Réveil tardif, précipité : rendez-vous chez Philips. Louis Hazan veut l'emmener déjeuner… Et savoir où elle en est.

Dans l'ascenseur, un voisin lui tend à signer sa photo au concert Pacra.

— Vous étiez merveilleuse.

— Merci, c'est si gentil, vous étiez là !... Quel nom déjà ?

— Monsieur Croute, Maurice Croute[1].

— Bien sûr ! Comment ai-je pu l'oublier ?

Les admirateurs sont légion, maintenant. Une invasion, selon la concierge, des gens très gentils cela dit. Prête à jouer son cerbère, la gardienne de Rémusat lui révèle l'existence d'une porte de service sur l'autre façade par où l'escalier des poubelles peut la conduire au premier étage sans passer par le hall. Les admirateurs sont sacrés, bien entendu, mais comment égaler leur constance ? Mal aux pieds, à la tête, gros chat dans la gorge se prêtent mal aux tête-à-tête avec des inconnus. Pas évident non plus de bavarder avec quelqu'un qui vous adore sans que vous l'ayez jamais vu.

Comment font Johnny et Sylvie ?

La vedette se faufile dans le local du vide-ordures, les tas de granulés rouges de mort aux rats s'amoncellent aux coins des marches. Sur la boîte aux lettres, un M. S. anonyme a chassé le patronyme flamboyant, la concierge a masqué l'étage, les intrus sont plus rares à filer au septième sur son paillasson. Le courrier devient problématique, Philips réexpédie des paquets de lettres. Les jeter serait un crime mais qui pourrait répondre à ce déluge ?

Comment s'y prend mademoiselle Dalida ?

Barbara a quitté Luc Simon autant qu'il s'est effacé. Le jour à peindre, la nuit à composer laissent peu de temps pour s'aimer, l'aube et le crépuscule sont des

1. Un monsieur Croute logeait bien au 14, rue de Rémusat.

heures incertaines. Habité par ses propres cieux, Simon ne sacrifie pas sa peinture aux désirs de Barbara qui, fâchée, a retourné ses toiles face au mur. Elle n'est guère plus avancée avec Reggiani, homme marié qui se présente à leurs rendez-vous studieux en compagnie de sa fille. Barbara accueille gracieusement l'enfant en fulminant intérieurement. Je te veux, je t'aurai, l'Italien. Mademoiselle Reggiani ne garde pas mauvais souvenir de ces après-midi où son père, « l'air d'un petit garçon », transforme sa timidité en style avec la dame en noir. Chanter est sérieux. Mieux vaudrait venir seul, non ? La lionne pygmalionne en sera d'autant plus à l'aise pour l'allonger d'un coup de patte sur son sofa.

Le clair de lune éclaire ses zinzins. Paris scintille autour du crapaud Pleyel comme les mille yeux d'un théâtre obscur. Sa notoriété croissante rend les voisins stoïques et elle bloque la pédale de la sourdine avec un bottin. Ce n'est pas qu'elle se couche et s'éveille tard, Barbara ne dort la plupart du temps pas. Remontée comme une pendule à 8 heures du matin ou du soir, à faire ses trois-huit : un tiers temps pour l'inspiration et fabriquer ses chansons, un autre consacré à la chanteuse sur scène et en ville, le reste en amante-amie mondaine. Les premières de tous les artistes qu'elle a connus à L'Écluse occupent deux soirées sur trois.

De quoi a-t-elle besoin sinon de sommeil ? D'un chapeau léopard comme ceux de madame Houphouët-Boigny.

Ses rapports avec les journalistes se tendent.

— Barbara, pour la suite de votre carrière, pensez-vous à…

— Pardon, je n'aime pas ce mot de « carrière », je n'ai pas de carrière, voyez-vous, et je n'en imagine aucune…

Avec un autre, sur RTL :

— De votre belle expérience à Bobino…

— Excusez-moi, non, il n'y a jamais aucune expérience de rien, le succès recommence soir après soir. Bobino n'est pas une expérience, je préfère dire une aventure…

Elle commence à se tailler une réputation d'artiste chipoteuse, voire emmerdeuse. Cependant, face à certains, l'entretien passe comme une lettre à la poste. Parce qu'elle est mieux lunée, parce qu'ils sont aussi plus attentifs à sa sensibilité, tout simplement. La barbe, ces messieurs-dames en micro à qui il faut ouvrir son sac comme devant un barrage policier. On pourrait lui rétorquer que rien ne l'oblige, il suffirait de ne pas y aller.

Eh bien justement…

Rendez-vous à midi avec une plume de *France-Soir*. Midi dix, vingt. Pas de Barbara. Téléphone, sonnerie, personne. Fantômette a disparu. Nounou finit par décrocher : Madame est partie avec sa petite valise bleue. Quoi ? Où ça ? Pendant deux jours, personne ne sait où elle est. Et Fantômette réapparaît, sifflotant comme un cancre après avoir séché le jour de l'interro. Nadine Laïk qui engage son crédit, son professionnalisme, n'apprécie pas. Le torchon brûle.

— Ton attitude te nuit, je te préviens. Autant qu'à nous tous, tu n'es pas la seule artiste du bureau.

— Je ne suis pas un numéro.

— Parfait ! Si tu ne veux plus donner d'interviews, dis-le, on ne te prend plus de rendez-vous.

Pas si simple. Barbara peut être aussi bien à minuit que dévastée à midi, incapable de faire face à qui que ce soit.

S'il est naturel qu'un chemin de roses soit parsemé d'épines, le sien est couvert de bris de verre. Sa fragilité psychique encaisse mal la pression. Avant Bobino III, en catimini, première cure de sommeil, prélude d'une longue série. Jamais elle ne se fera prier pour basculer en clinique, sollicitant même parfois son hospitalisation. Ces black-out achèvent de ruiner son horloge interne mais elle en sort souriante, sur un nuage où ses nerfs à vif reprennent vite leur travail de sape.

Si beaucoup la considèrent foldingue, sinoque, une dépression sévère la rendrait totalement invalide. Ce n'est pas le cas. Sa réussite[1] la tient vent debout.

Quand l'angoisse la libère, son don d'instaurer en un instant une complicité sans familiarité, sa vitalité, sa drôlerie imposent son aura distinguée, pas sectaire pour un sou. De mondanités en célébrations, tout Paris est séduit par la repartie inouïe d'une vedette rayonnante qui s'intéresse autant à un porteur de plateau qu'au ministre. Qui la connaît assez mesure toutefois, dans son bougé d'oiseau, son équilibre d'échassier, l'oscillation nerveuse de sa nuque, quelle part d'anxiété nourrit ses virevoltes.

La valse des calmants s'ajoute donc aux cures de sommeil : cachet blanc de somnifère, cachet bleu d'am-

1. Mot qu'elle exècre autant que celui de « carrière », évidemment, tout en étant obsédée par le commandement de se surpasser. Faillir, louper une marche, une note, décevoir ceux qui se déplacent pour l'entendre la rendrait vraiment folle.

phétamine, blanc, bleu, blanc, bleu, pilule verte, gélule rouge, la gamme d'une pharmacopée secrète. Maintenant je dors, maintenant je sors, maintenant je chante, maintenant je ris, je cours, je claque. Et puis je craque.

À un soir de *revival* sans lendemain avec Luc Simon – entre eux traînera longtemps une intermittence ambiguë, joueuse – s'enchaîne un après-midi en compagnie de Reggiani. Ou un matin à rabattre... Guy Bedos. Tous les hommes sont bons, comme les cerises, et leur saison dure toute l'année. Marins au long cours, burinés ou taciturnes, aussi bien que les pétillants, les juvéniles... Guy Bedos, humoriste débutant, la plie de rire – rire, le premier des boucliers.

— Bonjour, c'est Barbara la chanteuse, dites, vous ne voudriez pas faire ma première partie à Bobino ?

Guy Bedos en tombe par terre. Et se rend vite compte qu'elle n'en veut pas qu'à son talent comique. Mais Bedos s'esquive. Comme beaucoup d'autres, il en a peur et d'ailleurs il le dit :

— Cette folle, quand on passait à Bobino, venait s'asseoir en coulisses côté jardin, elle me regardait, ne pipait pas, ne riait pas... « Barbara, franchement, ne me fais plus ça... Tu me décourages »... Elle, en revanche, faisait coudre les rideaux pour ne pas voir le pompier. « Mon chéri... J'en ai besoin, c'est le même public, j'ai besoin de le respirer. Je viens voir comment ça se passe pour toi »... « Oui mais pas comme ça, je te jure, tu me fais peur[1] ! »

---

1. In *Rappelle-toi, Barbara* (2007), documentaire d'Yves Riou et Philippe Pouchain.

Bedos l'a « adorée ». Mais tomber sous son charme ne l'a pas entraîné sous sa coupe. L'idée de se réveiller avec Barbara lui était impensable : « J'aurais eu l'impression de prendre mon petit déjeuner avec la mort[1]. »

Le matin du 15 septembre 1965, jour J, la trouve fin prête, frémissante sur sa valise au pied de l'immeuble, à attendre le premier taxi de son marathon. France Inter lui consacre la journée entière, du matin au soir. Passage à la station, interviews pendant les répétitions, en loge, jusqu'au lever de rideau malgré son trac. Après la diffusion en direct du récital, la vedette clôturera l'événement radiophonique en confiant ses impressions aux auditeurs. Nounou guette la voiture du septième étage, malheureuse de l'état dans lequel se met la pauv' M'dame Barbara.

Soudain, une boulette de papier lancée depuis l'immeuble roule à ses pieds. Sur la feuille froissée sont inscrits deux mots :

BONNE CHANCE

Merci. Merci qui ? Les anges, la confrérie bienveillante des morts, la tendresse universelle via un geste anonyme ? Ou l'aîné des gamins du cinquième ?

Elle serre ce talisman.

Le taxi apparaît.

Douze heures plus tard, la rue de la Gaîté résonne d'un triomphe à Bobino, tant pour Guy Bedos, lancé,

1. *Ibid.*

que pour la Chanteuse à la Rose, cassée en deux sous un vol de fleurs.

La presse évoque carrément « les trois B » : Brel/Brassens/Barbara.

Le 16 septembre, au lendemain de sa première, elle se rend au journal d'Europe 1 où le directeur de l'antenne se targuait voilà peu de ne pas la diffuser.

— Serait-il possible de voir monsieur Lucien Morisse ?

Ça tombe bien, le boss est juste là, sur le trottoir de la rue Francois-Ier, à fumer une cigarette avec un collègue. Elle fonce sur son censeur telle une buse sur un mulot en veste à carreaux. Lucien Morisse n'a pas pas l'air féroce, « une belle laideur », maigrichon, blondinet, comme perpétuellement transi.

— Alors ! Je suis sur la liste rouge des artistes qu'on ne passe pas ?

Lucien Morisse se confond déjà en excuses.

Ainsi « B. » s'ouvre-t-elle les ondes d'Europe 1 en même temps qu'elle y gagne un ami. Le soir même, Lucien lui fait livrer une gerbe de fleurs « indécente d'être si belle ». Le lendemain ils vont déjeuner « au bois » (toujours son vocabulaire à la fois duchesse et catin). Lucien est de sa famille, lui aussi a des fantômes qui hurlent à travers ses nuits, jamais remis de la Shoah[1].

Au Bois, tous les deux partagent le même menu hypocalorique, eau minérale/poisson poché/coquillettes, et une conversation inoubliable. Quel monde étrange. Le système, le pouvoir qui lui paraissaient une hydre à

1. Après son mariage avec Dalida, une carrière qui fera de lui une grande figure regrettée de la chanson et de la radio, Lucien Morisse s'est suicidé en 1970.

douze têtes affreuse, en compagnie de Morisse, Dejacques, Hazan, se révèlent peuplés de caractères bienveillants, visionnaires, conquérants… Le puzzle compliqué de la comédie humaine.

La Francophonie la réclame. Lausanne l'acclame. Au TEP, elle retrouve Reggiani. Serge progresse à la scène comme à la ville : il est son amant. De nouveau, malgré elle, la lionne tend les bras vers cette camisole de flammes d'avoir un homme dans la peau. Serge lui plaît « énormément ».

Avec l'année 66, le tourbillon ne continue pas, le tourbillon devient tornade.

Le métier de la musique tourne à l'industrie, les médias transforment la réclame désuète en entreprise de communication, foire d'empoigne où déboulent les juristes, les contrats de vingt pages. À relire celui qui la lie à Philips, sous les injonctions de Sophie Makhno, le ton monte entre les deux femmes dans un restaurant.

— Nous en étions convenues.

— Je ne t'ai jamais dit ça.

— Mais si, Barbara !

— Tu me prends pour une dingo[1] ?

Sa générosité ne l'empêche pas d'entretenir un sens aigu de la rupture sèche. Sans doute apprécie-t-elle de rompre, acte libérateur… En deux minutes : rideau. Terminé. Sophie et Barbara ne renoueront jamais. (On se souvient de sa séparation avec Claude Sluys.) Quand

1. La cause de leur dispute reste obscure, d'autant que Barbara s'intéressait peu à ces questions. Le dilemme semble contingent, bénin au fond.

Barbara casse, elle n'entend pas recevoir d'excuse ni en présenter.

La voilà sans secrétaire-manager. Dans la rue, elle croise cette jeune fille qui aidait au bureau de presse, Marie Chaix. Plus exactement remarque-t-elle ses sandales vertes. De son côté, Barbara arbore une voilette insensée qui ressemble à un masque d'apiculteur.

— Oh, où avez-vous trouvé ces jolies sandales ?

— À Juan-les-Pins.

— Venez, j'habite à deux pas, j'ai plein de jolies choses qui iront avec.

Rue de Rémusat, Marie Chaix s'extasie sur une robe Pucci, imprimé de soie du dernier chic, que Barbara lui colle dans les bras.

— Prenez-la. Mais si, j'en ai d'autres !…

La jeune femme quitte l'appartement rhabillée pour l'été.

Quinze jours plus tard, son téléphone sonne.

— C'est Barbara la chanteuse, vous voulez travailler pour moi ?

— Mais… J'ai été embauchée chez un avocat.

— Combien vous gagnez ? Je vous donne le double !

— Ah bon… Mais je… j'ai un préavis à faire.

— C'est quoi, un préavis ?

La jeune femme ne résiste bien sûr pas. Très vite, à voir sa patronne cavaler sur la crête, Marie se demande jusqu'où elle ira sans tomber. Elle a tort. Justement, Barbara en a assez de courir, sauter dans les trains, attendre les taxis. L'idéal serait donc une auto. Elle en parle à Louis Hazan. Princier, le grand manitou de chez Philips l'invite à se rendre chez n'importe quel concessionnaire choisir le véhicule de ses rêves : sa maison de disques réglera la facture. Barbara se rue au garage comme chez un marchand de jouets.

Et là, coup de foudre. Pas une première main, mais du luxe : Mercedes gris métallisé avec rideaux aux vitres, intérieur cuir – « Un confort que je ne soupçonnais même pas », elle dit. Boîte à gants, moquette, vide-poches, habitacle capitonné comme un cercueil. Le carrosse de Carabosse, une litière motorisée… Excellent choix, madame. Et pour la carte grise, le permis de conduire…

— Pardon ?

Elle embauche un chauffeur, sans casquette. Au cercle de ses proches s'ajoute Pierre Tomasso, cocher attitré, homme à tout faire, technicien multicartes, coursier de nuit…

Parée à appareiller. Évidemment, elle joue, surjoue, s'amuse autant qu'elle amuse, sachant flirter avec la dérision. Même au gala de l'Union des artistes, la Barbara, négligemment étendue devant un piano blanc d'enfant pour chanter le « Yesterday » des Beatles, récolte encore un triomphe quand d'autres se fatiguent en acrobaties ou serrent les fesses devant un tigre.

Avec tact, Claude Dejacques reprend ses cercles autour de sa baleine blanche qui supporterait mal de sentir le courant qui l'entraîne devenir une machine à broyer – ou à fric. Faire carrière est un perpétuel critérium contre la montre.

— Vous vous imaginez que je les ponds, les chansons, Claude ?

À peine les sacs posés qu'elle doit les reprendre. Autant transformer ses loges en logis. Munie de clous et d'un marteau, il lui faut moins de deux heures pour tendre les murs de tissu noir. À farfouiller, planter, tapisser, madame Bricolage connaît la Samaritaine comme sa poche. Avec deux lampes tamisées d'un chiffon de soie, l'abri fait boudoir-funérarium. Mais envahi de fleurs, de doudous en grigris, de bibelots en cadeaux, sous un parfum de serre, son miniroyaume a une sacrée gueule.

À son piano, tête au ciel, elle craint de ne plus parvenir à voltiger entre les nuages. De laisser transparaître une vilaine besogne. Elle somme Claude Dejacques d'être franc. Lorsque celui-ci obtempère d'un sourire un poil déçu, l'artiste explose.

— Si vous ne me trouvez pas assez bien, allez voir Petula Clark. C'est vrai, je ne suis pas un automate à chansons !

Un bon directeur artistique est tout sauf irascible. À se dresser contre l'orage, il recevrait la foudre. Le duo finit par s'esclaffer d'un rire tendre quoiqu'un peu jaune. Le temps court. Demain, Bobino IV, y a qu'à signer là. Une douzaine de chansons attendues, dans l'idéal, sinon dix, ça ira aussi. Tic-tac, tic-tac…

Après avoir dormi une paire d'heures entre ses draps noirs, B. se relève d'un coup, l'épuisement stimule l'inspiration – toujours Brel. Elle note, se recouche. Le dictaphone a remplacé son carnet, toujours à portée de main, au fond du sac, sur la table de chevet. Si trois mots viennent avec trois notes, il suffit de presser les touches. C'est ainsi qu'elle dit avoir trouvé le refrain du « Bois de Saint-Amand » dans son sommeil. Soudain éveillée avec un thème musical en tête, elle l'a fredonné dans l'enregistreur avant de se rendormir. Au matin restait de la clef des songes une chanson. A contrario, si le zinzin ne ressemble à rien, touche in/touche rouge, pffff, effacé[1].

Les nuits sans sommeil passent dans son belvédère. Tenir le rythme frise le travail à la chaîne.

Malgré l'amour grandissant envers Reggiani, avec lequel les engueulades font la joie des dîners parisiens, son rapport aux hommes tourne à la prédation, sans se vanter ni tenir le catalogue des conquêtes. B. n'est pas H. ni Don Giovanni. Ça se fait vite, en douce, une œillade, une invite. Nounou prend l'habitude, à pas de loup dans la chambre bleu nuit, de ramasser une chemise et un ceinturon pour les déposer sur le dossier du fauteuil. Pas couchée ou déjà debout, M'dame se sauve chez l'esthéticienne qui lui arrange ses ongles, un petit mot suffira à congédier le monsieur qui dort. Certains parmi eux insistent, réapparaissent le soir au music-hall avec un bouquet – encore un bouquet ! En coulisses, la patronne attrape Marie Chaix.

— Celui-là, je ne veux pas le voir. Faites en sorte qu'il ne soit pas aux premiers rangs, je ne veux plus le voir du tout.

La jeune assistante se tord les mains, gênée d'éconduire le soupirant, voyant encore moins comment l'éjecter du parterre.

La Chanteuse à la Rose devient un peu Carabosse de ne plus être conviée au banquet du grand amour, exclue de la tablée des familles. Quand elle repère un très beau

1. Il existe deux scénarios du *piccolo miraculo* du « Bois de Saint-Amand », un en version écrite, sur un bout de papier, l'autre en version audio, sur le magnéto.

couple, de ceux qui lui inspirèrent « Chapeau bas », un démon la pousse à se ruer sur le cavalier pour le faire chuter, l'entraîner jusqu'à son lit, en briseuse de couple, faiseuse d'adultère. Brigitte Sabouraud découvrira, sidérée, qu'au plus fort de leur amitié, Barbara avait couché avec son amoureux.

Pour les femmes enceintes, idem. Ses lèvres un peu pincées formulent des félicitations mais la maternité l'indispose. Quand la femme d'un musicien accouche, en même temps que des cadeaux dignes des Rois mages partent vers la clinique, Barbara souffre de la vue d'un nourrisson. Elle est stérile. La question d'un enfant ne se pose pas. À Charleroi ou Ixelles, entre le pavé ou La Mansarde, au Cheval Blanc peut-être, suite à une étreinte sans lendemain, l'avortement a laissé des séquelles irréversibles.

Elle est coincée. Et son subconscient hurle. Dans « Nantes » rien n'est dit d'un trauma qui reste tabou. Des centaines d'auditeurs lui parlent de son hymne à l'amour d'un père, évoquent leur propre deuil qui ne correspond pas à l'ambivalence du sien. Elle a découvert la drôle de passion d'être aimée par « l'amant aux mille bras » qui ne tient guère chaud une fois les théâtres éteints et qu'on rentre à l'hôtel. Dure absence. Le public regagne ses foyers, bras dessus-dessous, replet d'émotion, quand l'artiste se retrouve face au papier peint, sang bouillant. Ces descentes carabinées bien connues s'estompent en soupers communautaires tardifs. Mais Barbara, éreintée, happée par autre chose, ne parade qu'un moment avant de retrouver le carré d'une chambre anonyme ou sa Nounou à Rémusat.

À un journaliste qui ose demander :

— Chanter fait du bien ?

Trop interloquée pour l'envoyer bouler, B. répond :

— Non, on ne peut pas dire cela.

Elle a découvert la télé. Molle drogue dure. Dès qu'apparaîtront les premiers magnétoscopes, elle se ruera sur cet engin mirifique. Trop lasse pour lire et n'ayant jamais connu cette addiction, pelotonnée à tricoter n'importe comment, elle passe ses nerfs dans le toc des aiguilles. Les nuits défilent devant des films, des fictions, des dialogues, cette présence télévisuelle hypnotique qui apaise, changeant le vertige en aboulie. Même torpeur avec les médocs. Combien en ai-je pris ? Trois, quatre ? Elle en a gobé douze. Ces états confus, ces prises à tâtons la poussent parfois des bras de Morphée au fleuve du Styx, les pompiers seront parfois nécessaires pour la sortir d'un sommeil qui ne la lâche plus.

Elle se crève à chanter. La scène est l'unique espace où B. ne subit rien, ne souffre plus, libérée de ses poids grâce à un contrôle total, draconien. Tous les artistes de spectacle savent que ces heures, avant d'être bleues, sont un puits de trac usant le psychisme.

Le téléphone sonne. Nounou passe une tête.

— Vous êtes là ? Vous êtes réveillée ?

— Oui je suis là, tu vois bien, je suis pas à Tombouctou !

La Martiniquaise revient avec l'appareil.

— M'sieur Dejacques.

— Donne, Nounou, donne, merci.

Le métier de directeur artistique consiste à avoir sans cesse une (bonne) idée. Pour Bobino qui s'annonce, ce serait bien de marquer l'événement d'une pierre blanche. Barbara adore cette expression, Dejacques sait la prendre. Une chanson spéciale au final. Certains artistes se complaisent en rappels, sous des « applaus » qui s'éternisent, d'autres partent trop tôt comme s'ils méprisaient la reconnaissance. Dans les deux cas, c'est moche, vous ne trouvez pas ? Oui, elle trouve aussi. La bonne idée serait une chanson d'adieu pour boucler la soirée, un bonus.

— Un quoi, vous dites ?

— Un bonus, une surprise, une exclusivité qui n'est pas sur le disque, en guise d'au revoir, pour se quitter au plus haut, vous voyez ?

Oh oui, elle voit très bien.

— Une grande chanson, donc.

— Voilà. Vous avez une idée ?

— Aucune.

— L'inspiration ne vous fait jamais défaut. Qu'est-ce qui vous tient à cœur, en ce moment ?

Silence gêné, les yeux noirs de la chanteuse suivent les nuages. Luc Simon ? Oui et non ; révolu. Reggiani, oui et non… Faudrait qu'il quitte son foyer, ses tatanes, ses paresses méridionales. Elle a tant donné, tant chanté son espérance en les hommes.

Dix jours plus tard, Claude Dejacques sonne à sa porte. Cette fois, c'est elle qui a téléphoné et il a rappliqué en vingt minutes, sachant bien le motif de son appel.

— Alors ?

— Alors quoi ?

— Quel thème, l'amour, toujours ?

— Oui et non.... Enfin, si.

Lorsqu'elle traque sous le stress, elle attrape sa mèche de son petit doigt crochu pour tirer ses cheveux en arrière.

— Je vous la chante là, maintenant ?

— Non, l'année prochaine à Pâques...

Dejacques n'omet jamais de la faire rigoler.

— Ma chanson serait sans doute beaucoup mieux si...

— Le mieux serait peut-être que je l'écoute....

— Bien sûr. Vous voulez boire quelque chose ?

— Non merci.

— Bon, bon...

— Oui ?

Du plus loin que me revienne
L'ombre de mes amours anciennes...

Claude Dejacques s'écarte du piano, lève le nez au ciel. Elle recommence, elle continue. Elle en a sous le pied. Barbara n'est pas une vedette, c'est autre chose. Avec cette femme, les motifs d'émerveillement, les séismes émotionnels pleuvent autant que les uppercuts autour de Cassius Clay, champion du monde, qui vient de se rebaptiser Mohamed Ali. Claude est sonné.

De tendres amours de gosses
Ou les morsures d'un amour fou...

Elle prend son temps. Il comprend le thème, de quel amour il s'agit. Qui a déjà fait cela ? Personne.

... Qu'importe ce qu'on peut en dire
Je suis venue pour vous dire
Ma plus belle histoire d'amour,
C'est vous

— Pffff…

— Vraiment ?

— Plus que ça. Vraiment sublime. Vous parlez du public, n'est-ce pas ?

— Cela ne s'entend pas ?

— Pas tout à fait, il faudrait l'induire davantage, peut-être une allusion supplémentaire ?

— Un chant pour se quitter, vous m'avez dit, se dire au revoir. Je salue le public de Bobino… Je lui rends ce qu'il m'a donné.

— Oui, en septembre dernier…

— On doit le comprenne davantage, vous croyez ? Il y a une ambiguïté mais en même temps, ce ne peut-être que le public.

— Ou n'importe qui. Une *love story*.

— N'importe qui aussi, oui. Vous ne voulez pas un plateau de fruits de mer, Claude ?

— À 9 heures du matin ?

— Il n'y a pas d'heure pour les fruits de mer.

— Je suis tellement content de travailler avec vous…

— Moi de même, oui…

— Oui mais non, vraiment, Barbara ! Vous doutez mais c'est fou, c'est à tomber, j'ai tellement de chance de …

— Arrêtez, poussez pas mémé… Alors, oui ou non, je les fais livrer ces fruits de mer ?

Bobino IV. Maniaque. Et le piano et les lumières et la poursuite. Si elle souffre partout du froid, en scène elle a chaud. 21° grand maximum. Elle teste les fauteuils, du premier au dernier rang. « C'est pas que j'ai une belle tête, mais enfin puisque les gens ont payé pour la voir… » Dejacques lui trouve l'air d'un tankiste, assise derrière sa casserole. Lui serait d'avis de le placer en biais. Des heures à trouver la tangente parfaite, ôter la roulette du pied arrière afin de la rendre mieux visible du parterre. L'artiste n'aime pas les éclairages blancs, s'il ne tenait qu'à elle, Barbara chanterait à la bougie. La sécurité l'interdit, et puis bon, Bobino n'est pas le château de Dracula. Reprenons les lumières. Gélatine bleue. Gélatine rouge ?

Cette fois, elle compte se lever, occuper l'espace comme on dit. Dejacques est curieux de voir ça. Myope, avec son long fourreau, sa façon de fouetter le fil du micro, c'est pas gagné cette affaire. Il demande à ce qu'on jette un peu de gros sel sur la scène, légèrement en pente comme un trottoir gelé. Les cristaux rendent de minuscules scintillements. Dejacques vérifie dix fois les marques d'adhésif fixées au sol pour elle.

À la première du 13 décembre 1966, après Reggiani « en vedette anglaise », avec Michel Gaudry à la contrebasse, Bobino IV est gagné bien avant l'entracte. C'est toujours gagné. Si elle se rate, furieuse, agonisant l'équipe à la faveur d'un noir, le public ne s'en aperçoit même pas. Le timbre, la mélodie, les paroles assurent pour elle. Sa loge-roulotte est saturée de gerbes de fleurs, de télégrammes papillonnants. Demain en kiosque, la presse racontera la soirée mémorable.

À la fin, Barbara se lève, longue jupe noire, costume retaillé par Pierre Cardin mais fidèle à sa ligne invariable. Un velours de soie changeant a remplacé le velours à fines côtes de la gardienne voisine de L'Écluse. Son geste nerveux fouette le fil du micro loin derrière sa hanche. Elle traverse la scène, pieds nus. L'instant imprévisible suspend l'auditoire qui la voit s'approcher, jusqu'au bord, s'asseoir. Jambes pliées, mèche défaite. Presque mêlée à *eux*, en léger surplomb. La salle s'étrécit en cercle de veillée.

C'est vrai je ne fus pas sage
Et mes guerriers de passage
À peine vus, déjà disparus
Mais à travers leurs visages
C'était déjà votre image...

Derrière le rideau, Claude Dejacques se mord la lèvre. Elle a ajouté une allusion, rectifié un mot, un éclat, ici et là, à son navire parfaitement illuminé dans la nuit, maintenant.

Vous n'étiez jamais au rendez-vous
Et de vous, perdant courage,
Soudain me prenait la rage...

Y avait de quoi rager de se prendre des trognons de pomme et même des cendriers, chanter devant douze personnes dont une qui roupille et l'autre bourrée. Les secondes s'éternisent, quatre, cinq minutes. C'est surnaturel. Ça n'existe pas. C'était hier, ici même, en septembre, vous en souvenez-vous ?

Qu'importe ce qu'on peut en dire
Je suis venue pour vous dire
Ma plus belle histoire d'amour

Ce chamboulement si violent, si doux, qui fait tout sauf du mal.

C'est Vous

Comme pour « Dis… », pour « Nantes », personne n'oubliera avoir été là à la création de « Ma plus belle histoire d'amour ». Ni ce soir ni aucun des suivants.

En loge, le maquillage de son amie Michèle Morgan a coulé et Robert Hirsch pleure encore. Barbara en est mortifiée. À quoi bon faire chialer les autres ? Pourquoi ?

— Tu pleures toi aussi, faut pas, oh, excusez-moi !

Pour Bobino V, VI ou VII, elle veillera, en garce délurée, à reprendre son répertoire satyrique, balancer des insanités, drolatique avant l'entracte, dramatique ensuite. Un tas de gens se précipite en coulisses, ils l'ont connue, connue avant, elle n'a aucun souvenir de les avoir jamais vus. Et déjà, Bobino en fête redevient un soir bruissant de première épanouie comme il y en eut et y en aura tant.

Pas dupe, elle va écrire « Les Rapaces ».

À Noël, sous son impulsion, un immense sapin brille dans le hall du music-hall, assorti d'une collecte de cadeaux, une tombola au profit de l'association Bol d'Air. Sous les flocons, les lumignons, les télégrammes, les cachets à quadruple zéro, sa générosité suit le mouvement, à plus grande échelle.

« Ce qu'il y a de bien avec l'argent, c'est qu'on peut le donner », elle dit. La couturière Mine Vergès, son habilleuse, affirme que dans ces années-là un enfant serait mort dans ses bras, à l'hôpital. En Lagardère, en bonne ogresse chaussée de bottes de sept lieues, Barbara est bien du genre à aller vers ceux qui ne peuvent venir à elle, prisonniers de chambres où flotte l'épouvante, toujours prête à suivre quelques bénévoles au chevet des gosses perdus. Nul n'est plus fort que la mort, et justement. Disposer entièrement de soi-même rend téméraire. Son attraction se tend vers l'abîme en même temps qu'elle avance. Ses pas la mènent chez Dior et à l'hôpital pour enfants, chez les gauchistes, à l'hôtel Lambert-résidence Rothschild, à Rennes, à Vesoul, elle rentre à Rémusat, elle rentre à Bobino, elle va partout, partout.

Barbara descend le boulevard Montparnasse enguirlandé. Devant la vitrine d'un magasin de jouets, un gamin admire une girafe géante en peluche, plus haute que lui. Elle s'engouffre dans la boutique.

— Donnez-moi cette girafe, là, s'il vous plaît, vite.

Elle sort les billets du sac, repart avec la peluche, se plante devant le petit.

— Tiens.

Le gosse oscille entre panique et miracle. La mère n'est pas rassurée non plus.

— C'est à toi, prends, je te la donne.

Elle s'éloigne. Sans se retourner. À vingt ou trente pas, elle fait volte-face pour garder l'image, le petit garçon, les bras au cou du cadeau. Égayer une vie pure procure un bonheur sans prix et permet aussi de rester à la source des chansons universelles.

Si Barbara est généreuse, si sa générosité atavique demeure d'une rareté admirable, c'est que le don, instinctif, sauvage presque, constitue sa forme de lien. Au fond, elle n'a besoin de personne ni de grand-chose. Elle est prévenante, mais même ses neveux et nièces, ses amants, ses proches reconnaissent qu'un cercle défensif autour de sa personne interdisait de franchir une ligne pour la rejoindre. Elle donne, vite, le plus possible, faute de savoir comment garantir autrement un sentiment. En enfant-papillon, touchée par la grâce. Rompre la chrysalide, s'absenter, l'envol, l'isolement sont son naturel. Les hommes, les compagnons, bien des collaborateurs valdingueront comme des quilles. Lors de son retour sur scène en Belgique, la vedette met quarante minutes à ouvrir la porte de sa loge aux partenaires de son passé. De cette infirmité, elle s'excuse et elle chante. Et donne à qui se trouve là, sur le moment. Ses chansons sont exactement de la même veine. Barbara ne s'exprime pas en poétesse, femme de lettres ni quoi que ce soit auquel prétendre. Quand Barbara chante, en fait : elle te prend, sans te connaître. Se connaître est trop difficile. Son interlocuteur, c'est toi. Quiconque l'écoute, enfin relié à elle, attrape la corde par laquelle elle existe avec autrui.

Contrairement à ce que croit Guy Bedos, Barbara n'est pas la mort mais l'une des plus belles figures solitaires de la culture française des Lumières. Son contrat social est un chant compassionnel.

D'y voir plus clair, de tant donner, délestée, elle va mieux. Continuant d'égrener l'amour, « radoter » sa croyance. Après tout, ceux qui croient en Dieu ne l'ont pour la plupart jamais vu. Ni encore moins couché avec.

Chanteuse/Putain/Religieuse.

XVII

Mais tes arbres n'ont plus de sève
Et tes branches n'ont plus de fruits
Madame Nostalgie,
Pardonne-moi si j'en ai marre
De tes dentelles grises et noires
Il fait trop triste par ici...

« Madame Nostalgie », chantée par Serge Reggiani
Paroles et musique de Georges Moustaki, 1968

Le téléphone sonne, Nounou chantonne, la télé déconne, la porte cogne.

— Oui, je viens !

Le piano s'arrête… Sur le seuil, un ado se dandine, les joues couvertes d'acné. Derrière lui, un groupe de collégiens s'agite dans la pénombre du palier.

— Salut, vous voulez bien nous dédicacer nos photos ?…

— Mais combien vous êtes ?!

— Sept.

Comme les Nains de Blanche-Neige.

— Vite alors, et vous me descendez les plateaux de fruits de mer, hein, vous les videz dans la poubelle et vous les donnez à la concierge, je compte sur vous, OK ?

Barbara file deux étages plus bas. La porte de l'appartement est restée entrouverte.

— Esther, vous êtes là ?

— Oui ma Barbie.

— Combien de fois vous ai-je dit de fermer votre porte !

La mère est toujours là, tirée à quatre épingles, poudrée, les sourcils ombrés de crayon roux. La « dame d'Odessa », dit Marie Chaix, qui à l'entendre « ne comprenait absolument rien à rien… Barbara lui pardonnait en la couvrant de cadeaux ».

— Venez, je vous emmène place de la Madeleine choisir une belle fourrure…

— J'en ai déjà trois, les deux que tu m'as payées et le manteau en poil de bébé phoque de ton… ton père.

Esther sourit, tranquille, choyée, éperdument fière de sa « Barbie ».

— J'aimerais mieux aller un peu à Nice ma chérie, j'ai mes amies là-bas.

— Bien sûr, Marie va s'occuper de vos billets.

L'après-midi passe avec Esther, coupé du monde, sans se parler beaucoup, comme un vieux couple devant la télé, tricotant à quatre mains. Dans cette bulle, « Barbie » retrouve moins la douceur de son enfance que la rassurante compagnie de qui vous a mis au monde. Beaucoup de témoins se rappellent avoir souvent vu ensemble la mère et la fille, lors d'une première, à la radio, chez Philips… Esther, presque invisible de discrétion, sur les talons de son phénomène de fille.

— Ne restez pas trop longtemps à Nice, vous me manquez quand vous n'êtes pas là. Et promettez-moi de faire attention au soleil.

— Oui ma Barbie.

La psychanalyse n'a pas été concluante pour Barbara, en fait, la cure a avorté. Un jour de crise, vers 65, une amie l'a décidée à consulter. Cette amie atteste l'avoir vue sortir de la seconde séance dans un état effroyable. Hagarde sur le trottoir, Barbara ne la reconnaissait plus et l'insultait. Adieu Freud. Explorer son passé, sonder ses cauchemars menacent le pouvoir de création. Idem pour la chirurgie réparatrice. Si son physique perturbe Barbara, hors de question d'y toucher, un chirurgien plastique altérerait son intégrité. « Je suis comme je suis », clamait-elle déjà en Belgique, un titre de Juliette Gréco qui n'a pas empêché Jujube, moins radicale envers soi-même, d'aller confier son appendice nasal à un bistouri.

À partir de la fin 66, Barbara va trouver d'autres issues que le scalpel analytique ou esthétique. Elle se met à parler d'elle, notamment à ceux qui l'en pressent : certains intervieweurs. Dans le Tout-Paris, Tout-Bruxelles qui la fêtent est réapparu le beau Maurice Béjart, Méphistophélès-torero connu et désiré chez les Prévert à La Fontaine des Quatre Saisons. C'est au tour du danseur de se toquer de la chanteuse, ses déclarations enflammées la touchent car avant d'aimer une voix, un talent, Béjart admire sa ligne, sa gestuelle, elle qui pense n'avoir pas de corps. Tout au contraire, ébloui par sa métamorphose, le chorégraphe est subjugué par sa prouesse d'avoir su conquérir l'espace. Lors d'une émission de radio qu'il anime, Béjart l'amène à se confier.

— Ça t'a embêtée le succès ?

— Ça m'a émerveillée et à la fois beaucoup dérangée parce que c'était… comme un viol… Au départ, j'étais très très malheureuse de ça. Je ne comprenais pas. Toutes les choses que tu as gardées secrètes pendant si longtemps tout à coup sont violées. J'ai eu l'impression que ma vie était déchirée et jetée comme un ventre ouvert… Il faut bien répondre aux journalistes, alors on dit des choses qu'ils entendent d'une certaine façon et qu'ils écrivent d'une autre et qui sont lues encore autrement. C'est affreux parce que finalement ce n'est pas du tout ce que tu as dit au départ. J'ai pleuré et puis après… Le succès isole… Tu perds des relations, finalement. Des gens te disent, oh vous avez changé, ce n'est pas vrai du tout, on ne change pas, ce sont les gens qui changent vis-à-vis de toi. Aujourd'hui que les choses vont bien, combien de fois ai-je entendu dire : « Alors maintenant ça va ? » Non, justement ! (Béjart rit.) Ça ne va pas du tout, ça ne va jamais, ce n'est plus la même angoisse, on sait qu'on peut acheter une paire de bas et qu'on peut manger, oui, si tu veux, mais reste cette angoisse d'assumer la voie qu'on a choisie[1]…

Dans sa confession résonnent fort les mots « viol », « ventre ouvert ». La méduse de l'inconscient lâche de furieux jets d'encre noire. Pudique mais éperdue de vérité, Barbara ne s'est probablement jamais rendu compte qu'en confiance avec certains intervieweurs, elle opérait

1. Entretien pour l'émission « Comme il vous plaira », France Culture, février 1966.

un travail salutaire qui n'a pas été possible chez un psychothérapeute.

À la fin des années 60, en télévision, dans « L'Invité du dimanche », la passion de Béjart brûle toujours, au point de lui déclarer sa flamme :

— ... La première fois que je t'ai vue, ton corps, tes mains, tes yeux, j'ai été frappé à quel point tu étais dynamique, tu existais en tant que mouvement... Lorsque je t'ai revue, tu dansais. J'étais heureux... Une espèce d'insecte avait brisé quelque chose, conquis un certain espace... Quoi que tu fasses, tu ne peux pas t'abstraire du mouvement parce que tu es à l'intérieur d'un mouvement. Tout d'un coup, j'ai entendu la dernière parole de Grotowski : « On ne peut pas mentir à soi-même »... Tu existes pleinement, profondément, par toi et par ce que tu es : Chante !

Pas gênée par l'enflure, ne voyant absolument pas qui est Grotowski, toute contente à son clavier, Barbara a volontiers chanté[1].

Au début de l'année 67, un capitaine d'envergure monte sur le navire. Charley Marouani s'occupe désormais de l'intendance, sur intervention de Jacques Brel – encore Brel dont Charley était déjà l'agent. L'imprésario fut consterné de découvrir la situation de l'artiste Barbara : « La folie russe ! Trois voitures, deux secrétaires. Un train de vie fastueux, elle dépensait sans

1. Barbara ne dira jamais non à Béjart et chantera bientôt sur un de ses ballets. En 76, le chorégraphe l'attirera dans un téléfilm-opéra-bouffe-ballet-homo-érotico-barocco-vénitien, « Je suis né à Venise », la plus grande pignolade de Barbara, après quoi d'ailleurs, pas si folle, elle condamnera définitivement la porte du cinéma.

compter, salariait ses musiciens à l'année qu'elle soit ou non sur scène ou en tournée… Et ne possédait rien, pas un livret d'épargne, un studio, rien ![1] »

Trois ans seulement après être devenue célèbre, son ardoise fiscale s'élève à 1 600 000 francs, somme colossale. Le fisc, c'est quoi ? Et pas la queue d'un radis devant elle. Les impôts s'apprêtent à saisir ses revenus. Charley Marouani a croisé pas mal de cigales dans le maquis du show-biz, un spécimen pareil, jamais.

Originaire de Sousse en Tunisie et d'une fratrie de sept enfants, il est fils d'un goûteur d'huile d'olive. Meurtrie par la Seconde Guerre mondiale, qui a ravagé le golfe d'Hammamet, la famille éclata en 1945. En métropole, les frères Marouani se sont initiés au métier du spectacle dans le sillage de leurs oncles, installés sur la Riviera puis à Paris. Lorsque Jacques Canetti leur a proposé de s'occuper de ses artistes débutants, ce petit contrat a échoué au jeune neveu. Parmi les recrues se trouvaient Jacques Brel, Raymond Devos… Pour Charley, Brel sera « la chance de sa vie[2] ».

Sa douce voix grave à la Tino Rossi, ses paupières lourdes de méridional, le bon sens et la passion des artistes vont faire de Marouani, pourtant à peine plus

1. Dans son autobiographie, *Une vie en coulisses*, Fayard, 2011.

2. Si Barbara offrait à ses assistantes des décapotables, Brel pouvait donner à Charley Marouani… un avion (type Gardan, quatre places). La prodigalité, encore un point commun entre les deux B. Jacques Brel supportait de gagner beaucoup d'argent à la condition expresse qu'autour de lui, les autres deviennent également riches. Souvent, il demandait à Charley de baisser ses revenus pour gonfler ceux de ses associés. L'administration fiscale en tournait folle.

âgé que Barbara, une figure paternelle à laquelle elle s'attachera jusqu'au bout. Timide mais radical, l'agent adopte la manière forte : il confisque à la cigale son chéquier, lui allouant en tournée un pécule quotidien de 500 francs, tous frais compris, le shopping aussi – environ 120 euros.

« Elle les donnait à ses fans, en leur disant de filer s'acheter une écharpe ou des gants ! »

Les musiciens apprécient moyennement ce tour de vis, leur patronne les tape sans arrêt d'un petit billet qu'elle ne rend jamais. La consigne de l'argentier se propage dans l'entourage : on est prié de ne pas trouver beaux ses bracelets ni son manteau, de ne pas rêver à voix haute d'une chaîne hi-fi ou d'aller voir Venise, Barbara étant maladivement prompte à se prendre pour la fée Clochette.

Coopérative, la fée managée se transforme en reine des abeilles. Entre son appartement d'altitude et la scène miraculeuse, Barbara trouve un troisième mode de vie, sa *via sacra* : la tournée. Les livres de Marie Chaix[1] racontent avec tendresse leur caravane qui tient moins d'une cour itinérante que d'une smala romano. La Mercedes métallisée emporte le trio de tête, Peter au volant, la patronne et sa petite main sur la banquette arrière, la sono dans le coffre, suivie d'une bagnole de musiciens. De ville en ville, la priorité consiste à aller saluer l'ami du soir : le piano local. Ami ou ennemi ? Mal accordé, avec ou sans tabouret ? La perfection est rare. Patronne peut jeter son courroux sur les directeurs de théâtre.

---

1. *Barbara*, Calmann-Lévy, *op. cit.*, *Barbara*, Libella-Maren Sell, 2007, et Libretto, 2013.

— Madame, notre piano n'a jamais posé aucun problème, France Gall l'a trouvé très bien.

— Je ne suis pas madame France Gall.

Quand ils refusent de déhousser pour une artiste de variété le piano de concert voué à la musique classique, la saltimbanque refuse de chanter jusqu'à l'obtenir. Pour les lumières, on se débrouille. Barbara devient accro aux gélatines, les rayons lumineux sont des loups de soie, bleu, rouge, lilas, qui l'estompent ou la transcendent, la masquant toujours. Depuis un balcon, Marie Chaix tremble de changer à contretemps les filtres avec du matériel datant des frères Lumière. En spectacle, la moindre erreur est criminelle mais le coup de gueule dévastateur de Barbara, passager. Madame Bricolage et sa troupe regorgent d'inventivité pour créer des effets, assurer un son et lumière d'outre-monde, d'outre-tombe. Quant au tabouret, s'il n'est pas à quarante et un centimètres, bah, on posera dessus un bottin. Si le tabouret est trop haut, un des gars le scie en douce. Quarante et un centimètres, non, désolée, ce n'est pas trente-neuf ou quarante, c'est quarante et un. Et le piano doit être accordé à 442 pour jouer un chouïa mieux avec l'accordéon, pas à 440, diapason très ordinaire. Barbara n'omet jamais d'être intransigeante mais à bon escient et pour la cause. Sinon, toujours partante pour rigoler, vanner, casser la routine, sans s'offusquer de devoir chasser un couple de pigeons du soupirail qui éclaire sa loge ou se maquiller dans un courant d'air. Sans caprice, elle s'adapte, sait dire non ou merde aussi bien que bonjour et merci. À la guerre comme à la guerre, disait Hans-Günther Klein.

Elle tient son équipe à l'œil par bienveillance aussi.

— Peter, vous en êtes où de votre lumbago ?

— Coucou les loulous, je vous ai trouvé des girolles, je sais que vous en raffolez. Ne me demandez pas comment, j'ai tué deux personnes pour en avoir une livre.

La cheftaine gypsy s'épanouit au cœur d'une compagnie masculine dévouée, se plaît à glisser en berline sur le grand livre ouvert des routes de France et de Navarre. Lorsqu'elle arrive en ville, très tard ou très tôt, derrière chaque fenêtre illuminée elle imagine une famille, un foyer, un roman… Lesquelles parmi ces ombres, tout à l'heure ou demain, prendront le chemin du théâtre municipal ? Elle flotte, pareille à ces Dames Blanches du Berry qui quittent leurs étangs pour consoler les êtres de leurs chagrins. Attendu, espéré, le public est longuement épié par une petite déchirure dans le rideau rouge.

Tout lui plaît en tournée, la gueule des musiciens aux joues bleues, mal réveillés dans la brûlure du café, la léthargie des nuits blanches à remballer, partir à l'aube ressemble à une fuite tandis que les brumes se défont des coteaux. Matins de bataille, soirs de chasse à l'amour.

Grâce à l'ultime chèque d'un vieux talon, réchappé du plan de rigueur Marouani, elle dévalise une grande boutique de cinquante stylos Montblanc.

À Paris, Charley s'en étrangle.

— Qu'est-ce qu'elle va foutre de cinquante stylos Montblanc !

Les donner. Chaque musicien, chaque machino reçoit un plume en or, la caissière du théâtre aussi, comme des enfants leurs sucres d'orge[1].

1. Moult versions circulent sur ces distributions, réitérées au fil des tournées, avec des marques et un nombre de stylos différents.

Au printemps 67, elle est à Hambourg et elle en bave, à enregistrer un disque en allemand. Avec Claude Dejacques, Nadine Laïk et Marie Chaix dont les études germanistes sont un précieux soutien. Un admirateur d'outre-Rhin a ciselé de jolies traductions. Par amitié pour elle, les techniciens se font dentellières, découpant aux ciseaux un florilège des multiples prises pour le canevas de la meilleure version. Comme chez Madame Thomas-Dusséqué, Barbara s'applique, recommence, se désespère et progresse… *La joie vient toujours après la peine*, à Hambourg autant que sur le pont Mirabeau. Elle consacre également une journée à Just Jaeckin, bon photographe mignon-sexy. Sur le port, le brouillard se lève. La série de portraits l'enchante, Just Jaeckin aussi.

Et les concerts s'enchaînent. Fin mai à La Tête de l'Art, boudoir chic et cher, en petit comité prestigieux. Le baron et la baronne de Rothschild sont des habitués. Elle va à L'Écluse aussi, quelques soirs, doper la recette qui prend l'eau. Et à L'Échelle de Jacob, pareil, Brel, ami du patron, le lui a demandé comme un service. Mais qui peut retenir l'air du temps ? La fête rive gauche s'achève, ses mille et un cabarets commencent à s'éteindre. Tournées, galas, bravos. « Je ne vois plus le jour ni l'heure, je ne sais même plus très bien quelle saison nous sommes », elle dit, à son ami Fernand Raynaud

---

Plus tard, à Strasbourg, elle distribuera cent Lamy. À partir des années 70, le Barbara-Tour deviendra un barnum, cinq ou six voitures, deux semi-remorques transportant son piano, le rocking-chair de scène, malles, miroir, samovar, des collections entières de pelotes de laine et les bouquets d'admirateurs accrochés tête en bas à un long portant.

avec qui elle partage le tapis rouge de La Tête de l'Art. Possédé par le trac, Fernand arrive souvent ivre pour faire rire les bourgeois.

La générosité, la fatigue n'empêchent pas la bagarre. Si Barbara salariait ses musiciens à l'année, c'est qu'à sa générosité s'ajoutait la volonté de ne pas les voir aller flirter sur d'autres scènes. Tout partager, oui, mais dans l'exclusivité. Joss Baselli, accordéoniste très sollicité, la trompe avec Brassens. Elle s'indigne, il l'envoie bouler et choisit Georges. Grosse colère. Qui ne remplace pas Baselli. Pas chien, le maître accordéoniste lui recommande un illustre inconnu de vingt ans.

— Allô, Roland Romanelli ? C'est Barbara !

— Barbara qui ?

— Barbara la chanteuse, vous en connaissez plusieurs ?

Roland Romanelli n'y croit pas. Vendeur dans un magasin d'accordéons, s'il a indiscutablement le don, jamais il ne s'est produit sur scène « réservée aux grands ». Rendez-vous aux Folies-Bergère où Barbara-la-chanteuse enregistre une émission. Romanelli n'en revient pas de la voir le repérer de loin, sans l'avoir jamais rencontré, d'un sourire en coin avant de le confirmer sans l'auditionner, malgré ses doutes.

— Nous partons dans quelques jours pour l'étranger. Ne vous inquiétez pas, je suis sûre que ça va très bien se passer. Voyez Marie Chaix pour les conditions.

Elle lui conseille vivement de « bien noter les notes de Baselli ». Ils se retrouvent tout de même le lendemain pour une répétition. Fulgurante rencontre. Roland Romanelli ignore l'essentiel : avec ses bonnes épaules, son regard clair, sa fierté candide, il plaît à la patronne.

Ni elle ni lui ne le regretteront. Son dernier véritable compagnon vient de sauter dans le cercle.

À la faveur de trois jours de relâche, sans se faire prier, elle retourne à Göttingen en automne. Là-bas, où elle fut tant désirée, commença le sortilège qui changea Grenouille en prince, sa bohème artiste en marche triomphale. Par les airs cette fois, elle rejoint Horst, Herman, Peter, Helga et Hans… Avec une bronchite. Sa fièvre de cheval se dissimule sous l'épaisse couche de fard. Les amis allemands ont du mal à reconnaître leur Barbara sous cette femme qui revient en diva de vison neige, cernée de photographes, flanquée de son assistante. Sur les talons de sa silhouette Courrèges, une équipe radio de France Inter s'apprête à enregistrer le concert. Au fond, elle n'a guère plus changé que le square et les rosiers, sinon qu'elle ne chante pas au Junges Theater mais au grand théâtre de la ville, ultra-moderne.

Sa bronchite disparaît.

Les retrouvailles tournent à l'ovation, dix fois plus puissante que cinq années auparavant – la salle compte douze cents places.

De retour dans le hall de l'hôtel, Barbara aperçoit Marie Chaix.

— Ah, salut !…

D'un coup, elle s'écroule d'épuisement.

Bronchite est revenue.

Puisque la presse et le public se nourrissent de clichés, chaussant ses lunettes, lorsqu'elle tombe sur un talentueux faiseur d'images, elle acquiesce. En Suisse, Marcel Imsand, invité un moment dans sa loge, ne prend que quatre ou cinq photos, soucieux de ne pas la déranger longtemps. Attention délicate. Le lendemain, quand elle examine le tirage de ses portraits, Barbara retient Marcel Imsand à dîner et pour la vie. Il deviendra son photographe attitré avec Jean-Pierre Leloir.

Tout s'arrange. Tout roule. Tout fait sens. Après la Suisse, la Belgique, l'Allemagne, le Canada, elle aime aller chanter en Italie – « comme dans les chansons », elle dit. Avec Reggiani en première partie, les Ritals se sentent chez eux avant ses baragouins.

Serge a pris de l'assurance, sa sobriété s'est imposée depuis qu'il sait poser sa respiration. Au Bobino du sacre à l'hiver 66, lui aussi a fait un tabac. Ce qu'aime Barbara, son public l'aime aussi. La presse a autant salué Reggiani, découvert à quarante-six ans, que la vedette. Au point que Barbara a un peu tordu le nez. Serait-elle déjà passée de mode pour voir se déchaîner sur son poulain une ferveur qu'elle ne suscite plus ? Sûrement pas. « Ma plus belle histoire d'amour » couronne chaque récital, sans rival.

Le succès rend Reggiani plus indépendant, forcément. Mais éperdu de gratitude, ceci compensant cela. Plus que d'innombrables coups de pouce, et quelques coups de pieds ailleurs, la patronne a donné à Serge son plus beau répertoire en lui présentant Georges Moustaki.

— Il faut qui tu écrives pour lui, Jo, vite !

Tout de suite.

Le Grec et l'Italien forment une drôle de paire. Troubadour flegmatique mais méticuleux, Moustaki aime prendre son temps, humer l'interprète, ne pas écrire n'importe quoi pour n'importe qui. Il préfère écouter que parler, penchant rare au Parnasse des ego.

Mais Moustaki est un chat un peu arabe, venu de Corfou. Quels sentiments souhaite évoquer Serge ? Serge aimerait une ode à la femme mûre. Moustaki tique, drôle d'idée. Au souvenir de sa propre passion avec Piaf, de dix-huit ans plus âgée, sa plume rend un vibrant hommage à celles qui n'ont « plus vingt ans depuis longtemps ». Barbara vibre moyennement. Ce paltoquet de Reggiani n'a décidément aucun tact, elle a presque dix ans de moins que lui et le voilà qui chante les vieilles. S'il préfère une liaison avec Lucienne Delyle, qu'il y aille. Entre deux disputes du couple orageux, Moustaki revient avec des trésors : « Ma liberté », « Ma solitude »… Reggiani court plus souvent chez Jo, île Saint-Louis, qu'à Rémusat. Son insistance paie, Moustaki lui écrit « Votre fille a vingt ans »… Autant de merveilles qui fédèrent autour de Reggiani un succès durable – et rappellent quel auteur-compositeur d'exception fut Giuseppe Moustacchi dit Georges Moustaki, Jo pour les intimes.

Jo a déjà écrit pour Barbara, la dernière née s'intitule « La Dame brune ». Plus qu'une rengaine, une épigramme. L'anecdote de sa création est si célèbre que jusqu'à ses derniers jours, quand un journaliste lui demandait : « Comment avez-vous écrit “La Dame brune” pour Barbara ? », Moustaki s'excusait de devoir se répéter autant.

Un farniente, un défi, une galéjade. Jo allait souvent chez elle travailler des chansons, soi-disant. En plus du piano à queue s'y trouvait un objet encore plus rare à l'époque : une télé. Vautré sur le canapé, le poète ne résistait pas au défilé d'images.

— Ça me berçait, ça m'endormait.

De le voir scotché à l'écran avant d'entendre un léger ronflement s'élever du sofa, la moutarde montait au nez de Barbara.

— Bon, je coupe cette télévision tant que tu ne m'as pas écrit une chanson.

Le pâtre grec grogne, ramasse un crayon, bâille, agite ses orteils, lorgne le piano, la grande bringue stakhanoviste occupée à coller des accords nuit et jour… Et « La Dame brune » émerge du papier, d'un seul mouvement, en une petite heure.

— Je peux aller regarder la télé ?

— Moi, je la trouve bath, ta chansonnette.

De la peaufiner si bien ensemble, Barbara voudrait l'interpréter et l'enregistrer en duo. Façon aussi de s'attacher un homme précieux et plaisant. Entre eux pourtant, pas d'aubade. Ne pas s'aimer d'amour est aussi inexplicable que s'aimer à la folie. Selon Sophie Delassein, biographe de Barbara et de Moustaki dont elle fut proche[1], entre eux il n'y eut jamais ni désir ni amour.

C'était aussi bien comme ça.

Encore une chanson bénie du public. De celles comme « Dis… » ou « Saint-Amand » que réclament les spectateurs.

— On peut avoir « Göttingen » ?

— On peut avoir « La Dame brune » ?

Loin de lui déplaire, ces demandes émeuvent Barbara. Après « Chanteuse de Minuit », « Chanteuse à la Rose », « Dame Brune » est le nouvel avatar dont la qualifie

1. *Barbara, une vie*, *op. cit.*, et *La vie avec Moustaki*, éditions du Moment, 2014.

le cercle distingué des amateurs. Parfois lassés de ces adeptes qui ne veulent rien écouter qu'elle, avec des mines de confrérie secrète, les disquaires parlent d'un snobisme Bââârbââârâââ.

Nouvelle tournée. Avec Reggiani mais sans Reggiani. Barbara fait comme s'il n'était pas là. Il l'a plaquée. L'Italien est rentré chez sa femme, ou ailleurs, peinard – grand mot des hommes, bréviaire des cons. Livide, riant très fort, blessée à un point que nul n'imagine, Barbara ne lui adresse plus un regard. Reggiani n'a pas l'air de souffrir le martyr, son air de gamin contrit s'évanouit à plaisanter avec les machinos. Chaque fois que Barbara entend sa belle voix caverneuse, son estomac se retourne. Rompre est une croix qu'elle a beau connaître, elle s'y tord de douleur, tout en passant, droite comme la justice, devant le Rital honni. Quelle guigne d'avoir dans la peau un type décevant qui se remet déjà de leur rupture en draguouillant une fille quelconque.

Reggiani annonce qu'il ne viendra pas faire ses dates en Italie. Elle lève à peine un sourcil en public et vomit dans sa loge. Toiser Serge, sembler l'ignorer était une ultime façon de l'aimer, bientôt ils ne se verront plus. Il faudra vivre avec cette mort. La demi-vie d'une femme empêchée d'aimer l'homme qui ne l'aime plus.

Personne n'a jamais dit combien l'orgueil – sentiment à la fois le plus proche et le plus éloigné de la vanité – fut le premier maître de Barbara.

Dans sa ligne, son sillon, concentrée, seule, plaquée, Barbara ne voit rien. À Reims, elle n'admire pas la cathédrale, à Nancy, elle traverse trop vite la place Stanislas et tant pis pour le musée Ingres de Montauban… Jamais un monument, un musée, une librairie. Ses matinées passent aux Prisunic, Galeries Farfouillettes ou solderies, à claquer ses 500 francs par jour, écumer les pharmacies avant de rejoindre ses théâtres. En Suisse, elle goûte des cigares. Pour le haschich, elle peut compter sur Moustaki qui ne fait rien sans un joint. Elle apprécie la fumette, *pour ceux,* selon Baudelaire, *qui savent s'observer eux-mêmes et garder le souvenir de leurs impressions* – une autarcie, en somme. Mai 68 approche mais personne ne le sait. Déjà, les hippies ont chassé les yéyés. *Peace and Love everybody.* Sauf Serge Reggiani.

Droit devant à l'horizon se dresse un dernier sommet, le plus renommé : l'Olympia et son gardien, qui n'est pas un ami : Bruno Coquatrix, Monsieur Loyal de la rive droite. Celui qui crachait Barbara l'intello comme un noyau de cerise. Timidement, Lucien Morisse tente un rapprochement entre la nouvelle prêtresse et le temple du music-hall.

— L'Olympia, sûrement pas !

On y prie pourtant Barbara pour un « Musicorama » annoncé en février prochain (1968), soirée de prestige parrainée par Europe 1, avec d'autres révélations.

Un bras de fer ? Un bras de fer.

D'accord pour un « Musicorama » à la condition, très arrogante, qu'il lui soit tout entier consacré, à l'égal de Brel, Gréco ou Brassens. Les sept lettres de son seul nom en néon au fameux fronton. Coquatrix l'enverrait bien paître mais son directeur de salle, fou de Barbara, le convainc d'accepter.

Ceux qui aiment Barbara terrassent ceux qui ne l'aiment pas.

Premières feuilles mortes de 67, tournée en Italie, à l'invitation du Piccolo Teatro de Giorgio Strehler, le nec plus ultra de la culture européenne. Ce soir Milan, bientôt Venise qu'elle verra pour la première fois. Le Piccolo Teatro a réservé pour elle la Fenice, délicate attention. La Fenice. Je rêve ? Marie Chaix semble toutefois contrariée, les yeux fuyants, la main nerveuse. Pourquoi ? Même si rien n'est jamais sûr, le public est là, le succès ne recule pas, mêmes bravos aujourd'hui à Milan qu'hier à Turin ou demain à Venise. Barcarole, parmesan et chianti. « *Prima bella donna !* », « *Brava, brava !* », « *Per tu Barbara* »… Etc. Les photographes lui paraissent plus nombreux lorsqu'elle sort de scène. C'est étrange. À l'étranger, si les salles sont moins brûlantes, les effusions mondaines en coulisses ont l'avantage d'être plus brèves, les photographes ne traînent pas jusqu'à la fin d'habitude. Marie Chaix entre dans sa loge, pâle.

— Barbara, c'est…

Prévenue par un appel de Jean, le frère de Barbara, juste avant le concert, Marie a préféré ne rien lui dire. L'équipe a approuvé. Barbara chanterait de toute façon, pourquoi lui infliger trois heures d'enfer ? Autant attendre que le rideau soit baissé. Le jeunot, Romanelli, n'a pas osé la regarder non plus. Marie a paniqué en voyant déjà rappliquer journalistes et paparazzi, alertés par les rédactions parisiennes.

— Oui, ma Marie ?

— Barbara, c'est votre mère, Esther…

Elle a compris immédiatement. Et tout s'est écroulé. Marie Chaix avoue que ce fut l'un des pires moments de sa vie, de leur vie.

Dans le hall d'Orly, un twist déjà vieillot flotte d'une cafétéria.

Un pied devant et les deux mains fermées
Légèrement penché sur le côté
Sans oublier de pivoter,
encore un effort vous l'avez.
Y a simplement qu'à être heureux.

Sa mère est partie et les avions décollent. « Maman est morte et il y a encore des feuilles aux arbres », comme dit Annie Cordy.

La tournée reprendra sans avoir vu Venise.

Sous ses pieds, le sol se change de nouveau en vase.

Au « Musicorama » de l'Olympia, on l'acclame. Bruno Coquatrix toque à sa loge pendant l'entracte, une gerbe de roses rouges dans les bras. Barbara l'envoie promener sans même ouvrir la porte. Jamais un artiste n'a traité ainsi monsieur le Directeur. Après les saluts, elle lance à Coquatrix qu'il peut les lui donner maintenant, ses roses. Tant que le tour de chant n'est pas fini, elle est comme un pompier au feu. Il comprend. *Pax tibi*. Finalement, elle le surnomme tonton Bruno. Sur-le-champ se signe le contrat d'un grand récital Barbara à l'Olympia.

Habiter rue de Rémusat, son lieu autant que celui de sa mère, lui est impossible. Elle y traîne, boucle trois valises, ramasse quelques bibelots, trois boîtes d'argent et demande à Marie Chaix de lui trouver un hôtel. Elle y restera plusieurs mois, rue de Tournon, entre le Luxembourg et Saint-Germain-des-Prés, avant d'emménager dans un duplex rue Michel-Ange sans participer au déménagement.

Il se dit, sans qu'aucun proche ni biographe ne le confirme, que Barbara portait aux poignets, fines comme un fil, les cicatrices de s'être ouvert les veines. Pour Esther, pour Reggiani. Et qu'elle écrivit après ce double enterrement « Attendez que ma joie revienne » – énième chanson de rupture, extrêmement belle : *Cet amour de tant de peines pour lequel j'ai voulu mourir*. La certitude, de l'automne 67 à l'automne 68, c'est qu'elle morfle encore, fort.

Dans ce chamboule-tout qui devient *La Société du spectacle*[1], manquait à sa carrière une bastonnade à la Grand Guignol. Une vengeance, un coup bas ou un geste maladroit ? Un soir de fumette, Moustaki et Reggiani concoctent leur cocktail Molotov. Quelle rage les pousse contre la Dame Brune ? En ont-ils marre de l'entendre chanter sur scène l'amour des hommes qu'elle traite en gamins ou en pantins au quotidien ? « Madame Nostalgie » est une bonne chanson, normal : Moustaki est un orfèvre et Reggiani sait désormais chanter.

Madame Nostalgie
Depuis le temps que tu radotes
Et que tu vas de porte en porte
Répandre ta mélancolie...
Et tes rancœurs et tes rancunes
Et tes douceâtres litanies...

1. Le bréviaire de Guy Debord sort en 1967 chez Buchet-Chastel.

« Radoter », un mot à elle. « Répandre », verbe péjoratif. « Rancune », « litanies », vilains termes.

... Depuis le temps que tu m'accables,
J'ai envie d'envoyer au diable
Ton mal d'amour si mal guéri.
Tu pleures sur un nom de ville
Et tu confonds, pauvre imbécile
L'amour et la géographie...

« Pleurer sur un nom de ville » : Nantes, Göttingen ? La cible se précise.

Tu rêves, tu rêves, tu rêves, tu rêves...
Tu causes, tu causes, tu causes, tu causes...
Tu pleures, tu pleures, tu pleures, tu pleures...

Elle est drôlement casse-couilles, leur nostalgie.

Mais ce soir, je n'ai plus le cœur
De partager tes insomnies.

La chute est carrément butor. De son timbre d'airain, Reggiani semble pulvériser sa prison, se faire la malle vers le printemps.

Madame, j'ai envie
Ce soir d'être infidèle
Dans les bras d'une belle
Qui ressemble à... la viiiiiie.

Pif-paf, dans ta gueule. Tout Paris en parle. Qu'est-ce qu'elle se prend, la Barbara. C'est vrai qu'elle doit pas être facile tous les jours. Pour une femme qui veut protéger sa vie privée, la voilà servie. Madame Nostalgie, vraiment, c'est elle ? Avec tout ce que Moustaki et Reggiani lui doivent ?

Prévenue ou non, le jour où Barbara l'a entendue pour la première fois, mot à mot, note après note, elle a vu son plus affreux profil se graver dans leur diatribe avant de fondre sans doute en larmes. Et de faire comme si, tête haute. Dépit. Stupéfaction. Sales petits merdeux. Pire, la sourde impression que les deux zigotos ne la caricaturent même pas. C'est bien elle. Voilà ce qu'est devenue Bambi.

Les barbarophiles vomissent ce pamphlet, traiter Barbara de « pauvre imbécile », quelle honte ! Les biographes s'y attardent peu, tous trop hagiographiques. Ni l'auteur ni l'interprète, dans les années qui suivent, n'évoqueront de parenté entre Barbara et leur « Madame », jusqu'à ce que Moustaki, de guerre lasse et parce qu'il serait trop facile de n'évoquer toujours que les faits d'armes dont on est fier, finisse par admettre, avec son sourire chat, que Madame Nostalgie et Barbara ne faisaient qu'une, évidemment.

Elle n'en parlera jamais. Lorsque les Frères Jacques ont fait rire avec « Il pleut sur Brest », elle aussi s'est esclaffée mais cette fois, son sens de la dérision ne va pas si loin. Pendant des mois, il est interdit de prononcer en sa présence le nom de Reggiani le Maudit. Ce n'est pas une parole en l'air. Selon un témoin, lorsqu'un chauffeur qui remplaçait de temps en temps Peter eut le malheur d'évoquer Serge Reggiani, la patronne lui indiqua du doigt la porte.

— Dehors ! Je ne veux plus entendre son nom, j'ai dit.

Les colères noires sont de grandes souffrances.

Aux derniers jours de Rémusat, lorsque l'assistante ou le chauffeur montent la chercher, tôt le matin, ils découvrent des corps endormis dans le hall, sur son palier. Une fois, Nadine Laïk a même aperçu deux silhouettes passées par les toits accrochées à la porte-fenêtre donnant sur la terrasse. Il y a aussi ce petit monsieur avec sa valise en carton bouilli qui la suit partout avant d'aller coucher sous les ponts. Barbara lui donne de l'argent en le suppliant de rentrer chez lui. Un autre, employé de bureau à Lyon, a également tout plaqué pour la suivre. Des groupes, des grappes, des jeunes, des solitaires envers lesquels elle se sent une responsabilité maternelle. Quelques aliénés aussi, forcément. À La Tête de l'Art, un dingue s'est jeté sur elle avec un couteau. Roland Romanelli évoque un soir où un homme l'attaqua sur scène. Emprisonné peu après, celui-là entretiendra une correspondance avec Barbara. Ces cas rares sont préoccupants, d'ailleurs elle s'en préoccupe – « Il aurait pu se blesser avec son machin », elle dit. Aucun agresseur ne peut l'atteindre, ses hommes réagissent au quart de tour, ajoutant le rôle de garde du corps, parfois, à celui de musiciens. À part ça, un fleuve d'amour, de triomphes publics en petits gestes anonymes. À chaque première, un inconnu envoie un camélia blanc fleuri, même en janvier. À chaque dernière, arrive la peluche d'un pingouin. Pourquoi un pingouin ? Une main écrit régulièrement BARBARA JE T'AIME sur un pan de mur qu'elle peut voir de la fenêtre de sa chambre d'hôtel. Une autre prend l'habitude d'accrocher une rose étêtée de ses épines à la portière de la Mercedes. Un soir, dans une brasserie parisienne, après qu'elle a dîné avec Jean-Claude Brialy, au moment de sortir, une tablée se lève et entonne « Au bois de Saint-Amand », suivie par toute la salle. Dans l'ascenseur, rue de Rémusat, après son déménagement, son amant aux mille bras laisse encore de petits mots pincés sous le tableau des boutons d'étage : « Bonne journée Barbara[1]. »

La diva s'organise face au public, énonçant ses règles, le pacte. Là où elle chante, elle lui appartient et signera toujours, jusqu'au dernier. Sinon, en ses maisons, en ses jardins, non. C'est interdit, vous comprenez ? – « Que jamais on n'écoute derrière mes volets pour voler mon piano, ou voler mes secrets. Je suis reine en mon île… »

Par monts et par vaux, la vie en troupe brise le vague à l'âme. Et à Paris, Barbara retrouve des copines pour faire les quatre cents coups, Juliette Gréco et Françoise Sagan. Sacré trio. Les trois Grâces de l'après-guerre dans leur paletot panthère déconnent comme des gamines dans les rues de Saint-Germain. Arrêter des voitures, se moquer des bourgeois, siffler un beau mec. Barbara et Françoise boivent comme des Polonaises, parlent médocs, Palfium, Codoliprane… Juliette, plus sage, plus sobre, veille à ce que rien ne tourne mal. Elles rigolent comme des bossues, prennent un bain de pieds dans la fontaine de l'Observatoire, glissent leurs bijoux d'or dans le col

1. La concierge de l'immeuble les ramassait et les expédiait à la nouvelle adresse, rue Michel-Ange.

d'un clodo endormi… Jujube, Barbie, Petit Diable refont le monde et les hommes aux tables nocturnes, dans la pure transgression, gentille, de toutes les normes.

À Françoise Sagan, elle dit :

— Tu sais, je crois que je n'aimerai plus personne.

— Heuchenneuu, on dit ça…

XVIII

J'ai apprécié la grande stabilité de l'appareil et la souplesse de ses manœuvres, que ce soit à des vitesses supersoniques aussi bien qu'en approche ou à l'atterrissage.

Valéry Giscard d'Estaing, ministre du Plan.
Vol d'essai sur le supersonique Concorde,
novembre 1969

Vous me jugez sinistre, sans sève, invivable… Non, non. Je ne suis pas ce que vous dites. Je suis une femme qui aime vivre, chanter, d'ailleurs je vais le prouver. À quarante ans, se connaître mieux signifie savoir où en on est *vraiment*. Solitaire, oui. Pas triste. Arrivée, jamais. La célébrité et les hommages interfèrent peu sur sa course. Pas un instant Barbara n'imaginerait pouvoir jouir d'une position, se reposer sur de quelconques lauriers. Le goût âcre de la liberté, s'il la tourmente, la préserve des trois démons du succès : la redite, le faux-semblant, la satisfaction.

Son premier récital à l'Olympia du 4 au 17 février 1969, ultime enjeu de la consécration, ne saurait être une victoire sans prise de risque. En première partie, Barbara désire ressusciter son catalogue de fredaines 1900, lupanar et fanfreluches, ses clins d'œil à la Yvette Guilbert où sonnent ses premières amours de mauvaise fille. « Les amis de Monsieur », « Les petits gâteaux », « Le grand frisé » briseront le lamento où on la cantonne. Avant de faire monter les larmes, on guinchera boulevard des Capucines. Ceux qui veulent voir la « longue Dame brune » vont tomber sur une entraîneuse qui renoue avec sa jeunesse, cahin-caha, yop-là ! Ensuite, le programme égrènera « Nantes », « Dis… », « Ma plus belle histoire d'amour », mais pas seulement… Le charme exige d'ajouter au chaudron des poudres de Perlimpinpin vierges. Que vas-tu faire maintenant ? se demande Claude Dejacques. Quand on pense que Tino Rossi a passé un demi-siècle à chanter quatre chansons qu'il chante encore, tchi tchi…

Barbara n'a rien vu de Mai 68, occupée à tourner loin de la capitale. Mais vivre avec la télé allumée en permanence ne laisse rien ignorer du monde. Ses amis de gauche murmurent que les affrontements du printemps au Quartier latin auraient fait des victimes, discrètement évacuées vers la province pour être remontées sur Paris en accidentés de la route. Rumeur crédible à ses yeux. Depuis la répression des manifestations pendant la guerre d'Algérie, elle sait que l'État peut s'abaisser jusqu'à la lie.

Plus récemment, le 16 octobre 1968, comme la planète entière, Barbara a vu deux athlètes américains gravir le podium des Jeux olympiques de Mexico. Ils ont ôté leurs chaussures pour symboliser la pauvreté de la communauté noire. En français, langue de l'olympisme, le speaker a annoncé la victoire du recordman Tommy Smith au 200 mètres, devant son compatriote John Carlos, médaillé de bronze. Lorsque l'hymne a éclaté, les deux champions ont dressé leur poing ganté de cuir noir, emblème du Black Power[1], têtes basses, sous les sifflets du stade. La sanction a été immédiate, Smith et Carlos ont été chassés du village olympique, exclus des Jeux, coupables de salir l'antique beauté du sport par des revendications politiques. Leurs existences tourneront à l'enfer aux États-Unis où l'opinion raciste vomit ces deux nègres. Barbara sent pourtant que ces deux hommes ont raison.

Dresser le poing ne sera jamais son geste mais devant l'ami photographe Jean-Pierre Leloir, Barbara pose en pied, un bras levé, main ouverte par-dessus la tête. Chez elle, la révolte se fond à l'abandon, en signe à la fois d'appel et de salut. Le portrait de Leloir grave à jamais son image, son combat de femme qui chante – silhouette qui illustrera la jaquette du fameux 33-tours live, « Une soirée avec Barbara » de l'Olympia 69.

Et elle inscrit au programme sa création la plus violente, « Le Soleil noir », mettant ses pas dans les battements du monde.

Pour ne plus jamais plus
vous parler de la pluie
Plus jamais du ciel lourd,

1. Smith a levé le poing droit, Carlos, le poing gauche. Selon l'anecdote, Carlos ayant oublié ses gants, les sprinteurs se sont partagé la paire de Smith. L'Australien Peter Norman, médaillé d'argent, arborait par solidarité le badge « Olympic Project for the Human Rights » et fut également sanctionné.

jamais des matins gris
Je suis sortie des brumes
et je me suis enfuie...

Elle réplique à Moustaki-Reggiani en brûlant son aura de châtelaine de la nostalgie. Non, je ne suis pas la fée Maléfique. Parlons-en du monde, si vous voulez.

J'ai tout essayé, j'ai fait semblant de croire...
Et je reviens de loin et le soleil est noir.

D'embrasser toutes les causes, Barbara n'en défend aucune en particulier. Dans « Le Soleil noir », petite fille agitée par la nuit, elle énumère les extases et les ivresses d'une terre encombrée d'horreurs. La référence la plus explicite de son *De profundis* remonte au drame industriel qui endeuilla la Belgique en 1956, à Marcinelle, près de Charleroi, où elle partageait à l'époque la Mansarde d'une joyeuse bande de drilles flamands. L'accident à la mine de charbon du bois de Cazier causa la mort de deux cent soixante-deux mineurs. Presque quinze ans plus tard, la polémique déchire encore la Belgique de savoir si négligence et rendement ne furent pas responsables de cette hécatombe.

Mais la terre s'est ouverte, et le soleil est noir
Les hommes sont murés, tout là-bas quelque part

Autre épreuve, très proche, Michel Colombier, musicien hors pair qui l'accompagne depuis qu'ils se sont croisés au gala de l'Union des artistes, endure la perte d'un enfant. Ce deuil ajoute sa plaie au chant du monde...

... Où la fleur était rouge, où la sable était blond
Où le bruit de la mer était une chanson...
Mais un enfant est mort, là-bas, quelque part.

L'Afrique frissonne aussi dans ce pêle-mêle, l'amour fou avec H., la jungle, la tyrannie des forts sur les faibles... Sa main levée très haut trace les vastes contours de son engagement, du singulier à l'universel. Sa révolte à fleur de peau ne sera peut-être pas du goût de la rive droite. Et ses gaudrioles n'ont pas franchement fait recette dans les années 50. Qu'importe. C'est comme ça. La Barbara débarque boulevard des Capucines, escortée de son quatuor de musiciens dans un costume signé Mine Verges, fée couture découverte chez sa copine Régine. Trois valises, trois répertoires : la Catin, la Libertaire, l'Universelle. Elle couche à l'hôtel Caumartin, tout proche, puisque les consignes de sécurité l'empêchent de dormir sur place. Trente-cinq chansons. Combien ? ! Sa grand-messe ne risque-t-elle pas de tourner à l'étouffe-chrétien ? Tout Paris daube à la veille de la générale : dix chansons de Barbara, ça va, trente-cinq, elle est cinglée. En vérité, sans vanité ni modestie, février 69 marque le premier tour de piste du cirque Barbara, l'anthologie de sa quarantaine. Gonflée à bloc, elle ajoute même au dernier moment cette petite chanson à qui la censure coupa la chique quatre ans plus tôt, « Veuve de guerre », pochade antimilitariste interdite d'antenne.

À peine le rideau ouvert, un, deux, trois... le public la voit bondir du piano, relever ses jupes à l'avant-scène pour enlacer son « grand frisé » ou mimer la marchande de gâteaux qui finit par balancer au client petit-bourgeois d'« aller manger de la merde avec ! »

Noir, silence. De la coulisse émerge Moustaki, aussi *peace and love* que s'il remontait de la plage, du sable entre les orteils – sans rancune Mémé Nostalgie pardonne aux auteurs, à condition qu'ils soient (très) bons. Chaque soir, Jo, guitare en main, vient assurer son duo avec la Dame brune. Trois notes de flûte au clair de lune. La brise du large caresse les têtes.

Assagie, Barbara donne ensuite ses chansons attendues. Embarquement pour le « Bois de Saint-Amand », la « Cantate », escale à « Göttingen »... Soudain le décor sombre : « Soleil noir ». Credo des catastrophes. Elle crie le désespoir naïf des écorchés. À peine les spectateurs ont-ils desserré les doigts de leurs accoudoirs qu'elle fait d'eux sa « plus belle histoire d'amour ». Entre « Gare de Lyon » et « Mal de vivre » rougeoient les braises de « Pierre », lit d'intimité cuivrée. Le soleil noir n'empêche pas la lune d'être parfois une orange bleue. Elle est parfaitement accomplie. En transe, la médium revit les roses d'Allemagne en prononçant le nom de Göttingen, se retrouve au chevet d'un père, chambre C, chaque fois qu'elle interprète « Nantes », du trente-sixième dessous jusqu'au septième ciel, à grimper et descendre les échelles de la vie, tordue de rire, de peur ou de désir. La passionaria rêve de « faire taire les armes », sa gouaille de tenancière balance les bières vers la salle – qui décolle. Dans la pénombre respirent Hubert Ballay et Luc Simon, qu'elle a su aimer. À la faveur d'un tour de piste, sa tête d'hirondelle vient se poser sur l'épaule de Roland Romanelli – geste que certains l'ont vue faire uniquement avec Jacques Brel. Un, deux, trois, sous le feu de trente-cinq chansons, aucun tourment ne résiste. L'artiste se sent enfin maternelle de partager ce qu'elle porte aux tréfonds, inexprimable en d'autres lieux, à d'autres heures qu'en scène où le temps obéit à son commandement. Elle a le don de faire jaillir ce qui nous obsède et dont on ne parle pas.

Trente-cinq fois Barbara.

Rideau. Bravos, roses, rappels. Rideau. Roses, rappels, bravos.

Ça a marché. Dès la première soirée, le public peine à quitter son île. Tonton Bruno a beau éteindre la salle, l'assistance refuse de se séparer. Entre cour et jardin, tournée vers Claude Dejacques, Barbara ne sait plus si elle doit retourner saluer ou se sauver. Son directeur artistique n'en sait fichtre rien. Le dialogue ne s'est pas interrompu en même temps que sa voix. La salle résonne toute seule de ses refrains. Ce qu'elle a donné se perpétue sans elle, la chanteuse est devenue semeuse. En échange des roses qu'ils lui lancent, les gens s'éternisent avant d'emporter sa moisson avec une drôle de liesse. Barbara est convaincue que leur lien atteint son point culminant. (Elle a tort. Son public l'entraînera bien plus loin, à Pantin, en 1981.) Les admirateurs de Gilbert Bécaud cassent les fauteuils, ceux de Johnny et Cloclo hurlent à tomber en syncope, les partisans de Léo Ferré reprennent en chœur « Le temps des cerises », mais un public pareil, Tonton Bruno n'en a jamais vu. Même pour Piaf.

— Ah oui, vraiment ?… Vous dites ça pour me faire plaisir… Bruno, je voulais vous présenter quelqu'un qui compte beaucoup pour moi…

Barbara se tourne vers Madeleine Thomas-Dusséqué.

À « Discorama », où elle se sent à la maison au point de venir avec son rocking-chair, Denise Glaser évoquera ses huit dates en février.

— À l'Olympia, tu avais en chantant quelque chose que je n'avais jamais remarqué avant, tu étais portée, je ne sais pas par quoi, je ne sais pas comment, tu avais des accents de chanteuse noire, une raucité[1] extraordinaire qui dépassait tout ce qu'on avait pu entendre chez une chanteuse française.

— Tu crois ?

— Je ne crois pas, je suis sûre.

Le soir de sa dernière à l'Olympia, si Roland Romanelli croit se souvenir que la patronne avait annoncé une surprise au final, toute l'équipe affirme n'avoir rien vu venir. Barbara elle-même prétend que « ça l'a prise comme ça, d'un coup ». La salle bruisse encore, plus feutrée, beaucoup sont partis, un dernier carré la réclame sans trop y croire quand subitement elle écarte le rideau, en déshabillé de dentelle chocolat, accrochée au velours, lunettes sur le front.

Voici ce qu'elle déclare :

— Attendez, il faut que je vous dise, ce soir c'est la dernière fois que je chante à l'Olympia… à Bobino, où vous voulez… j'arrête. Je vais vous dire pourquoi… parce que je vous le dois, parce que c'est vous qui m'avez menée là, c'est pour vous et c'est par vous que je suis là. Il y a dix-sept, dix-huit ans, j'ai commencé… J'avais envie, ce n'est pas que j'avais envie de chanter, j'ai toujours chanté, quand on me demande « Comment avez-vous commencé à chanter ? », je ne sais pas… Je crois que je suis née comme ça… Et puis une chanson, sûre-

1. Denise Glaser doit être la première et dernière animatrice télévisuelle de divertissement à employer le mot « raucité ».

ment… Ça ne pouvait pas être autrement, pour moi c'était mon second souffle, c'est ma religion… Je ne dis pas c'était, je dis c'est ma religion, ma seule façon d'exister, parce que je ne m'acceptais pas, parce que je me trouvais moche… parce ce que ci, parce que ça… Je n'ai pas mis longtemps à chanter. Quand on me dit, vous avez mis dix-sept, dix-huit ans, c'est faux. J'ai mis un soir. C'était un soir en septembre à Bobino. Tout a éclaté. C'était un bonheur, c'était lourd… comme un chagrin mais j'ai compris que de toute façon, j'allais exister, devenir une femme qui chante. Moi, dans la vie, je trouve qu'il y a trois métiers qui se ressemblent : religieuse, putain et le métier que je fais… C'est vrai, je le pense très sérieusement mais d'une façon noble. Alors j'ai commencé pour moi un chemin extraordinaire. Je suis partie en tournée, j'ai découvert des gens, ils m'ont dit : « Ça fait dix ans qu'on vous attend, alors on est heureux. » J'ai vu le visage de ces gens et j'ai chanté pour eux et puis j'ai commencé à écrire des chansons, ça, je ne le savais pas non plus que j'allais écrire des chansons. Ces chansons, on me demande : « Comment les écrivez-vous ? » C'est simple, je les écris avec ma vie. Quand je vous dis que je pars, ça ne veut pas dire que j'arrête ce métier… Ça veut dire que j'arrête le tour de chant parce que j'ai fait très exactement ce que j'avais envie de faire, et ça, c'est grâce à vous et après je ne sais pas et je m'en fous mais de toute façon, je ne ferai que ce dont j'ai envie, exactement comme je l'ai fait jusqu'à aujourd'hui.

Rideau, pour de bon cette fois.

XIX

Elle a l'air d'une raie dont on ne verrait que les arêtes.

Jean Chalon, *Le Figaro*, critique de la pièce *Madame*, février 1970

En une seule nuit, sa déclaration interprétée comme des adieux publics se répand telle une traînée de poudre. Dès potron-minet, entre un demi-sommeil et un tube de Lexomil, Barbara comprend, fâchée, que décidément rien de confidentiel ne peut s'exprimer entre une scène et un parterre, même si les lustres sont éteints. Peut-être a-t-elle parlé un peu vite dans la folie du moment, sans être toutefois femme à le regretter.

Donc, la Dame brune se retire en plein succès, la Triomphante jette le gant au milieu d'un théâtre jonché de roses rouges, trois ans après Jacques Brel. « Ce n'est pas Mireille Mathieu qui nous accorderait ce plaisir » glousse Philippe Bouvard. Un peu comme si une souveraine au bal de son couronnement plantait ses milliers de sujets : Je suis trop heureuse, je m'en vais, mille baisers les kékés.

Le show-biz tord le nez. Barbara bat la campagne ou quoi ?

La démissionnaire entend sonner le téléfon tandis que les porteurs de petits bleus se bousculent à l'entrée. Monsieur Hazan, de chez Philips, a envoyé une couronne de chrysanthèmes ! Nounou, épouvantée, pense que Madame est ensorcelée par le mauvais sort vaudou et se lamente, entre vingt coups de fil.

Yves Mourousi tombe enfin sur Barbara, en direct sur Europe 1.

— Allô, écoutez, je suis bien contente que vous m'appeliez, je tenais à préciser…

La diva prend un ton pincé.

— Mais enfin, la presse n'était pas convoquée !

À 13 heures, elle court s'expliquer sur les ondes. Si elle renonce au tour de chant, « le tour de chant j'ai dit », elle ne quitte pas le métier. Le récital étant le pilier d'une carrière et sa passion première, les journalistes se demandent bien ce qui va lui rester du métier en désertant la scène mais n'insistent pas. Si l'oiseau rare ne revient pas à l'automne, on le reverra au printemps. Mistinguett ou Joséphine Baker ont fait le coup dix fois.

Barbara file en répétition retrouver ses musiciens auxquels elle ne dit pas un mot de « ses adieux fracassants » (selon *France-Soir*). L'heure n'est pas au farniente ou au chômage, elle honorera bien sûr tous les engagements prévus. Le Barbara Tour s'envole pour une tournée qui va de la Belgique à la Suisse, du Canada en Roumanie jusqu'en URSS… Un rythme qui ne lui laisse aucun souvenir, comme le sommeil forcé s'écoule sans rêve.

L'accueil que lui réservent les Russes est incompréhensible. À Moscou, une femme venue la saluer en loge lui glisse au creux de la paume son alliance avant de se perdre dans foule, sans un mot. Plus rien ne semble pouvoir interrompre l'union avec l'amant aux mille bras, Barbara, fille de l'Est, glisse à son doigt l'anneau des Slaves.

De retour à Paris, Denise Glaser revient sur sa déclaration tant reprise le soir de sa dernière boulevard des Capucines.

— Après cet Olympia mémorable où vous avez annoncé que vous quittiez le music-hall et où personne ne vous a crue…

— Pardon, je peux te dire…

— Oui, qu'est-ce qui se passe ?

— Est-ce que je peux te dire… Dis-moi tu, parce que sinon j'ai l'impression qu'on triche…

— Tu vois, je n'aime pas dire tu en général, je trouve que ça fait relâché à l'écran.

— Moi aussi, mais là, c'est vraiment pas possible ou alors on va parler faux …

— Bon, on ne va pas tricher, alors écoute, depuis cet Olympia mémorable où tous les gens ont cru que tu racontais des histoires en disant je quitte le music-hall, que tu faisais ça pour faire l'intéressante…

— Ils ont cru ça, tu crois ?

— Ah oui.

— Non. Non, non. J'ai quitté un système, une espèce de prison si tu veux, qui consiste à tous les ans revenir, faire son tour du chant et puis tous les ans faire un disque, et puis tous les ans partir à Bordeaux, à Marseille, à Toulouse… Une prison et aussi une facilité : à savoir je chante la « Petite cantate », « Göttingen », et même si je les chante mal, au fond, ça va marcher quand même. Je suis trop amoureuse et de mon public et de la chanson pour tricher avec ça. Et puis enfin, on ne peut pas radoter, ça fait vingt ans que je radote, tu ne peux pas te réinventer si vite, tu comprends, je ne pouvais plus, alors je pars. Je vais continuer à chanter, peut-être même à écrire des chansons mais j'ai abandonné un système qui était devenu le fonctionnariat. J'étais devenue la cousine qui revient tous les ans à heure fixe, et ça je ne veux pas parce que ce métier est un métier d'aventurier et d'aventurière… Il ne faut pas continuer sa vie, faut la recommencer. La recommencer à quarante ans, c'est bien, aujourd'hui je suis une débutante.

Après l'enregistrement de ce « Discorama », Denise Glaser raccompagne Barbara jusque sur le trottoir de la rue Cognacq-Jay, bras dessus, bras dessous. Toujours séduite mais pas idiote, l'animatrice la regarde en coin.

— Débutante, c'est bien ma cocotte, ça rajeunit, mais débutante en quoi ?

La chanteuse ne se voit nulle part ailleurs que dans un théâtre, y revenir sans son piano lui permettrait de se renouveler sans trahir sa déclaration. Elle rêve de « planches ».

Si Barbara a du nez pour choisir qui l'entoure, l'assiste, si elle ne s'est jamais trompée au sujet d'un musicien, du point de vue culturel, son manque de repères peut l'égarer. Elle songe donc à un retour sur scène en artiste dramatico-comique… Rien ne l'empêcherait d'aller faire connaissance avec Ariane Mnouchkine, Jean Vilar ou un histrion nommé Jérôme Savary. Partout, Barbara serait bien reçue. Mais sa défiance envers les chapelles la pousse à choisir son ami Remo Forlani, journaliste dont la dernière comédie fut très applaudie sur les boulevards. Il est sympathique, bon vivant, Remo. Et d'emblée son statut de grande vedette permet à Barbara de dominer l'auteur convié à dîner.

Le soir de leur tête à tête, elle commande à domicile une choucroute pour dix personnes et la voilà partie à évoquer une pièce dont elle a une vague idée – en fait, toute la trame. Repu et charmé, Remo disparaît à l'aube pour vite concrétiser l'injonction – deux actes, sept tableaux, cinq chansons. Barbara et Forlani : quel théâtre ne signerait pas des deux mains ? Ça se montera à La Renaissance, que Sarah Bernhardt dirigea quelques années, avec sa jauge de sept cents places. Ainsi naît *Madame*, du sur mesure haute couture.

Madame est la patronne du Sphinx d'Or, fastueux bordel d'Afrique Équatoriale. Mais Monsieur est mort et la décolonisation a vidé l'établissement. Quelques faire-valoir entourent la taulière : un valet noir nommé Chandeleur, Nantes le militaire (nous sommes bien chez Barbara)… Madame parle essentiellement toute seule des souvenirs d'une splendeur révolue. Un amant italien (comme Reggiani) passe, un peu tétanisé. Cinq cadavres pourrissent à la cave – ses prédécesseurs, probablement.

L'équipe se prépare au triomphe.

La presse trépigne sans rien savoir.

Remo Forlani approche Roger Blin, fameux pour avoir monté Beckett au théâtre et révélé Jean Genet. Mais Barbara disqualifie ce Blin qui se présente au rendez-vous en chaussures de sport – « Des baskets, non, ce n'est pas possible », elle dit, soudain bête. En fait, elle a flairé la grosse tête, la culture profonde, qui la crispe. Son choix se porte plutôt sur Sandro Sequi, Italien parlant mal français mais metteur en scène d'opéra… En vérité, *el signor* Sequi l'impressionne beaucoup moins que Roger Blin. Quant aux décors, ils seront de Luc Simon, et époustouflants. Barbara appelle à ses côtés son peintre baroque pour transformer la maison close du Sphinx d'Or en palais de Nabuchodonosor. Amateur des Préraphaélites, des toiles de Gustave Moreau, l'imaginaire de Luc Simon s'en donne à cœur joie et à bourse déliée : fontaines de velours lamé, alcôve royale, effets de profondeurs magiques, coussins, poufs tentures en veux-tu en voilà, motif panthère et queue de paon… Paloma Picasso crée des bijoux fastueux. C'est Byzance.

Nul ne niera la beauté du décor. Mais la suite tourne vinaigre. Le metteur en scène valse, même Remo Forlani est prié de dégager des répétitions. Madame est vraiment très madame, toute l'équipe pressent que quelque chose cloche, y compris chez la vedette, ce qui n'améliore pas son humeur. À force de se surjouer, Barbara ne se trouve plus. Saturée de références autobiographiques, de Violettes Impériales aux bordels de la porte Namur en passant par le cloaque ivoirien de Jo Attia, Madame s'asphyxie en grand et or. Plus elle en fait, moins ça passe avec ce petit texte qu'elle donne comme du Shakespeare. S'il y a bien une peur très française que Barbara n'a pas, c'est celle du ridicule, comme dit la journaliste Hélène Azéra.

Dès cette première expérience sur les planches surgit son pire ennemi désormais : la théâtralisation d'elle-même. Le symptôme pour lequel elle a fui le tour de chant la rattrape au théâtre. Ce qu'elle voudrait fuir, Barbara le fabrique. Le dandysme peut devenir un désert surchargé. Arrivant très fardée au Théâtre de la Renaissance, à l'arrière de sa Mercedes, son chapeau et ses lunettes fumées la font ressembler à Maria Callas un jour de couac. Le chauffeur ouvre cérémonieusement la portière à sa maîtresse qui sort sous le nez des journalistes convoqués, canne à la main, lavallière au menton – pas franchement sympathique. Les répétitions s'achèvent aussi mal qu'elles ont débuté. Mais Madame veut croire en ses mantras, son public, le sursaut miraculeux du jour J à l'instant T. Tout le monde sent planer le four de l'année. Puisqu'elle veut tout régenter, l'équipe, changée en sbires muets, la laisse monter à l'échafaud.

Pour la générale, Madame déclare forfait, aphone.

Prise d'une inspiration subite, selon son historiographe François Faurant[1], elle lâche son déshabillé d'archiduchesse, éventre son chignon pour apparaître hirsute en peignoir fatigué. Ce revirement tardif, plus naturaliste, suffira-t-il ?

Le rideau de la première tant attendue se lève, le splendide décor incongru éblouit deux minutes la salle qui reste tiède, avant de virer polaire. Certains n'attendent même pas l'entracte pour s'éclipser, les fauteuils claquent dans la pénombre mordorée. Ce sera mieux demain... Le lendemain, c'est pire. Même faute, même punition : un ennui mortel. Le public ne se déplace même plus et la presse l'assassine. Robert Kanters, pape de la critique

1. Barbarophile émérite. Sans doute le premier d'entre tous, son site « www.passion-barbara.net », constamment réactualisé, est une bible à laquelle les amateurs se fient toujours.

théâtrale, y va de son « Madame se meurt, Madame est morte ! » tandis que dans *Le Figaro*, Jean Chalon se sent autorisé à être grossier en comparant Madame à un poisson.

Sous un déluge de coups, la diva redresse la nuque et fait tinter ses diamants de music-hall. Les ricanements parisiens font aussi mal que les trognons au temps du Cheval Blanc, même si Madame déclare avec hauteur ne pas prêter attention à la critique. Soudain, plus personne ne la connaît. Elle qui se plaignait de suffoquer dans sa loge envahie n'y voit pas foule. Les reportages radio et télé sont à peine en boîte que la pièce semble devoir quitter l'affiche. Émaciée de coupe-faim, d'insomnie, raide, Madame est à faire peur devant les caméras. Au lieu d'émouvoir, son malaise dérange.

Barbara s'engage à nouveau dans une zone très escarpée. Que lui reste-t-il dans ce four doré, tandis que Peter, muet, la conduit vers des studios où elle a courageusement refusé d'annuler les interviews prévues ? En un soir, la gloire s'est ternie, triste comme une chair morte. Hubert Ballay, Luc Simon sont du passé. Ces hommes-là ne se remplacent pas. Où sont la troupe, la musique, le bon temps ? Roland Romanelli est à la fois son accompagnateur et son compagnon. Comme les rois, les stars voient le monde se resserrer en une cour qui dépend de leur bon vouloir et qu'elles font vivre. En renonçant au tour de chant, l'artiste n'a-t-elle pas quitté son unique royaume ? Le pire est de devoir faire front au fiasco. Le visage qu'elle offre aux caméras est celui de sa dépression – cette « raie dont on ne verrait que les arêtes » comme l'écrit cruellement Jean Chalon dans *Le Figaro*, c'est la dépression. Toujours mimétique avec les univers qu'elle interprète, en madame patronne, Barbara argumente, soliloque, se justifie, couverte de strass, les ongles vernis, les cheveux plaqués, la peau sur les os. Elle préférerait se cacher mais ne peut pas. Durant ses échanges avec les journalistes, acculée, elle se défend en assénant des phrases qu'elle répètera toute sa vie, jusqu'au credo.

— Comment vivez-vous aujourd'hui ?

— Recluse.

— Votre rupture avec la scène n'est-elle pas venue d'une angoisse à composer, d'un manque de sujet pour vos chansons ?…

— Moi je n'ai pas de sujet, mon sujet est mon existence de femme.

Toutes leurs questions insinuent l'erreur, l'échec, l'impasse. Elle persiste et signe.

— À partir du moment où on rentre en scène, on prend le voile à nouveau, que ce soit pour chanter ou pour jouer la comédie, enfin, moi, je ne suis pas comédienne… Mais ce sera à chaque fois la même chose.

— Il ne peut pas y avoir de défaite, faut pas… Si j'étais seule, les choses me seraient égales parce que refaire ma valise et même ne pas faire de valise, repartir seulement avec des lunettes, ça m'est complètement égal.

— Ce qui est important, c'est que je ne perde pas l'amour, c'est ça qui m'importe, pas d'être bonne ou mauvaise, c'est de ne pas les perdre « Eux », mais même si je me trompe, on ne peut pas perdre dix-sept ans d'amour, comme ça ?… Je sais que mon public est là et il viendra, je le sais pertinemment, tout à fait, je l'ai toujours su. Et là, le public va me guider, vous comprenez ? C'est lui qui accouche, qui décide.

Elle a beau en faire des tonnes, le public, « son public », s'abstient. La renommée, métamorphosée en vipère, la mord méchamment. Même l'amie Denise Glaser n'apprécie pas cette pièce dont Barbara a contrôlé jusqu'aux moindres détails, tout ramené à elle, sans s'apercevoir que la question coloniale, raciale, y était traitée par-dessus les dentelles. Hormis les décors, bijoux et costumes, le meilleur reste encore les cinq chansons. Une surtout, poussée tel un pissenlit sur le tas d'or et de fourrures, écrite par Forlani.

Je serai douce, si douce
quand tu me diras de l'être
Je serai obéissante...
Quand tes mains caresseront mes mains,
mes cheveux, mes lèvres...
Mes reins, mes seins, mon étoile,
oui je serai très très belle...

Madame quitte l'affiche après une trentaine de représentations, faute de spectateurs.

Et maintenant, que faire ? À midi, minuit ou 5 heures, dans sa « robe noire de veuve », « rouge d'amante » ou « blanche d'épouse sur un lit de rosée ou d'herbe roussi » ?

Des mots tout ça, un entassement de zinzins pareil au bric-à-brac que les machinistes démontent sur la scène de La Renaissance, Le Sphinx d'Or n'était qu'un trompe-l'œil.

À qui tendre ses lèvres, ses bras, son étoile ?

Rien. Personne.

Elle appelle Sagan, elle appelle Régine…

— Ça ne va pas du tout, là…

Elle n'appelle plus.

La vie de Barbara est terminée. Elle a tout vécu, tout accompli, tout compris, à quarante ans. Le propre du cercle, la plus parfaite des figures, est de revenir sur lui-même. C'est terminé, elle le sait. Bon gré mal gré, il va falloir commencer de se répéter. À l'égal de Brel, elle ne peut pas tout lâcher pour partir aux antipodes. Jamais l'idée ne serait venue à Jacques de voir dans son public la femme de sa vie, une amante aux mille bras. Lui a d'autres passions, les avions, les lointains et les plages. L'aéronef postale de l'entraide, vitale dans ses îles Marquises. Elle, ne sait même pas brancher une télé.

Moi, je ne sers à rien.

Moi, je radote. Je ne supporte pas le soleil. Ni personne.

« J'ai échoué dans ma vie de femme, j'ai échoué dans ma vie de mère », elle dit dans son autobiographie, en 1997.

Elle a peur, elle ne sait pas très bien ce qui va arriver. La source de ses plus belles chansons, puisées dans les strates du passé profond, s'est tarie. Comme elle l'a dit à Denise Glaser, personne ne peut se réinventer à sa guise, chaque saison. On ne peut offrir que ce que l'on a et elle n'a plus rien. En même temps que de dépenser l'argent, elle a tout donné d'elle, l'être et l'avoir, en même temps.

Quarante ans. L'heure zénithale sonne, la pire, sans ombre pour se cacher.

Elle pense se suicider, ce qui serait assez grandiloquent. Avec elle, on ne saura jamais très bien, quand plus personne n'est là, si le geste terminal du désespoir n'est pas une étourderie dans la confusion des psychotropes.

Avant de quitter la rue de Rémusat, Marie Chaix a attrapé un grand sac plastique pour vider son armoire à pharmacie de ses poisons, Barbara l'a regardée faire et descendre le sac plein aux poubelles. Quand Marie est remontée, Barbara a souri. Elle a soulevé le tapis, le matelas, ouvert un placard de la cuisine, sauté sur la cuvette des WC pour atteindre la chasse d'eau, des médicaments restaient cachés partout, jusque dans les coussins. Toutes les deux ont bien ri. Puis Marie Chaix est partie faire des enfants et des romans. La vedette n'a pas engagé de nouvelle assistante. Comme les musiciens, les assistantes finissent par tomber amoureuses, se marier et faire des enfants, ça lui déplaît.

Elle ne voudrait manger que du poulet parce que c'est bon, le poulet. Et ça ne fait pas grossir, ce qui compense avec les médocs. Elle se couche devant la télévision. Tout y est intéressant, mais tu ne t'en souviens pas. Elle se couche entre les bras d'un homme, dont elle ne se souvient pas non plus. Sur le piano traîne une chanson, pas bonne, personne ne comprendrait rien à cet oiseau d'*un beau jour ou peut-être une nuit*. Toujours le même sortilège à double fond, un noir qui tourne au bleu céleste ; des plumes et des rubis, mille feux déjà vus. Impossible de fixer les mots et les notes de « L'Aigle noir », dernier volatile du passé, qui lui a tout l'air ridicule. Elle enfouit les feuilles raturées au fond du tiroir.

Je suis ridicule.

Non, non. Elle ne renonce pas devant la dernière partie, la plus longue, une dernière ligne de presque trente années. Il reste à découvrir un horizon qu'elle connaît mal, qu'elle méprise, et pour lequel les Slaves ne seraient pas doués. C'est le bonheur. Pourquoi pas le bonheur, merde alors.

*

Situer par habitude l'amour dans le sexe, le cœur ou l'âme, empêche de le placer dans la zone la plus puissante où il se tient : la mémoire, selon ce dont on se rappelle ou non. Par exemple, j'ai à peine le souvenir de Barbara et Depardieu dans *Lily Passion* au Zénith, quand je peux revoir facilement la figure de mon voisin debout contre la scène de Pantin en novembre 81, ce frémissement des rideaux rouges qui se rouvrent sur Barbara, dessiner les motifs orange sur fond noir de son poncho lorsqu'elle réapparut en lunettes, trois feuilles de papier à la main, pour chanter « Pantin, la belle », en s'excusant que cette chanson nouvelle soit un peu n'importe quoi. Si la fureur, la peur forent vers l'inconscient, tout amour reste à fleur de mémoire immédiate.

De Françoise Sagan aussi, je garde une multitude d'images animées, l'expression de son visage à divers instants, sa main, son sac, le fermoir du sac. La façon dont elle tirait la lourde porte cochère de la rue du Cherche-Midi avant de se faufiler sur le trottoir et remonter discrètement jusqu'à sa voiture, tête basse, avec cette forme d'absence des gens trop célèbres qui ne veulent pas être alpagués.

Partir en voiture avec Sagan revêtait toujours la promesse de grands départs même si nous n'avons jamais dépassé la Normandie, en Mercedes (comme Barbara, mais crème et non grise). Françoise, fière de sa bonne affaire, l'avait rachetée à un sultan du Golfe. J'ignore si elle conduisait bien ou mal, ma confiance était totale. Qu'elle adorât rouler était l'évidence, on ne sentait pas la route. Se souciait-elle vraiment de la circulation autour ? Je ne saurais le dire, en tout cas nous n'avons jamais ne serait-ce qu'effleuré quelqu'un. Confortables et abrités, nous glissions dans la tôle. Lors du premier voyage, je lui ai fait remarquer qu'elle ne conduisait pas pieds nus. Elle m'a répondu qu'elle n'avait jamais conduit pieds nus sauf quand le sable des plages la gênait dans ses chaussures. Sa légende s'était construite via une image qui ne la concernait pas.

Sur la route du manoir d'Équemauville, après avoir écouté une cassette de succès de Julien Clerc, je suis revenu sur ce qu'elle m'avait dit, précédemment : « Donner mon numéro de téléphone à Barbara n'était pas la meilleure idée que j'aie eue de ma vie ».

— Pourquoi ?

À la fin des années 60, toutes les deux dînaient fréquemment en tête en tête. Forte d'une renommée qui lui ouvrait toutes les portes, Françoise avait commencé à jeter sur le papier une pièce de théâtre pour Barbara. Loin d'une vamp fatiguée, d'une soprano névro, la romancière projetait de la transformer en vendeuse de pelotes de laine, occupée à tricoter derrière ses carreaux, tout en tissant des liens ambivalents avec la population du village. Afin de « peaufiner » cette comédie dramatique, elles étaient parties pour Équemauville un après-midi de juin. Sagan était heureuse qu'il fasse beau, de sa nouvelle piscine, de fuir sa bande en duo avec Barbara. À peine arrivées à Deauville, dont les boutiques offraient pourtant du choix, trouver un maillot de bain s'est soldé par un premier calvaire. Barbara triturait les tenues avant de les rejeter sans les essayer.

— Vous vous êtes disputées à cause d'un maillot de bain ?

— C'était quand même, schneuneu, quelqu'un avec qui tout devenait compliqué, je vous assure.

Sans doute pas « tout », mais mille et une chose anodines à la plupart de nous, sûrement.

Chez ce duo d'insomniaques, la nuit était ouvrable, bonne à tout sauf dormir. Travailler / aimer dans le meilleur des cas, voir défiler le contemporain télévisuel, saisir ou attendre l'inspiration, au milieu du silence que ne partagent pas les autres, apaisant malgré l'obscurité.

— Elle dormait quand ça la prenait, n'importe quand, uniquement par intermittence. Reschneu… Je l'ai vue s'endormir en caressant mon cheval.

Barbara traversait une dure période après ses adieux au music-hall, son échec au théâtre. Françoise était plus heureuse. Pour qui accède au bonheur, voir quelqu'un s'y refuser peut paraître révoltant. Barbara ne souffrait pas d'abattement, elle souffrait d'angoisse. L'énergie qui ne se projetait plus sur scène ou dans l'amour d'un homme se retournait contre elle, en soliloque de soupirs, en va-et-vient effrénés.

Au volant, comme partout, Françoise haïssait d'avoir à s'expliquer, les justifications envenimées. Le pathos lui était absolument étranger. Elle préférait se planquer plutôt que d'affronter une situation pénible avec quelqu'un. C'était toujours une jeune fille, chanceuse malgré ses écarts, qui aimait prendre le vent depuis la selle d'une bicyclette ou le siège d'une automobile.

Barbara, pas du tout.

Durant leur séjour en Normandie, le malaise de Barbara nécessita d'appeler un médecin, elles se trouvaient seules dans le manoir, Frédéric Botton, l'ami musicien, était reparti à Paris. Être deux est moins facile que quinze lorsque les choses ne tournent pas bien, raison pour laquelle la maison débordait d'invités d'habitude.

— Quand ça barde avec l'un, je vais vers un autre.

Le médecin s'est enfermé dans une chambre avec Barbara. Comme il était sympathique – grand mot de Françoise qui pouvait qualifier un toutou, un voisin, un amant, une œuvre ou un cake… –, le médecin est resté dîner. Barbara souffrait de « tétanie ».

— Tétanie, ça pourrait faire une chanson.

La tétanie est une sous-catégorie de la spasmophilie, avivée par des carences, notamment en magnésium. Le docteur prescrivit du magnésium.

— On m'en donne des ribambelles, je ne fixe pas le magnésium.

La manifestation aiguë de la tétanie est le symptôme de mort imminente. Ce que les Américains appellent *panic attack*. Tu bouges, tu marches, tu manges avec une terrible oppression qui va stopper ton cœur. Deux tonnes de fonte t'écrasent comme un papillon entre deux plaques de verre. Barbara trimbalait le *snuff movie* d'une tétanie tenace. Sagan, sujette à des moments de morosité qui pouvaient aller au marasme, n'avait jamais éprouvé cette sensation foudroyante de disparaître, engloutie. Barbara avoua qu'elle n'en parlait jamais. Le médecin connaissait le sujet. Le propre de la tétanie est d'isoler. Une crise en pleine rue conduit la victime à éviter de sortir en ville, une forte appréhension durant un repas l'empêche de se rasseoir à table. Dans une piscine, n'en parlons pas. Quand la crise s'éternise plusieurs jours, plusieurs semaines, le sujet en arrive à ne plus rien faire, pas même fermer les paupières.

Si Barbara venait tôt dans les théâtres, si elle aurait aimé y passer ses nuits, sa vie, c'est qu'elle n'y souffrait pas de tétanie. Près d'une scène, l'angoisse s'éteignait sous le trac, ce formidable trac qui précédait la confrontation avec le public, inverse à la mort sans personne. Sagan ne comprenait pas très bien. Une panic attack est difficile à concevoir pour qui ne l'a jamais éprouvée ; mourir sans arrêt paraît un jeu d'esprit malade. L'organisme ne présente aucun symptôme clinique, la tension est normale, pas de transpiration, rien ne se passe qu'un cauchemar. Le médecin était parti après le dîner, Barbara le lendemain.

Sachant que Françoise ne dormait pas non plus, soulagée d'avoir trouvé une confidente à sa névrose, Barbara se mit à la joindre par téléphone, la nuit, pour en parler. Pour Françoise parler n'était pas curatif, c'était encore un acte de liberté. Barbara ruinait ses nuits blanches, interrompues, qui ne se passaient plus à écrire. Comme un naufragé s'accrocherait à qui sait à peine nager. Barbara l'inondait, la noyait d'angoisse, s'excusait, puis recommençait. Elles se sont fâchées par téléphone.

— Oh non, tu me barbes à la fin !

Françoise a raccroché.

Barbara a envoyé des fleurs.

Sagan l'a rappelée.

Les deux amies ont convenu de vite se réconcilier, en déjeunant avant la fin de l'été. Françoise est rentrée exprès à Paris. Pépita a préparé un repas, arrangé la table avec trois fleurs et les jolis verres de Venise. La chanteuse n'est pas venue, sans même téléphoner. Pas inquiète, Sagan a dit à Pépita de débarrasser, avant de prévenir madame Bartoli, sa secrétaire, qu'elle ne prendrait plus Barbara au téléphone – « elle est trop pénible ». Autre mot de Françoise dont elle qualifiait tout ce qui n'était pas « sympathique ».

Sagan et Barbara cessèrent leur amitié.

Françoise a engagé la Mercedes dans la merveilleuse allée, une double haie de vieux arbres graciles, qui menait à sa maison couverte de lierre, sans mur ni clôture – le bout du chemin était simplement barré par une chaîne.

— C'est tout à fait idiot, non, reschneu, de se fâcher pour un déjeuner.

— Elle vous faisait peur à vous aussi ?

Chez Sagan, on se tient – à moins d'être ivre.

Chez Barbara, on ne se tient pas – à moins de chanter.

Une bourgeoise. Une orpheline. Comme à Saint-Marcellin durant la guerre, pareil.

Dans l'autobiographie inachevée de Barbara[1], jetée, travaillée, touchante, honnête, la plus belle page parmi celles de la fin raconte leur habitude avec Jacques Brel de filer en voiture n'importe où. Glisser dans une vague direction, l'espace ouvert, suspendus en somme, au point de ne plus sentir ni les minutes ni les bornes. Se

1. *Il était un piano noir*, *op. cit.*

parler, encore, comme ils se parlaient en traversant la Seine au début des années 60, après leurs passages à L'Échelle de Jacob et L'Écluse, parler sans limite avec la pudeur qu'amène la vérité, ce bien-être ensemble au bord, tout au bord de s'aimer.

La vraie vie
1970 - 1997

XX

Il y a deux femmes exceptionnelles en France, Barbara et moi.

Marguerite Duras, après la première de *Lily Passion*, novembre 1986

Ça a fini dans un jardin. Ça a duré longtemps, presque trente ans. Vive la rose et le lilas. L'essentiel n'a pas changé dans les années qui ont suivi, Barbara n'était bonne qu'à chanter, comme Samuel Beckett dit de la littérature : « Bon qu'à ça. » Sa sensibilité commandait de s'y prendre différemment, hors circuit. Les caméras du cinéma ont ronronné un moment. Jacques Brel metteur-en-scène l'a embarquée pour sa mer du Nord, sur la plage de Blankenberge, en « employée médiocre » bizarrement surlookée telle une héroïne de Visconti, incapable d'aimer un autre employé médiocre. Au téléphone, Jacques n'y était pas allé par quatre chemins :

— J'ai besoin d'une femme laide !

Façon de dire, besoin de toi, tes grâces autant que tes hantises. La « laide » hésita beaucoup à s'engager, incapable au fond de dire non à Brel. Son long métrage devait s'appeler *Les Moules* – titre qui aurait ravi le poète Paul Nougé. Les producteurs n'en voulurent pour rien au monde, pas plus que la Dame Brune au profil de buse, Brel céda sur le titre pour mieux imposer son actrice. *Franz*, première œuvre belle de singularité, rencontra un succès d'estime.

En 73, l'ami Jean-Claude Brialy, plus convenu, poursuivit l'aventure par un téléfilm où elle incarnait encore une cantatrice qui déraille, Miss Blitz-Balfour, jumelle de la « Madame » de Remo Forlani… Une gloire passée, foldingo, nourrie exclusivement de Zan, citron et yoghourt. Même si Barbara réécrivit ses dialogues, ça va comme ça, à se pâmer sous une voilette, appeler Robert ou Charles un valet de chambre nommé Armand. La critique eut beau saluer sa prestation dans *L'Oiseau rare* de Brialy, le septième art ne lui proposa plus que des copier-coller d'elle-même, en pire. De toute façon, elle n'allait jamais au cinéma.

— Avec quel cinéaste aimeriez-vous tourner ? …

— … Roman Polanski… Remarquez, je n'ai jamais vu un de ses films.

Comme elle avouera n'en avoir vu aucun de Gérard Depardieu avant leur rencontre. Exagération ou preuve que le défilé d'images télévisuelles en guise de sommeil ne laisse vraiment aucun souvenir ?

Pour final, Maurice Béjart l'a entraînée à Venise en 76, créature emphatique à la proue d'une gondole funèbre voguant vers l'île des Morts, un éphèbe nu gisant à ses pieds – Barbara n'en perçut pas le ridicule. Dans son palais chargé, la Dame de la nuit interprète *L'Amour magicien* :

Au bout de ma vie, au bout de mes nuits,
Les lampions s'éteignent, ma fête est finie...

Elle a quarante-six ans. Dans un *fondamenta* du quartier Cannaregio, en tenue pantalon de scène noire, masque blanc sur la figure, la pianiste chantante, muette, danse un tango solitaire, moment d'exception si gracieux qu'il sauverait presque l'ensemble tant elle paraît libre, épanouie dans son déhanché. Malheureusement, ce téléfilm fut assez consternant pour que Barbara reste coite pendant plus d'un an, pas en forme.

Ses tours de chant vont reprendre, plus discrètement, d'abord en province, puis à Paris. Si Barbara ne se sent pas de recevoir la presse, elle ne la reçoit pas – CQFD. Avec les hommes, c'est différent, B. continue de prendre des amants. Intenses passions, brèves liaisons, avant de s'éclipser ou de se laisser quitter sans tapage. En général, elle prend les devants :

Moi devant et eux derrière...
Mes hommes...
Je n'ai qu'à tendre les bras, en somme...

Ils ont la trentaine, repérés ici ou là, un comédien nommé Pierre Arditi, le parolier Luc Plamondon... Elle aime l'étreinte. De jeunes amants talentueux exonèrent du sentiment de vieillir. À la scène comme à la ville, Roland Romanelli demeure favori en titre, prince consort. Se vouvoyer permet de s'aimer sans s'appartenir. Lorsque le couple se brouille à la veille d'un séjour en Autriche, tandis que Roland boude à Paris, elle lui écrit depuis une chambre près de l'église Saint-Étienne une lettre sur laquelle naissent des notes : « Que c'est beau Vienne sans toi… Pardonne-moi, tu m'as gardée malgré moi, tu vois, je m'abandonne… »

Elle exagère. Selon Romanelli, du coup, Barbara ne serait pas partie non plus pour Vienne. Qu'importe, la chanson prime toujours sur la réalité. Réconciliés, Elle et Lui arpenteront d'autres capitales, en touristes, sans la fatigue des récitals.

Le véritable événement du début des années 70 surprend tant il s'éloigne, a priori, de ses goûts. On a toujours tort de croire que les autres ne vous sont plus rien. Les autres s'affairent, s'agitent, ils interfèrent. En 57, après leur villégiature à Boisrenault dans le Berry, son fiancé Jean Poissonnier lui avait donné « Le Verger en Lorraine », poème élégiaque, première chanson solennelle qui l'a tirée hors de sa coquille. Au début des années 70, son ami et son agent initient une nouvelle mue : Jean-Claude Brialy et Charley Marouani l'attirent dans… une maison. Comment cette baraque a surgi au bord de sa route reste flou. Brialy, la voyant à vendre, aurait pensé à Barbara. Précy, Lilliput de quatre cents habitants, se situe en Seine-et-Marne. Drôle d'idée, à quarante bornes de Paris. Une ferme, entre deux rues, autour d'un jardin carré. Brialy l'emmène visiter, frayant un passage parmi des orties plus hautes qu'eux, les nids d'hirondelles piaillent au-dessus des intrus. La visite se prolonge, à pousser des portes : logis, grange, cellier, dépendances, un banc, un puits. Petit royaume au bois dormant dont les êtres se sont évanouis, vaste volume sans prétention, à l'abandon.

Revenue à la civilisation parisienne, Barbara en parle à Charley Marouani, distraitement, n'ayant jamais un sou d'épargne, puis s'en va. L'imprésario reste pensif. Au faîte du métier, Marouani considère de son devoir d'assurer un toit à ses cigales incapables de vivre autrement qu'au jour le jour. En secret, il s'active, essore les comptes. De Barbara, il redoute les lubies consuméristes mais Précy est très abordable. « L'étable sentait encore les vaches », elle dit. Quatre bâtiments fermés mais pas isolés, à une heure de la place de la Concorde, pourquoi pas ? Une rénovation peu onéreuse rendrait sa chaleur à la bonne vieille demeure. Banco, Charley Marouani achète Précy pour Barbara. Quand elle repasse, il pose les clefs sur son bureau.

— C'est une bonne affaire. Faites-en ce que vous voulez... Si je peux vous donner mon avis, tôt ou tard, nous avons tous besoin d'un coin à soi.

Locataire rue Michel-Ange, nouvel ancrage en altitude où sont réapparus ses miroirs, son paravent, son rocking-chair, Barbara sait aussi bien transformer ses loges en nid, sa Mercedes en roulotte. L'anonymat des chambres d'hôtel lui pèse, s'il ne tenait qu'à elle, elle dormirait dans les théâtres. Elle ramasse les clefs. L'étrange possibilité d'investir un lieu la titille, sans trop savoir ce que présage une vie provinciale. Cette femme riche à millions n'achètera jamais un bien immobilier de prestige, un tableau de maître, un meuble estampillé de grand antiquaire. Aux murs de son duplex sont accrochés deux posters : Fragson, Loïe Fuller[1], et

1. Danseuse pionnière extraordinaire (New York, 1862-Paris, 1928). S'enroulant parfois dans des centaines de mètres de voile, dansant sur un carreau de verre éclairé par en dessous, entre projecteurs et miroirs, les apparitions de Loïe Fuller fascinaient. Stéphane Mallarmé la vénérait, en déesse du symbolisme. Elle fut du fameux

une affiche annonçant son concert à Moscou, en alphabet cyrillique. Le catalogue Manufrance, coché pendant ses insomnies, quelques brocanteurs, la fournissent en nécessités et objets patinés, fauteuil Voltaire, tapisserie et foulard qui font des coussins. Le plus important, de nuit, ce sont les lampes – après la disparition de Jacques Brel, une veilleuse restera allumée nuit et jour. Le luxe de Barbara ne thésaurise pas. Si elle peut claquer dans un manteau en chinchilla digne de Marlene, une razzia de stylos plumes or à offrir, sa fortune est un tas d'or dont elle arrache des bouts, comme des larcins. Personne ne verra jamais cette ancienne pauvre s'offrir des diamants chez Cartier, descendre dans une suite du Ritz ou lever la main à une vente chez Sotheby[1].

---

cercle lesbien de la poétesse Nathalie Barney, avant 14-18, avec Damia ou la designer irlandaise Eileen Gray.

1. Après sa mort, il en fut tout autrement, via deux ventes aux enchères qui choquèrent énormément, à Vendôme puis au château de Cheverny, en 2000. La première dispersa le mobilier de la maison de Précy, la seconde, « de prestige », les objets liés à la scène. À Vendôme, une vague association pour l'aide à l'enfance malheureuse était censée toucher les bénéfices mais il ne fut plus question de caritatif à Cheverny. Le tout, organisé à la sauvette, mal présenté, comme à l'encan, émut les admirateurs. Si quelques gestes symboliques permirent de contenir l'indignation - son lit en bois de palissandre fut donné à Emmaüs, les associations des Amis de Barbara et Perlimpinpin reçurent en cadeau les premiers lots (deux pantalons) -, les héritiers ne laissèrent même pas à l'État le patrimoine littéraire, cent cinquante partitions archivées par Barbara dans une valise. Ni son piano favori, le Baldwin, dans lequel Barbara aurait souhaité être enterrée (140 000 francs, préempté par le ministère de la Culture). Sur les trois rocking-chairs, Gérard Depardieu en acquit un, l'ami Maurice Béjart se vit offrir l'autre, le dernier fut acheté par un inconnu pour 220 000 francs, clou de la

Si Joséphine Baker, fille de misère, enfant servante dans le Missouri, s'est ruinée au château périgourdin des Milandes, équipé d'une robinetterie en or, si Claude François transforme le moulin de Dannemois en résidence secondaire la plus *smart* du show-biz, si même Léo Ferré s'est logé dans une seigneurie féodale du Lot, tandis qu'un essaim de vedettes immigrent vers des villas suisses, Barbara se contente de faire venir à Précy deux entrepreneurs locaux. C'est une ferme, pas un manoir ni une hacienda – « Faisons simple », elle dit.

---

vente. À Vendôme ne se trouvait aucun objet rare, seule l'affection du public donnait une valeur marchande au prie-dieu d'acajou de sa chambre ou au fauteuil de repos jaune qui se trouvait devant la télévision, taché de café et griffé par le chat. À Cheverny, dans la malle de scène-cabine de maquillage restaient encore ses collants, ses cirages ou ses poudres, soigneusement emballés et étiquetés par elle (préemptée par l'État). Plus de cent tenues de scène, toutes noires, ses boas, gants, châles, ceintures et chaussons partirent entre 1 000 et 11 000 francs. L'ensemble rapporta 2, 5 millions de francs (400 000 euros, soit le prix d'un petit appartement à Paris). L'État préempta aussi le livret de « Nantes », afin de nourrir les collections d'un Musée de la chanson qui n'a toujours pas vu le jour. L'association Perlimpinpin, grâce au lancement d'une souscription, acquit trente-huit lots dont le tabouret de scène et la robe de *Lily Passion*. La mobilisation générale empêcha donc la dispersion totale de ses souvenirs. Mais cette braderie laissa un sale souvenir. La première vente, à Vendôme, fut émaillée d'incidents.

PS : Je remercie Thierry Desseux de m'avoir fait connaître « Vendôme, la Dame de Précy », sa chanson douce amère, piano-voix, inspirée par ces journées d'adjudication (Album « Comme si de rien n'était »).

Petits éclairs précieux, tourbillon de naguère... / Le marteau retombé, quelqu'un baisse les yeux / Une dame est courbée, vague à l'âme, il pleut.

Les cosmos sont une espèce de marguerite invasive, grasse et puante, un épais nuage vert bouteille, bourdonnant d'abeilles. Une sorte de music-hall sous sa fenêtre.

« J'avais déjà vu le soleil se lever, elle dit, mais mal, et je savais ce qu'étaient des graines mais sans jamais en avoir vu pousser. » Toujours, elle exagère. À Rémusat ou Michel-Ange, l'horizon était son vis-à-vis. Ici, c'est vrai, la lumière semble à portée de main sur son carré de jungle.

— Charley, allô… Dites, ces orties sont effrayantes…

— Je vous ai donné le numéro d'un gars jardinier, appelez-le, il vous arrachera ça en un rien de temps.

— Je lui souhaite bon courage, j'ai essayé avec des gants vaisselle, c'est pas de la tarte.

— Payez le prix qu'il demande, pas plus, d'accord ?

Barbara lève le front entre les quatre bâtiments, vers un nuage. Le vrai toit sur sa tête est ce carreau de ciel.

À Paname, Régine, Chazot, ses copines, toute la bande ne lui donne pas six mois avant d'être lassée, Précy-sur-Marne, autant dire le trou du cul du monde. Sa banquière, cougar peroxydée se piquant d'arbitrer les élégances, refuse de croire qu'une millionnaire puisse aller se fourrer dans cette chaumière pourrie, aux confins d'une Île-de-France sans vedette. Les matérialistes, les snobs, dépendants des apparences, méprisant l'ordinaire, considèrent Barbara en zonarde. Un phare marin sur les côtes du Finistère aurait une autre gueule, son achat ne ressemble à rien. Il paraît même que la maison est « fonctionnelle ».

Dans le sureau noir – une vacherie pire que du chiendent selon le jardinier – la grive fixe la propriétaire qui s'échine à sortir des cailloux de la pelouse. Reins en compote, Barbara s'assoit sur une poutre qui sert de banc entre deux fenêtres. Ça sent la menthe, là… Si les cheminées sont bonnes, toutes les toitures ne sont pas hors d'eau, c'est passionnant, en fait, une maison, très prenant.

En 1971, elle a joui d'une grosse rentrée d'argent, une chance inouïe en vérité. Un zinzin manquait pour boucler son nouveau disque. Faute d'inspiration, la chanteuse s'est recollée à « L'Aigle noir », ressorti du tiroir, gribouillé de ratures. Sans conviction. L'enregistrement de cette hallucination baroque comblait un trou dans le 33-tours.

« L'Aigle noir » sera le seul et unique tube de sa carrière. La scie de l'été 71, sur toutes les radios. Un succès commercial qui la ramène au top, après ses adieux aux planches, son four à La Renaissance. Au soleil des vacances, dans les bals et les clubs, dès les premières mesures, les couples s'enlacent pour un slow, s'embrassent le cou dans la bande son d'un inceste. Sa chanson la plus impénétrable se propulse en tête des hit-parades. On croit appréhender le goût du public, et en fait non. Ça continue, ça recommence en pochettes surprises. Aux journalistes empressés, Barbara ne sait que dire de l'invraisemblable envol de son Aigle Noir, dont l'aile ésotérique couvre la pire rupture, indicible, de son existence.

Dans le jardin en friche, le sureau noir étouffe l'églantier, qui donnerait sinon des fleurs.

— Ah oui ? Des fleurs comment ?

Le jardinier revient le lendemain, avec trois roses sauvages.

— Comme ça.

À l'école du jardin, sur le tas, elle apprend des noms d'oiseaux. Elle en découvre des choses dans sa maison close.

— Qu'est-ce que tu vas foutre là-bas, à t'enterrer vivante, déjà que…

— Déjà que quoi ?

Le plus pénible parfois vient des vieux amis, qui te plombent.

— Madame Barbara, j'ai fait rentrer du bois de tilleul, c'est long à brûler et ça sent assez bon, vous verrez.

— Ah oui, quelle odeur ?

— L'odeur du tilleul.

Au bout d'un moment, les Précyens ont vu décharger d'énormes camions de déménagement, un, deux, quatre pianos. Autour du Baldwin de concert, l'arrivante joignait les mains comme si on transportait son enfant – drôle de bonne femme, la Chanteuse. Un rocking-chair noir a disparu par la grande porte – drôle de fauteuil. Un pot de peinture bleu a vite égayé le portail et les volets fermés sur la rue. Barbara ne les ouvrira jamais, ne se liera à aucun voisin, ne recevra personne, tout en saluant chacun d'une boutade, au hasard de ses promenades. En 1989, lorsque son confrère Yves Duteil, élu maire de Précy, recherchera sa compagnie, elle communiquera exclusivement par téléphone, puis par fax, sans se montrer. Ceci dit, pas un sapin de Noël, pas une fête à la maison de retraite, pas une kermesse scolaire ne se dérouleront sans une distribution de cadeaux et friandises venus du 2, rue de Verdun. Présente sans être là,

Barbara se solidarise à la communauté qui respecte sa discrétion en s'habituant à voir des visiteurs roder à travers la grand-rue. Au bistrot, on se chamaille de savoir s'il faut ou non renseigner « ses amoureux ».

À midi, l'angélus de midi, à 7 heures, l'angélus du soir. Les coups au clocher, brigadier d'un théâtre sans artifice. Le parfum fort des sauges repousse les moustiques, l'infusion est excellente pour les articulations. Et pour la voix ? L'artiste à lunettes et en poncho fait marrer le couvreur, le plombier, les égoutiers venus en grandes bottes curer la fosse. Artisans, ouvriers lui rappellent l'ancien monde du petit Paris des années 30, son enfance rue Brochant, rue Nollet, affairée à ne pas savoir où donner de la tête, sans voir la journée passer.

— Je suis morte Charley, vous m'avez tuée, vous m'entendez !

Contrairement aux prédictions de ses proches, les années 70 l'enracinent à Précy, dans une façon différente d'être au monde, sans subir personne, ni aucun système. Après ses périples cinématographiques, le chant redevient prioritaire. La presse suit mollement cette éclipse, citant sommairement ses nouveautés. Pas oubliée, peu attendue, Barbara est traitée en grande dame de la chanson, statut qu'elle abhorre mais qui ne défraie pas la chronique. C'est aussi bien. Malgré les objections des professionnels de la profession, jugeant suicidaire son refus de la promotion, ses concerts ne désemplissent pas. La discrétion devient donc son dada.

Précy n'est pas un long déjeuner de soleil, une féerie givrée. La dépression chronique ne lâche pas facilement une âme conquise. Quand tu y sombres, dans ta maison basse, personne ne peut t'aider à quitter ce trou – mais on n'en sort que par soi-même. Parfois, ça flanche, ça craque, va savoir pourquoi. Cette lutte, qui dura des lustres, constitue sa victoire la plus secrète et la plus belle. Un jour avec, un jour sans. À s'effondrer de voir goutter la pluie ou s'enchanter devant la rosée. De l'austère passion d'épouser la campagne, elle aime l'entrain des habitudes. Durant cette même décennie, Yves Saint-Laurent, autre névrosé magicien qui semble né dépressif, avide de voir célébrer son nom, trônera avec Pierre Bergé au sommet d'un empire YSL dont la pression le tuera. Retirée, Barbara, elle, doucement, a su se sauver. Sans rien lâcher. Quand bien même chaque jour n'est pas dimanche, marche et sors le chien – un bobtail offert par sa sœur Régine, auquel elle a octroyé un compagnon, soucieuse qu'il ne périsse pas d'ennui, ce qui fait deux monstres ravageant les fauteuils –, mets les confitures en bocaux avant de te coller au piano. Qui ouvrira le Baldwin si tu l'oublies ? Croque une pomme. Bouge-toi, reprends ta chansonnette jusqu'à n'en avoir pas honte. À Précy, il n'y a plus d'assistante, de gouvernante, même pas un chauffeur de maître, seulement un taxi sympathique qui la mène ou va quérir à Paris l'invité d'un repas en tête à tête. Ses fameux « mitonnages » dont Raymond Devos, Roger Vadim, Brialy, Charley, tant d'autres conservent un souvenir effaré. Seule en cuisine, Barbara balance la poiscaille dans une Téfal, touille une sauce, ébouillante des asperges, sans cesser de vitupérer contre Pompidou, Giscard, l'extrême droite, avant de submerger les plats d'un condiment chinois qui les rendront immangeables.

Dans le carré en plein air, pareil, elle s'adonne à sa jardinothérapie. Si tu te sens molle, pas bien, fanée, vas-y, attrape la fourche pour planter des pensées calaminaires, un hibiscus, gratte la terre, enfourne la bouture ou enfonce la graine – si profondément que les fleurettes s'asphyxieront – et attends le germe vert, minus, preuve éclatante de la frénésie des cycles. Recommence, autant de fois que nécessaire. Repique dans le jardin d'ombre le cerisier du Japon offert par Hervé Vilard que l'obscurité empêchera de pousser plus haut qu'un nain, et enfin, détachant tout à coup ton tablier pour courir au piano, laisse plutôt faire la main du jardinier. La nature aussi est un métier.

Et pars de nouveau chanter. Avant chaque tournée, chaque date, Barbara siffle ses hommes aux répétitions, ils rappliquent dans leurs bagnoles, sortent du coffre sacs et instruments. Leurs accolades, leurs clameurs excitent les chiens. Le bon vin, les entrecôtes saignantes disparaissent en un rien de temps avant que le groupe ne se cloître dans la grange-au-loup, théâtre à domicile, pour répéter jusqu'à pas d'heure ni tarif syndical. L'énième récital de Patronne semble toujours le premier, rien n'est jamais assez « en place ». Que ses compagnons ne la saoulent pas avec leurs femmes, leurs mômes, la vie de famille : les artistes, les bons, sont des moines-soldats, oui Gérard (Daguerre, au clavier), oui Jack (Rouveyrollis, maître des lumières), Laurent, Eric, Marco, et avec des pères qui picolent en fumant des joints, les bambins s'élèveront aussi bien tout seuls, n'est-ce pas Roland ?

En hiver, ses musiciens vont sagement saupoudrer les parterres de cendres de cheminée, bon engrais pour les bulbes.

Aux beaux jours, quand le soleil donne, le jardin taillé par l'ombre des toitures est idéal pour piquer un somme, tandis que Patronne s'éclipse avec Roland pour une sieste.

— Elle n'était pas bonne ma langue de bœuf aux rutabagas ?

— Si, si.

Personne n'avale plus de rutabagas depuis la guerre de 40. Hormis quelques impasses culinaires, les habitués trouvent sa maison fantastique, à peine entré, n'importe qui s'y sent chez soi. Une fois fin prêts, en route mauvaise troupe, sur les routes de la Francophonie ou vers Orly.

Mais pas que.

Barbara n'est pas misanthrope. Le compteur du taxi a tourné en courses folles. Dès qu'elle est bien, « montrable », sa silhouette bondit de la porte bleue, en voiture Simone. Première de Johnny, dernière de Sylvie – amis chéris. Brel, qui poursuit une carrière d'acteur, lui présente Lino Ventura sur un tournage, l'ex-boxeur la séduit sans rien faire, malheureusement pris par une épouse qu'il ne trahira pas. Tant pis, tant mieux. Ses pâtes à la carbonara sont un délice. La soi-disant recluse continue de fréquenter la terre entière. Et veille à ne jamais laisser passer un homme qui veut bien. Dans la drague, elle cherche aussi à surmonter sa panne d'inspiration. Ainsi est-elle allée à la rencontre de François, François Wertheimer, en 1973. Brun, pâle, chevelu, vingt-sept ans. L'archétype des seventies, libre comme l'air, son bordel bohème insulte les ennuyeux à mourir. Des quilles de jongleur mêlées à des instruments insolites sous le manuscrit épars d'un roman s'entassent dans sa camionnette. Illico, Barbara lâche son taxi pour sauter dedans. Wertheimer s'excuse du pare-brise boueux, des sièges dégueulasses.

— Elle me convient très bien, votre estafette, François… Alors, on m'a dit que vous écriviez ?

Vas-y, fonce. Elle lui ouvre toutes les portes de Précy, des pianos, du studio, celle de sa chambre aussi. D'un jet, il écrit « L'Enfant laboureur », portrait de Barbara par son nouvel amant.

Que jamais on ne touche aux folies,
aux orages
Qui chez moi naissent et meurent
entre passion et rage
Et que mes grands délires
me fassent toujours escorte
La raison est venue,
j'ai demandé qu'elle sorte

Bien vu. Vers longs, rimes riches, lyrisme, tout ce qu'elle ne sait plus tricoter, l'ange a du talent. Se prendre, s'écrire, s'aimer, miracle. Wertheimer noircit des pages. Barbara retrouve sa muse. L'écriture lui a toujours été plus ardue que la mélodie. Onze titres en quelques semaines, tous cosignés du duo Paroles de François Wertheimer / Musique de Barbara. Un disque différent, neuf, ambitieux, beau. Dans quel style l'orchestrer ? William Sheller pousse la porte de la rue de Verdun, avec une patte aux antipodes de l'intimisme : du symphonique disco pop, tendance psychédélique. *In the mood.* Enthousiaste, la Dame brune jette ses vieilles cadences par-dessus la haie. Sur la pochette du 33-tours, pas de photo, un fond rose shocking. Un nom : Barbara.

Un titre : La Louve. Fini les divas dingos, je mords, je hurle, je modernise. Sa voix qui se voile, elle l'assume, dans « Chanson pour une absente », incantation vers sa mère défunte, qu'elle explique en pianotant à William Sheller, l'arrangeur branché.

— Will, je voudrais faire une chose absolument sans texte…

— Ah bon…

— Disons que c'est Paris, c'est un matin, un matin de novembre qui n'est pas encore froid, encore ensoleillé, mais quand même frileux, un matin de novembre avec un temps de mars en fait, un petit soleil, comme ça, une petite pluie… C'est une traversée de Paris, une marche très lente, c'est noir… Comme un signe, une ombre, une grappe, comme ça qui… tu vois ? Lourde… Des gens ou pas de gens, enfin, bon, ça s'écoule comme ça, très lentement…

Débrouille-toi avec ça, Will. Des mains, des lèvres de Barbara monte une lente prière et l'arrangeur acquiesce, conquis.

Elle y va, elle y croit. Quand on y va, quand on y croit, Barbara prétend qu'on pourrait faire cuire un œuf sur scène, les gens seraient pris – si, elle dit ça, sans avoir poussé le bouchon jusqu'à essayer. Le registre, les audaces de « La Louve » déconcerteront ses fidèles. Mais, face B, « Marienbad » est encore un de ces prodiges dont Serge Hureau, le meilleur expert de la chanson française, affirme tranquillement qu'ils rayonnent si haut dans notre culture qu'on aurait tort de ne pas y reconnaître de l'art.

Content, au premier soleil de Précy, François Wertheimer sort du lit, passe à la cuisine et va prendre son café au jardin, à poil, comme d'hab. Barbara le regarde, tout nu, sur le pré.

Et puis François s'en va parce qu'il a fait le tour, donné ses textes, bouclé une des plus belles idylles de sa jeunesse, qui en réclame d'autres. Après avoir embrassé son épaule parfumée d'Habit Rouge, eau de toilette Guerlain qu'elle lui a offert, Barbara le regarde partir.

François lui inspire « L'Homme en habit rouge ». Déchaînée, la musicienne retrouve le rythme baltringue pour ce visiteur, « apparu, disparu », chant d'amour chair à l'homme qui *fumait des fleurs aux parfums étranges*… On se demande comment Roland Romanelli, toujours à l'accordéon, prit la chose. Apparemment bien, ayant lui-même ses coups de cœur en extérieurs[1]. D'ailleurs, cet Homme en Habit rouge pourrait aussi bien être lui, à qui Barbara a offert une veste de velours grenat aux revers de satin assortis.

Le 45-tours sort le 15 mai 1974.

Une quinzaine de jours plus tard, dans la nuit du 3 au 4 juin, seule à Précy, Barbara se fait belle. Maquillée,

1. Durant les huit années que durera leur liaison, du milieu des années 60 jusqu'au début 70, il ira même jusqu'à se marier. Plus intemporelle qu'anachronique, Barbara – et son clan – concevait assez bien l'amour libre Pop. Ce qui n'empêche pas tous les proches de Roland Romanelli de certifier qu'il aima sincèrement, ardemment, absolument, la Patronne – tumultueusement aussi. Aujourd'hui, et depuis des années, avec sa compagne la chanteuse Rebecca Mai, il tourne un spectacle racontant ce que fut leur passion, *Barbara et l'homme en habit rouge*, très applaudi, malgré les vacheries que peut en dire Gérard Depardieu. Romanelli est toujours considéré comme un musicien hors-pair, accordéoniste de référence, l'héritier de Joss Baselli.

coiffée, elle passe un déshabillé de dentelle noire, avale d'un coup sept tubes de barbituriques avant de s'étendre sur le lit, bras en croix[1].

Malgré ses années d'expérience de la rupture, le départ d'un être aimé, d'un bateleur qui la désirait, lui était peut-être toujours insupportable. Après « La Louve », elle restera quinze ans sans enregistrer d'album.

Ses tournées des Grands Ducs ne finissent pas toujours mal. Elle va à Monthyon dîner chez Brialy qui a acquis ce château à tourelles pour recevoir ses amis. Comme à L'Écluse, en petit comité, l'exhibitionniste pudique peut tester une chanson toute fraîche. Elle y crée « Quand ceux qui vont »… Cette chanson-là, franchement, c'est du marbre. Le salon cosy se transforme en crypte. Elle fredonne la mort, qu'on a le droit de choisir, par désir d'évasion, de retrouver une liberté perdue, ses défunts, une maman *couchée dessous la terre*.

C'est si beau que Brialy l'emmène dans un immeuble de l'avenue Montaigne. Barbara monte chanter « Quand ceux qui vont » à Marlene Dietrich, émue aux larmes.

Dame brune, Ange bleu, Lily Marlene et Lily Passion, scène surréaliste.

À la fin des années 70 s'annonce Pantin, après cinq ans d'absence à Paris. Nouveaux échanges avec Charley Marouani. Si Barbara est devenue propriétaire par

1. Cette fois-là faillit bien être la bonne. Un ami, sachant sa détresse, s'inquiéta de ne plus pouvoir la joindre. Le téléphone sonnait, sonnait dans le vide. Pressentant le pire, il remua ciel et terre, jusqu'à faire se déplacer les pompiers, qui au petit matin du 4 juin, enfoncèrent le portail bleu pour la découvrir en train de passer, en dentelles. L'hôpital de Meaux la sortit du coma.

hasard, et sagement, question spectacle, foncièrement déraisonnable, elle exige les grandes orgues. Pas question d'une salle déjà faite, déjà vue, sa démesure rêve d'une odyssée pour environ deux mille personnes. Elle écume des lieux de spectacle improbables, une gare abandonnée en périphérie… Charley croise les doigts en espérant que ça ne finira pas dans la grande rotonde des catacombes. La voilà qui parle de cirque. Le Cirque d'Hiver ? Non, non, du neuf, je vous dis, Charley ! Les arènes de Lutèce ? Non, Barbara, le plein air en novembre, tout le monde attraperait la crève, vous la première. Quelqu'un pense à Jean Richard, roi de la piste aux étoiles sous chapiteaux démontables. Des cathédrales de toile plastifiée. Parfait. Le plus grand contient plus de trois mille places, on installera la scène aux trois quarts du chapiteau pour transformer le fond en loges. Deux mille deux cents sièges. Où ? À Pantin, no man's land quasi suburbain. Tout-Paris, enclin à prévoir une catastrophe dans la moindre innovation, jure que ça va tourner à la débâcle boueuse. Qui ira là-bas écouter une femme qu'on ne voit plus effeuiller son vieux catalogue ?

Et la promo ?

Pas de promo.

Tout-Paris s'esclaffe, tu te crois encore en 1965 ? Ce sera miteux.

Ce fut Pantin, qui ne se raconte pas. Qui n'y a pas mis les pieds peut s'y retrouver, les yeux fermés, en écoutant l'album live, archi-culte, les sept minutes de chorus du public, la houle furieusement tendre des rappels[1].

---

1. Une vidéo fut aussi enregistrée. Pour filmer son spectacle, Barbara fit vivre au réalisateur Guy Job un enfer de contraintes et

Les piqûres de cortisone se multiplient, prescrites aux clandestines, entre deux triomphes. L'idole boulotte un chapelet de médications qui la rassure autant qu'il la soulage, une montagne de corticoïdes, non seulement addictifs mais destructeurs, bousillant les reins, le foie, tout l'organisme. De chants en rappels, son corps, ses cordes vocales en prennent un coup. Un soir, même piquée, la voix fout le camp. Obligation d'annuler, devant le chapiteau bondé. Barbara a l'idée folle de s'en excuser elle-même au micro. « Nous ne lèverons pas le rideau, c'est impossible, vous comprenez ? Je ne peux pas… » La salle compatit sans en rester là, et se met à chanter sans sa chanteuse. Par respect, par plaisir, les musiciens viennent accompagner l'immense *a cappella*. Barbara finit par se montrer, tenter deux, trois refrains, portée par son public. Le chant revient. Roland Romanelli s'en souvient comme du plus grand moment de leur vie.

Un soir, au cinquième rang, debout, un homme ne regarde pas la scène, il observe la salle. Ni lui ni per-

d'exigences, dont il ne se plaignit pas. C'était une première, elle se méfiait autant de la technique que des images et des archives. Seul le souvenir peut subsister d'un long instant parfait. Aurait-on l'idée de filmer ses nuits d'amour ? Elle y prit pourtant goût, installant un lit de camp dans la salle de montage. Durant ces nuits et jours fébriles, elle rencontrera celle qui devint sa dernière assistante, Béatrice de Nouaillan, monteuse minutieuse, entre autres qualités, dont celle d'être extrêmement réservée. Aucun biographe n'a pu l'atteindre, encore moins un journaliste. À partir de 81, elle est la grande muette de la mémoire de Barbara, qui lui a légué la maison de Précy où Béatrice de Nouaillan vit dans une discrétion farouche perpétuée.

sonne n'a jamais vu une chose pareille. Les spectateurs ne savent plus où sont leurs places, leurs sacs, leurs manteaux. Une mer en mouvement, à chaque chanson. Cet homme s'appelle Gérard Depardieu, il veut connaître cette femme.

Ce fut *Lily Passion* et la dernière rencontre, disons colossale, de sa vie de femme. Les deux artistes se connaissent probablement pour s'être croisés mais Pantin va sceller « leur union ». Depardieu fonce sur elle, littéralement il l'embarque, venant plusieurs fois à Pantin, notamment avec Marguerite Duras. L'écrivaine n'est pas encore sous le charme de Barbara, mais curieuse. S'ensuit après le spectacle un dîner à quatre dans un restaurant de la rue Saint-Benoît, en compagnie de Maurice Pialat. Duras demande au cinéaste s'il a, comme on le murmure, fait rouvrir la tombe de son père afin de le voir dans son cercueil, vision nécessaire à une scène de *Sous le soleil de Satan* – où Depardieu joue le rôle principal. La réponse est oui. Entre ces deux monstres de la création, Barbara intervient à peine, timide dans la cour des grands. Au côté de Depardieu réagit surtout son vieil instinct, un territoire perdu avec Hubert Ballay et depuis le décès de Brel : se laisser envahir par l'« événement », selon Duras, de préférer quelqu'un à tout. Qu'un homme, ses façons, son sillage, impose son souffle, sa marque – sa chair ?... Une sorte de jour qui se lève prend le nom de Depardieu.

La suite a été mille fois évoquée. Se quitter, s'éloigner ne parvient pas à les séparer. Comme Jacques Brel avec *L'Homme de la Mancha*, Barbara, toujours à la recherche d'un renouveau qui brise la routine, la sensation de fin, de mort, songe à une comédie musicale tandis que

Gérard « Depardiou » poursuit sa destinée d'acteur français le plus connu au monde. Entre eux, un mot, un signe, un appel… Chacun sait de l'autre qu'il ouvre sa vie. Barbara lui parle de la trame, de son projet, une chanteuse – encore – pourchassée par un criminel : chaque fois qu'elle chante, il tue. Depardieu répond : David, ton meurtrier, c'est moi. Et c'est parti.

Cinq années de création intense. Les chansons deviennent des dialogues, la scénographie, un suspense. Lorsque Gérard tourne *Fort Saganne* au Sahara, Barbara lui expédie des cassettes où tombe la pluie de Précy. Malgré les embûches, l'agenda présidentiel de Gérard, le spectacle se montera. Partager la scène avec un homme est plus fort, moins fréquent aussi, qu'un lit. D'autant que celle-ci, au Zénith, atteint soixante-dix mètres de large, quarante de profondeur, nue et noire. 12 millions d'investissement, trois mille spectateurs par soir, du 21 janvier au 19 février 1986. Des pianos voleront dans les airs, Depardieu arrivera à moto. Johnny Hallyday n'a qu'à bien se tenir. Depardieu met son nez partout, y compris dans les partitions, William Sheller revient pour une orchestration digne des trompettes de Jéricho, les producteurs oscillent entre exigence et défiance. Cent fois, Pénélope, d'ordinaire intègre jusqu'à la radicalité, remet sa Lily sur le métier, laisse faire, ravie de quitter ses « radotages » en solitaire pour découvrir la méga-production. Le fidèle parmi les fidèles, Roland Romanelli, en a les oreilles qui grincent, peu habitué à ce que des producteurs exécutifs, des notes de service, ordres et contre-ordres réunionnaires parasitent le travail. Depardieu lui paraît lourd – on comprend aisément pourquoi –, sa toute-puissance le heurte. Au détour d'un couloir, n'y tenant plus, l'accordéoniste le signifie en trois mots à la Patronne, qui ne l'est plus vraiment.

— On fait de la merde.

Tous les deux ont toujours partagé l'obsession de spectacles impeccablement cousus, Barbara masque le choc, ses yeux virent au noir. Mais entre Gérard et Roland, elle n'hésite pas, pas une seconde.

— La porte est ouverte, je ne te retiens pas.

Roland la prend, sine die, sans se retourner – Sergio Tomassi le remplace au pied levé[1].

À quoi bon s'en faire ? Depardieu saurait changer la charcuterie en or massif.

Tel fut le cas à la première, évidemment triomphale. La magie opère. Toute la Mitterrandie, la gauche caviar, Jack Lang et la culture au complet acclament les monstres sacrés. L'ère du people commence, leurs deux noms à l'affiche sont une massue – plus t'es gros, plus t'es fort. Depuis leur rencontre, où Barbara n'était guère sortie de sa réserve respectueuse, Marguerite Duras, bluffée par le chemin parcouru que couronne cet opéra, tombe en

---

1. Un an plus tard, Barbara rappellera Roland avec une de leurs plaisanteries coutumières – « Allô, c'est Maurice Jarre ! » L'accordéoniste la reconnaîtra instantanément mais raccrochera net. Quand, en 1996, Barbara joindra un à un tous les grands témoins de son parcours pour s'éclairer dans la rédaction de ses Mémoires, y compris certains à qui elle n'avait pas parlé depuis trente ans, comme son assistante Nadine Laïk ou son ex-mari Claude Sluys, elle n'osera pas faire signe à Romanelli. Aujourd'hui, Roland s'en veut deux fois : de sa provocation durant la préparation de *Lily Passion*, autant que de lui avoir raccroché au nez. On le comprend mais il a tort, Barbara ne l'aimait-elle pas pour son caractère… Le plus douloureux est bien sûr de ne l'avoir jamais revue.

admiration[1]. Le spectacle partira en province et à l'étranger pour quarante-cinq dates… Et on s'arrêtera là. Après la première mondaine, si le vrai public, les amateurs, les jeunes apprécient Lily et David, la lune et le soleil, le spectacle est assez convenu, les ficelles épaisses. En une demi-décennie, la voix de Barbara a pris des rides, un souffle qui surprend et inquiète. Elle-même s'en rendra compte. La complaisance n'a pas raison de sa lucidité. Elle préfèrera ne pas commercialiser l'album prévu, la voix en live est trop altérée, et abandonner l'idée d'un DVD – elle retravaillait sur ces images quand elle est morte. *Lily Passion* ne repartira pas sur les routes d'une seconde tournée.

Reste un essentiel, Depardieu.

Quelle est la nature de leur lien ? Comme avec Brel, cette boîte noire et à musique leur appartient, hors conventions. Barbara ne s'est d'ailleurs pas liée qu'à Gérard, devenant très proche de sa femme Élisabeth et de leur fils Guillaume. Francis Giacobetti, qui fut choisi pour les photos de l'affiche et de la promotion de *Lily Passion*, en garde un sacré souvenir. Au studio de répétitions, il tomba sur une Barbara relax, tout à fait franche.

— Nous avons un imprévu… La vedette est saoule.

Les excès et la gueule de bois de Depardieu ne sont pas secrets et Barbara en a vu bien d'autres… Il faut

1. Barbara lui rappelait Anne-Marie Stretter, une des héroïnes de son roman *Le Ravissement de Lol V. Stein* (Gallimard, 1964) : « Cette grâce abandonnée, ployante, d'oiseau mort… Robe noire à double fourreau. L'ossature admirable de son corps et de son visage se devinait. Par quelle voie mystérieuse était-elle parvenue à ce qui se présentait comme un pessimisme gai, éclatant, une souriante indolence de la légèreté d'une nuance, d'une cendre. »

donc attendre que la star s'éveille. Gégé émerge, titubant, pas aimable, pas méchant non plus, rougeaud mais pro. La suite sidère Giacobetti, dont l'objectif de photographe de mode, de pub, est pourtant habitué à en voir de toutes les couleurs : le couple s'élance dans un à corps à corps vite érotique, à s'enlacer, se provoquer, s'étreindre. « J'ai réellement eu l'impression de les voir faire l'amour sous mes yeux » se souvient-il, tandis que les images de leur séance, splendides, troublantes, couvrent les murs de Paris en même temps qu'elles entrent dans les annales.

À partir de 1986, un autre assassin court les rues. Du sida, elle comprit tout de suite la béance et qu'il frappait ces « mômes » qui, la rose à la main, inexplicablement se massaient à ses concerts. Que le HIV risquait de ramener le triangle rose des homosexuels. Sans réfléchir, elle quitta sa Grange-au-Loup, sa retraite, son jardin. « On entend de ces choses, que cette maladie serait une vengeance de Dieu ! Dieu ! Vous entendez ça ! », elle dit, chez Jacques Chancel.

Son engagement est connu d'avoir été pionnier, entier, sans gêne à évoquer désirs et plaisirs de la chair. Choquer le bourgeois lui rendait ses vingt ans. À pleins bras, depuis la scène, elle balançait à la volée des préservatifs, faisait déposer des corbeilles de Manix dans le hall – « de toutes tailles, je précise, servez-vous ! » À Précy, guère touchée par l'épidémie, Yves Duteil eut le plaisir de recevoir un appel de son administrée la plus célèbre le priant d'en faire également distribuer à la mairie, sur son stock. La minuscule bourgade de Seine-et-Marne fut ainsi sans doute la première à offrir aux habitants des capotes. Barbara remua ciel et terre, infatigable de se sentir utile, téléphona à François Mitterrand, indignée, alarmée, essoufflée. Le président la renvoya vers son conseiller Jacques Attali. Leur rencontre tourna à l'amitié et Attali la prévint : l'État, que les rebelles imaginent volontiers omnipotent, n'a en réalité qu'une marge de manœuvre réduite. Les pouvoirs publics sont lents. Barbara militante le vérifia en quelques réunions interministérielles avant de lâcher les cabinets pour agir en indépendante, gardant toutefois bon souvenir de Michèle Barzach, secrétaire d'État à la Santé.

Épaulée par l'Élysée, le ministère, Barbara fit entrer sur ses talons un piano de concert dans presque toutes les prisons de France. Entre « Dis, quand reviendras-tu ? » et « Le Soleil noir », la chanteuse, cocasse, n'hésitait pas à interpeller cent ou deux cents bonshommes sur une homosexualité encore plus taboue derrière les murs que « dehors ». Bien des directeurs de la pénitentiaire, l'écoutant, redoutèrent de la voir se faire sortir sous les huées, ce qui n'arriva pas, même si elle fut accueillie plus chaleureusement par la population carcérale féminine. L'administration joua le jeu, sans aller jusqu'à lui délivrer un laissez-passer au nom de son pseudonyme. Sur ce permis, conservé par le collectionneur François Laffeychine, est écrit : « Monique Serf, dite Barbara ».

Elle pénétra dans les hôpitaux sans piano, seule, sa solitude était peu comparée à ceux qui trépassaient devant une familles déjà occupée à discutailler l'héritage, le plus loin possible du lit, un fils dont le père et la mère interdisaient la chambre au compagnon sans statut légal d'une existence inavouable de pédé. Enfin, Barbara tendit ses bras pour ne pas laisser partir sans une tendresse celui qui n'avait plus qu'elle, visiteuse en noir des chambres blanc terminal. Ces échanges peuvent paraître atroces à qui refuse de les envisager, caressant l'idée sotte de ne jamais mourir – ce n'était pas son cas. « Je n'ai peur que de la mort de mes proches, des autres », elle dit à la journaliste Annette Wolf, de la radio télévision danoise. Elle continuait – ça continue, ça recommence – de donner ce qu'elle pouvait, à la recherche d'instants si intenses qu'ils frisent l'éternité. Disposant d'elle-même entièrement, sa place se trouvait là, où elle prodigua un bien phénoménal, n'approchant jamais d'un malade sans y avoir été invitée. Au fond, elle accomplissait cette miséricorde qui n'avait pu avoir lieu à l'hôpital de Nantes en décembre 59 avec son père. Les médecins la décrivent encore remontant le couloir, méthodique, chambre après chambre, le chéquier d'une main, le stylo de l'autre, pour payer l'appareil photo dont rêvait untel, le dernier voyage de tel autre. « Qu'est-ce qui vous ferait plaisir, ah si, ah non, ne vous gênez pas, est-ce que je me gêne, moi ? » Et elle laissait en autographe un chèque, sans se presser ni s'attarder non plus, un tempo aussi harmonieux que dans ses zinzins.

Ses musiciens tentaient de la raisonner lorsqu'ils devaient prolonger un entracte improvisé parce qu'elle rassurait au téléphone une urgence absolue. À Précy, elle fit installer une ligne ouverte, à laquelle elle répondait encore la veille de sa mort. On aurait cru une mère.

À partir de Pantin, *Lily Passion*, son engagement dans les prisons, contre le sida, ses pics d'angoisses, sa tétanie, ses « vertiges » disparurent. Au point de faire dire à Marie Chaix en 97 que Barbara est « partie heureuse ».

Derrière chez elle, le long du canal Saint-Martin où ses bobtails la tirent plus qu'elle ne les promène, elle a acquis cette faculté de se fondre à l'instant, n'importe lequel. Cette femme dure envers elle-même, à la fois sûre et incertaine de son travail, finit par regarder le soleil en face. La dépression l'a quittée, crevée avant elle, libérée enfin. Le réel est source d'attachements, tout le temps. Éblouie à la cinquantaine, ses ombres qui passent encore ne cassent pas son bonheur.

À partir de Pantin, sur la courbe des années Précy qui avec le recul forme une route droite, une harmonie solide, biographer Barbara devient une atteinte à sa vie privé. Rien de nouveau n'a lieu. Tout a été dit. Sa maturité consiste à composer un bouquet des tourments et des désordres passés. S'apaiser dans sa vraie vie, réunie. Chercher à percer ses journées sans mystère, ses retraites alternant avec ses sorties, suscite l'impression désagréable de la poursuivre sur un chemin de feuilles où elle pourrait se retourner, l'œil vraiment fâché. Vous voulez quoi, encore ? J'ai mes disques, je trouve encore des chansons, je me débrouille. J'ai entrepris mes Mémoires, je faxe ma vie à un éditeur[1]. Là, je cherche

1. À partir de 1996, sur les conseils de son ami Jacques Attali, Barbara envoyait à Claude Durand, PDG des éditions Fayard, de longs fax couverts de sa grande calligraphie ; textes libres ou soigneusement réécrits, recopiés, de son autobiographie. Il y avait aussi des croquis, marguerites, navires, soleils dont elle aimait orner les pages de ses contrats. Claude Durand était un fervent admirateur, habitué de L'Écluse dans les années 50. Le texte, ina-

des clous rouillés, vous auriez ça ? Une poignée de vieux clous au pied d'un hortensia le rendrait aussi bleu que ceux que j'adore en Bretagne, à ce qu'on dit… Vous voulez savoir si j'ai encore un homme en tête ? Braquer la lampe torche sur mes casseroles et sous mes draps ?

L'envie s'impose de la laisser aller, emportée par ses molosses boules de poils. Tout ce qu'elle peut, elle va nous le donner, à qui d'autre sinon ? Le temps du bonheur, tardif, passe si vite, en eau vive avec le torrent. Faut la laisser, maintenant. Comme les amoureux, épaulés à ses volets bleus, finissent par s'éloigner d'une porte qui restera gentiment fermée. En revanche, contrairement aux années 60, derrière le mur, elle répond à toute correspondance sur des bristols de couleur, bonne élève de la gloire empathique. Votre lettre m'a été une douceur, merci à vous Nathalie. Pour vos pensées, Colin, je vous embrasse. C'est gentil de ne pas m'oublier, François L., je pense à vous aussi. D'innombrables papillons postés dans mille et un foyers où ils gardent le prix des choses qui n'en ont pas.

De dernières images d'un documentaire inachevé la suivent à ses claviers, à ses élans, bruissante, emportée. À parfaire une chanson, entre l'accordéoniste et le synthétiseur, cherchant le son susceptible de se marier à sa voix détimbrée, demi-morte. À débouler, mi-taureau, mi-cigogne, dans un studio d'enregistrement. À tourner mains dans les poches autour du piano, dans son poncho, dans son panache. Au casque, elle peut écouter cent fois

---

chevé, fut publié post-mortem en 1998 sous le titre *Il était un piano noir*.

de suite une prise, jusqu'à déceler un manque, tel accroc à gommer, tel accent parfait à imiter. Le plus bouleversant est que l'abus de cortisone, épargnant ses jambes, ses bras, son visage, a disloqué son torse, symptôme propre également aux malades du sida en thérapie intense. Leur buste à eux aussi devient comme une barrique.

Mourir vient lorsqu'on y pense le moins, et même plus du tout. Sans rien d'une femelle solennelle *qui marche dans les rues*, telle qu'elle l'a chantée, la mort s'approche, informe. Barbara aime les rendez-vous exclusifs mais l'existence lui est devenue trop bonne pour songer la quitter. L'année 1997 n'a d'ailleurs rien d'une dernière. La fin ne s'inscrit nulle part. Personne ne pourrait être plus affairé que Barbara, happée par une table de montage où elle cisaille les images de *Lily Passion*, obsédée à écouter en boucle sa discographie pour sélectionner quarante titres d'une biographie chansonnière, tout en rédigeant ses Mémoires. Aux Victoires de la musique, en février 97, Michel Drucker l'a couronnée par téléphone de celle de la meilleure interprète[1].

— Oh, c'est tellement gentil !

Barbara connaît tous les noirs, sauf celui qui sépare de tout. À Précy, c'est l'heure de dîner. L'article du

---

1. Ce n'est pourtant pas ce moment qui revient à Michel Drucker lorsqu'on lui parle de Barbara, probablement parce que les moments officiels, publics, ne laissent pas les traces les plus profondes. Le Monsieur Loyal de la chanson se souvient plutôt d'être allé la visiter au fond des théâtres où il la trouvait à tricoter, à la fois folle de trac et de bonheur. D'origine juive et slave, Drucker repéra instantanément en elle une consœur, « un de ces êtres pas doués pour le bonheur ». Mais si travailleurs.

Monde évoquera soit un bocal de champignons sorti de sa cave, tourné à en devenir du poison... Soit une part de poisson pané, congelée, décongelée, recongelée, les pratiques alimentaires de Barbara excluant toute prudence. Les bactéries sont partout dans le hasard. Un malaise la prend dès la fin du repas. Les attaques, les douleurs, elle connaît aussi, loin d'y voir le signe du Jugement dernier. Patraque, elle s'allonge devant la télé, ça passera. Ça ne passe pas. Par la brèche ouverte, la mort monte. L'infection taille sa route là où ton corps est le plus démuni, aux poumons.

Dans la nuit du dimanche au lundi 24 novembre commence le dernier ravage de sa chair. L'air manque, comme sa voix, respirer requiert un effort anormal. Souffle rauque. Peut-on dire qu'elle va mourir de solitude, techniquement ? Les enquêtrices de son destin, Sophie Delassein et Valérie Lehoux, donnent deux versions légèrement différentes. Chez la première, l'assistante Béatrice de Nouaillan est présente et prévient les pompiers. Leur camion rouge connaît par cœur la route du 2, rue de Verdun, à Précy. Un sapeur a confié à Sophie Delassein : « J'y suis allé souvent... Je peux dire sans trahir de secret professionnel qu'elle a souvent tenté de mettre fin à ses jours, du moins de tirer le signal d'alarme[1]. »

Chez Valérie Lehoux, l'assistante semble absente et la maison de la millionnaire sans domestique, vide. Barbara elle-même appelle enfin un médecin[2].

---

1. In *Barbara, une vie*, *op. cit.*
2. In *Barbara, portrait en clair-obscur*, *op. cit.*

Les heures ont passé, aussi précieuses que des journées perdues face à l'empoisonnement. Un compagnon, une famille n'aurait sans doute pas tant laissé tourner la montre. Habituée à s'ensuquer autant qu'à s'automédicamenter, une gêne respiratoire, un état d'extrême fatigue ne suffisaient pas à alarmer Barbara.

La mort progresse dans l'obscurité. Toutes ses chansons se massent dans les arbres. Médecin, pompiers, Samu, trio qui sent le sapin, convergent à son chevet, dans la chambre du bas, comme en juin 74 lorsqu'elle s'était envoyée sept tubes de barbituriques. Pompiers et adjudants de la gendarmerie furent le clou de la chanson qui suivit cet épisode : « Les Insomnies » – irrésistible.

Leur bruit de bottes envahit de nouveau la maison calme, casques et baudriers étincellent. Leurs bonnes têtes viriles oscillent autour d'elle, tandis que celle du docteur trahit la perplexité. Barbara perçoit bien que la violence de son épuisement n'a aucun précédent. Elle est encore consciente lorsqu'on se résout à la transporter d'urgence. Elle qui aime partir quitte Précy en ambulance, véhicule familier qu'il lui est arrivé d'utiliser en cachette de Charley Marouani pour aller chanter quand même, évadée d'une convalescence recouvrée dès le récital donné.

Fouette cocher. Mais surtout pas trop vite. La passagère s'étiole, s'éteint, s'en va, de minute en minute si faible, un pouls d'oiselle, un heurt pourrait sectionner le fil qui la lie encore. L'hôpital de Meaux ne la retient qu'un moment. Son pronostic vital est trop engagé et madame Serf n'est pas n'importe qui. Transfert. Soixante kilomètres à l'heure jusqu'à l'Hôpital américain de Neuilly, expert en protocoles anti-infectieux. On la sauvera là-bas.

Du silence de la forêt, une biche traverse les phares.

Ta mort se déchaîne, grand guignol, sans rivale au fond d'un organisme aussi usé. Pas la peine de lutter dans cette arène où chaque homme est le premier à mourir. Si la Femme-qui-chante a toujours proclamé n'avoir pas peur de la mort, instant exclusif absolu, elle n'est pas du genre à accueillir l'agonie. Ah, ça non ! Il n'y en aura donc pas. Elle, si réfractaire à l'endormissement, a glissé dans l'inconscience comme Virginia Woolf dans l'eau de l'Ouse. La course fluide l'a bercée en vieille enfant, à écouter le moteur, le vent. Les arbres de la départementale, avant l'embranchement, barraient le pare-brise comme le clignotement d'un phare marin. Ses yeux en amande ont saisi un visage envahi par le doute et même l'effroi. Pourquoi avoir peur si c'est l'heure.

Maintenant ?

L'ambulancier devait au moins aimer quelques-unes de ses chansons, comme tout le monde. Conduite de velours. Vite et Doucement furent le tempo paradoxal du dernier voyage.

Sur la route, bien sûr, sur la route, elle a perdu connaissance par extinction du souffle, sorte d'évanouissement lent. Les traits de son visage se sont détendus, ses cernes ont disparu. L'au-delà a grandi en même temps que l'ambulance s'approchait, sans pouvoir foncer, de sa survie. Si une fraction de lucidité lui restait, elle a dû éprouver de la curiosité. Les angoissés savent s'en aller. Comme Robert Schumann, son musicien favori, génie aliéné, qui après avoir écrit *La Variation des esprits* fila en pantoufles se jeter dans le Rhin. Qu'elle finisse si aimée, bien plus âgée que Maria Malibran, moins amère que Callas, plus gaie que Dalida, d'une mort somme toute naturelle, tenait d'un tel miracle qu'elle a souri.

Triangle, flûtes, piano, plutôt que l'inutile pin-pon sur le chemin désert… Autour de M'dame Barbara en auto blanche, personne ne s'éplora dans la comédie des morts. Tamisée par la veilleuse du plafonnier, l'ambiance était ultra-professionnelle. D'un geste égaré de la main, peut-être a-t-elle cherché au sol sa pelote et ses aiguilles à tricoter.

Chez les Cosaques du Don, dans l'Ukraine d'où elle vient, se dit que lorsque meurt un musicien, tous ses confrères depuis la nuit des temps l'accueillent avec la musique dont il rêvait.

L'Hôpital américain enregistra l'admission à 3 heures du matin, heure de catastrophes où les paisibles retraités, endormis sur leurs civières, sont rares. À partir de là, les médecins, autour du professeur Rohan-Chabot, affrontèrent une série infernale de complications, annihilant tous les soins prodigués. Rien à faire, la meute antiseptique cavalait en vain au cul d'une bactérie indomptable, l'infection gagnait sur toutes les perfusions, les protocoles, en se riant de la pharmacopée. Barbara ne réagissait plus à aucun traitement. Sous son coma, avec la mort bringuezinque, se déroula une foire qui laissa pantoises les sommités en blouse blanche. Furieux, les médecins refusèrent longtemps de baisser les gants devant ce tour de piste jamais vu, la Dame de Pantin fuyait sous l'orage d'une salle de réanimation impuissante. Nul ne sait donc dans quelle campagne cessa de battre son cœur, chacun est libre de l'imaginer. Peut-être dans les ronces de Saint-Marcellin, sur fond de guerres multiples, tendit-elle la main vers une grosse mûre bleu nuit.

Le décès de Monique Serf, dite Barbara, fut constaté dans l'après-midi du lundi 24 novembre. La famille annonça la nouvelle de façon tardive et imprécise, redoutant la ruée médiatique qui se déploya aux JT, en caractères gras à la une des quotidiens.

LA CHANTEUSE BARBARA EST MORTE

Choc septique infectieux foudroyant. Ce terme poético-sensationnel lui aurait plu. Si, de là où elle était, filtraient encore des chansons, elle en aurait fait zinzin.

À l'enterrement, au carré juif du cimetière de Bagneux, caveau Brodsky, ses dernières volontés ne voulaient d'aucun chant. Deux mille personnes, comme à Pantin, chantèrent pendant deux heures.

*

J'y suis. Je suis à Pantin, le 23 novembre 1981. Avec elle, chacun est son propre Dieu, il n'y a pas de messe, de prêtresse, chacun à part égale, un unique et grand ensemble. À un moment, je me suis assis, le cul sur une chaise derrière moi. Essoufflé, les mains douloureuses d'applaudir, comme dans un silence, à part, personnel, j'ai su que je ne revivrai jamais ce que j'étais en train de vivre. Une sorte de comble, de confiance absolue. De toute ma vie, je n'ai que trois ou quatre souvenirs semblables, malheureusement toujours seul. Seul. Cet état de solitude de l'être contre lequel les hommes et les femmes se battent avec acharnement.

À deux rangées devant moi sur la droite, je regarde Gérard Depardieu qui regarde Barbara. Avec l'amie qui m'accompagne, nous nous frayons un chemin jusqu'à la scène, cernée d'admirateurs, les coudes sur le plateau. À une extrémité, la toile s'est déchirée, laissant un trou béant vers les coulisses. Nous nous faufilons par cette ouverture. Nous sommes de l'autre côté. Désert d'ombres. Plus loin à droite, dans une aire jaune bouton d'or, la roulotte, les deux caravanes de son campement. Sur notre gauche, elle chante. Nous approchons silencieusement pour rester là, tapis, le nez à hauteur de scène, à une dizaine de mètres de Barbara. À un moment, entraînée vers nous par un accord au bout du clavier, Barbara me voit. Elle a un minuscule sursaut.

Sa chanson finie, elle se lève et disparaît. Pendant l'instant où nos regards se sont croisés, j'ai changé. Il y a eu un clic, comme le fermoir d'un collier. Boucle bouclée. J'ignorais laquelle – aujourd'hui je le sais mieux. Tout se mesure différemment dans l'espace-temps de nos vraies vies. J'avais accompli un bout de route à moi. Dans notre échange d'une fraction de seconde est né ce livre. Il a commencé et fini là.

À pas de loup, dans notre dos, un gars sexy s'est approché pour nous prier, à voix basse, gentiment, de regagner la salle.

Et tout le reste a continué.

Remerciements

Je ne remercie personne, c'est-à-dire une foule d'anonymes croisés sur les réseaux sociaux, les sites barbarophiles que j'ai sollicités, à la recherche de témoignages, de souvenances, qui permettent de restituer Barbara sur le vif, in situ. La fille d'un pharmacien de la rue de Rémusat, une ouvreuse de théâtre à Dijon, une surveillante de la prison pour femmes d'Amiens, des châtelains berrichons… Cette mémoire innombrable, fragmentaire, associée au récit de tous ceux qui ont écrit sur elle, tant de livres oubliés, la création, la culture qu'elle a traversés et qui l'ont formée, sont loin d'avoir tout livré.

Je remercie François Laffeychine, si disponible, d'avoir accepté de lire et discuter un manuscrit inachevé. Il est, avec François Faurant, un gardien du temple bienveillant, purement désintéressé, ce n'est pas si fréquent.

Je salue Nathalie Donnadieu, in extremis.

En entrant dans le bureau de mon éditrice, Françoise Delivet, si je n'avais si souvent entendu en fond sonore, invariable et changeant, les « zinzins » de Barbara, peut-être n'aurais-je pas, tout à coup, voulu refaire sa vie pour les vingt ans de sa mort.

Tout fut d'un intense plaisir dans ce livre, mais les épreuves, les vérifications, les corrections et ajouts, ont été plus nombreux que pour les romans. « C'est mon métier », dirait Françoise. Toutefois, m'avoir précisé que ce surcroît d'efforts, d'attention, en valait la peine, est ce dont je lui reste infiniment reconnaissant.

Crédits chansons

Chansons de Barbara :

pp. 38-39 : « Au cœur de la nuit ». Paroles et musique Barbara © Tutti Intersong Éditions musicales – Warner chapell Music France.

pp. 39 ; 289 ; 307 « L'Aigle Noir ». Paroles et musique Barbara © Éditions Marouani.

p. 129 : « J'ai troqué ». Paroles Barbara, musique Hector Doering et Barbara © Pathé-Marconi, Métropolitaines Éditions.

pp. 130 ; 174 ; 183 : « Dis, quand reviendras tu ? ». Paroles et musique Barbara, © Éditions François Llenas, Éditions Beuscher Arpège.

p. 147 : « Le Verger en Lorraine ». Paroles Jean Poissonnier, musique Barbara © Caravelle Éditions Musicales.

pp. 158 ; 179 ; 193 : « Nantes ». Paroles et musique Barbara, © Métropolitaines Éditions.

p. 191 : « Le Temps du lilas ». Paroles et musique Barbara, © Bagatelle.

p. 203 : « Göttingen », Barbara. Paroles et musique Barbara, © Métropolitaines Éditions.

p. 213 : « Au bois de Saint-Amand ». Paroles et musique Barbara © Tutti Intersong Éditions Musicales, Warner Chappell Music France.

p. 213 : « Pierre ». Paroles et musique Barbara © Tutti Intersong Éditions Musicales, Warner Chappell Music France.

p. 213 : « À mourir pour mourir ». Paroles et musique Barbara © Métropolitaines Éditions.

p. 214 : « Je ne sais pas dire ». Paroles et musique Barbara © Métropolitaines Éditions.

pp. 236-237 ; 239-240 : « Ma plus belle histoire d'amour ». Paroles et musique Barbara, © Tutti Intersong Éditions Musicales.

p. 263 : « Attendez que ma joie revienne ». Paroles et musique Barbara © Caravelle Éditions musicales.

p. 271-272 : « Le Soleil noir ». Paroles et musique de Barbara, © Métropolitaines Éditions.

p. 287 : « Je serai douce », Barbara. Paroles Barbara et Rémo Forlani, musique Barbara, pour la pièce de théâtre *Madame*, 1970.

p. 301 : « Mes hommes ». Paroles et musique Barbara © Éditions Marouani.

p. 313 : « L'Enfant laboureur ». Paroles François Wertheimer, musique Barbara © Éditions Marouani.

p. 315 : « L'Homme en habit rouge ». Paroles Barbara, musique Gérard Bourgeois © Top Song Music, Éditions Marouani.

p. 316 : « Quand ceux qui vont ». Paroles et musique Barbara © Éditions Marouani.

Répertoire du premier concert de Barbara à L'Atelier, Bruxelles 1954 :

pp. 102 et 114 : « Sur la place », Jacques Brel. Paroles et musique Jacques Brel © Universal MCA Music Publishing, Pouchenel Éditions Musicales © Le Chant du monde.

p. 113 : « Le Chouette quartier ». Paroles Gaston Rico, musique Christine Verger © Le Chant du monde.

p. 113 : « Frédé ». Paroles Michel Vaucaire, musique Daniel White © Marilu Music © Le Chant du monde.

pp.113-114 : « Qu'est-ce que tu crois ? ». Paroles Robert Lamoureux, musique Henri Bourtayre © Henri Bourtayre.

p. 114 : « L'Œillet blanc Œillet rose ». Paroles et musique Brigitte Sabouraud © Le Chant du monde.

pp. 114-115 : « Moi j'tricote ». Paroles et musique Michel Emer © Edimarton Éditions © Le Chant du monde.

p. 115 : « L'Avenir est aux autres ». Paroles Claude Sluys, musique Andrée Olga (Barbara) © Le Chant du monde.

p. 116 : « Viens gosse de gosse ». Paroles et musique Jean Lenoir © Éditons Salabert © Le Chant du monde.

p. 116 : « La Chanson de Margaret ». Paroles Pierre Dumarchey, musique Marceau Verschueren © Enoch et Cie.

p. 116 : « Les Dames de la Poste ». Paroles Francis Blanche, musique Alexandre Siniavine © Warner Chappell Music France © Le Chant du monde.

p. 117 : « Évidemment bien sûr ». Paroles Jean Variot. Musique Christine Verger © Coda Éditions © Le Chant du monde.

p. 117 : « La Promenade ». Paroles Claude Sluys, musique Andrée Olga (Barbara) © Le Chant du monde.

pp. 117-118 : « Monsieur William ». Paroles Jean-Roger Caussimon, musique Léo Ferré © D. R.

p. 118 : « Le Grand Frisé ». Paroles Léo Daniderff, musique Émile Ron.

p. 119 : « La Vie d'artiste ». Paroles Léo Ferré et Charles Saut, musique Léo Ferré © Meridian Éditions, Matthieu Ferré et Cie.

p. 119 : « Le Couteau ». Paroles et musique Michel de Neuillac © Le Chant du monde.

p. 120 : « Les Cloches de Notre-Dame ». Paroles et musique Léo Ferré, © Meridian Éditions, Matthieu Ferré et Cie.

p. 120 : « Mon pote le gitan ». Paroles Jacques Verrières, musique Marc Heyral © Emi Music Publishing © Le Chant du monde.

Autres chansons :

p. 29 : « Les Amis de monsieur ». Paroles E. Héros et Cellarius, musique L. Del et H. Fragson, 1897 © Éditions Salabert pour Barbara.

p. 54 : « Rum and Coca-Cola », Andrews Sisters. Paroles M. Amsterdam, musique J. Sullivan et P. Girlando © Emi Feist Catalog Inc.

p. 61 : « Elle fréquentait la rue Pigalle », Édith Piaf. Paroles Raymond Asso, musique Louis Maitrier © Éditions Beuscher Arpège.

Imprimé en France par CPI
en août 2017

Composition réalisée
par Rosa Beaumont

N° d'édition : 56207/01
N° d'impression : 141776